eSocial na Prática com Análise e Modelos dos Novos Contratos de Trabalho

Gleibe Pretti
*Bacharel em Direito pela Universidade São Francisco.
Pós-Graduado em Direito Constitucional pela UNIFIA.
Pós-Graduado em Direito e Processo do Trabalho pela UNIFIA.
Mestre pela Universidade de Guarulhos – UnG/Univeritas.
Advogado e Perito Judicial.
Autor de diversas obras na área trabalhista.*

Juliane Evangelista
*Consultora e líder de Departamento Pessoal e Recursos Humanos.
Graduada em Administração de empresas pela Uni Sant'Anna.
Pós-Graduada em Gerenciamento de Departamento Pessoal e em
Gestão Financeira pela Universidade Paulista (UNIP).*

eSocial na Prática com Análise e Modelos dos Novos Contratos de Trabalho

Um manual passo a passo com as inovações obrigatórias que todas as empresas devem atender

LTr

LTr EDITORA LTDA.

© Todos os direitos reservados

Rua Jaguaribe, 571
CEP 01224-003
São Paulo, SP — Brasil
Fone: (11) 2167-1101
www.ltr.com.br
Outubro, 2019

Projeto Gráfico e Editoração Eletrônica: Peter Fritz Strotbek – The Best Page
Projeto de Capa: Danilo Rebello
Impressão: PSP Digital

Versão impressa: LTr 6172.1 — ISBN 978-85-361-9958-0
Versão digital: LTr 9649.1 — ISBN 978-85-301-0123-7

Dados Internacionais de Catalogação na Publicação (CIP)
(Câmara Brasileira do Livro, SP, Brasil)

Pretti, Gleibe
    eSocial na prática com análise e modelos dos novos contratos de trabalho : um manual passo a passo com a inovações obrigatórias que todas as empresas devem atender / Gleibe Pretti, Juliane Evangelista. — São Paulo : LTr, 2019.

    Bibliografia.
    ISBN 978-85-361-9958-0

    1. Contrato de trabalho 2. Contribuições sociais 3. Direito do trabalho 4. eSocial - Sistema de Escrituração Fiscal Digital das Obrigações Fiscais, Previdenciárias e Trabalhistas 5. Relações de trabalho 6. Trabalho e trabalhadores I. Evangelista, Juliane. II. Título.

19-23230   CDU-344:331

Índice para catálogo sistemático:
    1. eSocial : Contratos de trabalho : Direito do trabalho   34:331

Cibele Maria Dias – Bibliotecária – CRB-8/9427

Sumário

Apresentação 13

Prefácio 15

Introdução 17

Capítulo 1 — Análise Teórica e Legislativa Acerca de Contrato de Trabalho 19
    1. Conceito de contrato de trabalho 19
    2. Teorias do contrato de trabalho 21
    3. Teorias anticontratualistas 22
    4. Qual teoria deve ser aplicada no caso concreto? 22
    5. Natureza jurídica 23
    6. Características do contrato de trabalho 23
        Jurisprudência 24
    7. Responsabilidade pré-contratual 25
        Jurisprudência 25
    8. Sujeitos 25
        Jurisprudência 26
    9. Formação 26
        Jurisprudência 27
    10. Requisitos 28
        Jurisprudência 28
        10.1. Classificação 29
            Jurisprudência 30
        10.2. Trabalho intermitente 30
        10.3. Vestimenta do empregado 31

10.4. Conversão do contrato por tempo determinado em indeterminado 32
      Jurisprudência 32
10.5. Relação privada do contrato de trabalho 32
10.6. Circunstâncias possibilitadoras do contrato por tempo determinado 33
      Jurisprudência 34
10.7. Formas de rescisão do contrato por tempo determinado 34
      Jurisprudência 35
10.8. Alteração do contrato de trabalho 35
      Jurisprudência 35
10.9. Princípio da imodificabilidade 35
      Jurisprudência 36
10.10. *Jus variandi* e *jus resistentiae* 36
      Jurisprudência 37
10.11. Transferência de empregados 37
      Jurisprudência 38
      10.11.1. Adicional de transferência 38
            Jurisprudência 39
      10.11.2. Reversão 39
      10.11.3. Multifuncionalidade 39
      10.11.4. Retrocessão 40
      10.11.5. Suspensão e interrupção do contrato de trabalho 40
      10.11.6. Casos de suspensão 40
            Jurisprudência 41
      10.11.7. Casos de interrupção 42
            Jurisprudência 43
      10.11.8. Situações especiais 43
      10.11.9. Dispensa injustificada na suspensão ou interrupção 43
      10.11.10. Suspensão ou interrupção nos contratos a prazo determinado 44
10.12. Procedimento de admissão 44
      10.12.1. Carteira de Trabalho e Previdência Social – CTPS 44
            Jurisprudência 45
      10.12.2. Registro em livro 46
            Jurisprudência 46

10.12.3. Exame médico admissional	46
Jurisprudência	46
10.12.4. Teoria trabalhista de nulidade	47
10.12.5. Aplicação plena da teoria trabalhista	47
10.12.6. Aplicação restrita da teoria trabalhista	47
10.12.7. Inaplicabilidade da teoria especial trabalhista	48
10.12.8. Tipos de nulidades	48
10.12.9. Nulidade total e parcial	48
10.12.10. Nulidade absoluta e relativa	48
10.13. Nulidade e prescrição	49
10.13.1. Contratos de prestação de serviço e de empreitada	49

Capítulo 2 — Contrato de Prestação de Serviço 59
1. A história sobre o tema 59
2. Breves comentários ao conceito 61
3. Natureza jurídica do tema 61
4. Características do contrato 62
5. Diferenças de contrato 64
6. Tempo do contrato 64
7. Contraprestação do contrato 65
8. Término do contrato 66
9. Conclusão 68

Capítulo 3 — Novas Redações da Legislação e Um Paralelo com a Antiga Lei 70
1. Modelos de contratos 77
   1.1. Contrato de prestação de serviços e honorários de profissional autônomo 77
2. Contrato de prestação de serviços 79
3. Contrato de prestação de serviços técnicos de profissional autônomo de prazo determinado 81
4. Contrato particular de prestação de serviços 83
5. Contrato de prestação de serviços de captação de publicidade comercial e de patrocínio e outras avenças 87
6. Modelo de contrato empregada doméstica 91

Capítulo 4 — eSocial 94
1. Introdução 94

2. Conhecendo o eSocial 95
   2.1. Conceito de eSocial 95
   2.2. Objetivos do eSocial 97
   2.3. Princípios do eSocial 98
   2.4. Acesso ao eSocial 98
   2.5. Legislação eSocial 98
   2.6. Resoluções do Comitê Diretivo do eSocial 100
   2.7. Resoluções do Comitê Gestor do eSocial 100
   2.8. Circulares da CAIXA 101
   2.9. Outras leis e instrumentos normativos 102
   2.10. Informações técnicas do eSocial 103
   2.11. Leiautes do eSocial 103
   2.12. Campos dos leiautes 104
   2.13. Linhas dos leiautes 104
   2.14. Regras de validação do eSocial 104
   2.15. Tabelas de domínio 104
   2.16. Sistemas simplificados para MEI 105
   2.17 eSocial *Web* simplificado MEI 106
   2.18 eSocial módulo geral *Web* Empresas 106
   2.19. eSocial *Web service* 106
   2.20. eSocial — Esclarecimento de dúvidas 106
   2.21. Multas e autuações 107
3. Substituição de declarações e documentos no eSocial 107
   3.1. Novas obrigações acessórias 108
   3.2. EFD-Reinf 108
   3.3. DCTF*Web* 109
   3.4. Portal do FGTS 110
   3.5. PER/DCOMP *Web* 111
4. Estrutura do eSocial 111
   4.1. Identificadores no eSocial — Pessoa física e pessoa jurídica 112
   4.2. Qualificação cadastral 112
   4.3. Eventos no eSocial 113
   4.4. Registro de eventos Trabalhistas (RET) 113

- 4.5. Lógica de envio dos eventos ao eSocial 113
- 4.6. Comprovantes de envio do eSocial 114
- 5. Eventos 115
  - 5.1. Eventos iniciais e de tabela 115
  - 5.2. Eventos periódicos 116
  - 5.3. Eventos não-periódicos 117
  - 5.4. Eventos eSocial — Instruções específicas por evento 118
- 6. Auditoria trabalhista, previdenciária e de SST com foco no eSocial 133
  - 6.1. Principais processos de auditoria para o eSocial 134
    - 6.1.1. Tabela de rubricas 134
    - 6.1.2. Contratos, CBOS e cotas 135
    - 6.1.3. Cotas de aprendizes e PCD 135
    - 6.1.4. Fechamento de ponto 136
    - 6.1.5. Qualificação cadastral 136
    - 6.1.6. Identificar processos retroativos 136
    - 6.1.7. Levantamentos dos erros, falhas e pontos a melhorar 136
    - 6.1.8. RAT, CNAE e FAP 137
  - 6.2. Auditoria e seus benefícios na implantação do eSocial 137
    - 6.2.1. Identificação de prioridades 137
    - 6.2.2. Plano de ação 138
    - 6.2.3. Criação de boas práticas 138
    - 6.2.4. Redução da aplicação de multas e autuações 138
    - 6.2.5. Imagem da empresa 138
    - 6.2.6. Programas e laudos atualizados 138
    - 6.2.7. Gestão de exames médicos 139
    - 6.2.8. Administração dos EPCs e EPIs 139
    - 6.2.9. Treinamentos de SST 139
- 7. Implantação do eSocial 140
  - 7.1. Grupos para implantação do eSocial 140
  - 7.2. Cronograma de implantação 140
  - 7.3. Eventos e o "faseamento" do eSocial 141
    - 7.3.1. Fase 1 – Envio de eventos do empregador 141
    - 7.3.2. Fase 2 – Envio de eventos do trabalhador 142
    - 7.3.3. Fase 3 – Envio de eventos de folha de pagamento 142

7.3.4. Fase 4 – Substituição da GFIP e entrada da DCTF*Web* 143

7.3.5. Fase 5 – Envio de eventos de saúde e segurança do trabalho 143

7.4. Planejamento de implantação do eSocial 143

    7.4.1. Primeiro passo: eleger equipe do eSocial 144

    7.4.2. Segundo passo: analise técnica da documentação do eSocial 144

        Manual de Orientação do eSocial (MOS) 144

        Anexo I – Leiautes do eSocial 144

        Anexo II – Regras de Validação 145

        Anexo III – Tabelas do eSocial 145

    7.4.3. Terceiro passo: crie uma engrenagem para o eSocial: processos, pessoas e tecnologia 145

    7.4.4. Quarto passo: comunicação com o público-alvo 148

    7.4.5. Quinto passo: adequação dos processos com a legislação vigente 148

    7.4.6. Sexto passo: plano de ação 149

    7.4.7. Sétimo passo: mudança cultural 151

        Visão clara de objetivos 151

        Estabeleça metas 152

        Gestão de tempo 152

    7.4.8. Oitavo passo: acompanhamento e revisão dos processos do eSocial 152

7.5. Principais erros na implantação do eSocial 152

8. Folha de pagamento no eSocial 154

8.1. Remuneração e Pagamento no eSocial 157

9. Gestão de SST com foco no eSocial 157

9.1. Interação dos setores com a área de SST 158

9.2. Programas e laudos 158

    9.2.1. PCMSO 159

    9.2.2. PPRA 160

    9.2.3. PPP – Perfil Profissiográfico Previdenciário 160

    9.2.4. LTCAT – Laudo Técnico das Condições Ambientais de Trabalho 161

    9.2.5. CAT – Comunicado de Acidente de Trabalho 161

    9.2.6. Laudo Ergonômico 161

    9.2.7. Laudos de Insalubridade e Periculosidade 162

    9.2.8. PCTMAT 163

    9.2.9. PGR 163

9.3. Eventos relacionados à área de SST 163
9.4. Treinamentos e capacitações (S-2245) 164
9.5. Integração de sucesso: empresas e assessorias de SST 166
10. Impacto do eSocial nas organizações 166
    10.1. Setores afetados pelo eSocial 167
        10.1.1. Setor financeiro 167
        10.1.2. Contábil 167
        10.1.3. Tecnologia 168
        10.1.4. Departamento pessoal 168
        10.1.5. Recursos humanos 169
        10.1.6. Jurídico 169
        10.1.7. Fiscal 169
        10.1.8. Segurança e medicina do trabalho 169
    10.2. Impacto do eSocial nos processos de recursos humanos 170
        10.2.1. Gestão de prazos 170
        10.2.2. Não realizar processos retroativos 170
        10.2.3. Processo de comunicação de afastamentos 170
        10.2.4. Processo de exames 171
        10.2.5. Apuração do ponto 171
        10.2.6. Processo de admissão dos empregados 171
        10.2.7. Pagamento de férias 171
        10.2.8. Movimentação de empregados 171
        10.2.9. Conferência e validações de envio dos dados ao eSocial 171
11. Reforma trabalhista e os impactos no eSocial 172
    11.1. Trabalho intermitente 172
    11.2. Teletrabalho 173
    11.3. Formalização do acordo rescisório 173
    11.4. Empregado sem registro — Multas 174
    11.5. Banco de horas 174
    11.6. Fracionamento de férias 175
12. O eSocial como oportunidade de negócio 175
    12.1. Porque buscar conhecimento em eSocial? 175
    12.2. Oportunidades de carreira 176

  12.2.1. Oportunidades para profissionais da área de recursos humanos e departamento pessoal 176

  12.2. 2. Oportunidades para profissionais da área de saúde e segurança do trabalho 176

  12.2. 3. Oportunidades para profissionais da área de TI 177

  12.2.4. Oportunidades para profissionais da área jurídica 177

  12.2.5. Oportunidades para profissionais da área de treinamento e desenvolvimento 177

  12.3.6. Oportunidades para profissionais das áreas de auditoria e consultoria 177

13. Resultados esperados com o eSocial 178

Referências 179

Apresentação

Ao escrever sobre novidades, sempre podemos incorrer em situações de sermos mal interpretados. Mas, o ofício do escritor/pesquisador tem esse impasse.

Quando fiz o convite à Profª Juliane para escrever essa obra, foi aceito o meu pedido de pronto. Isso demonstra sua segurança no tema e que sabe onde quer chegar, pela sua autoconfiança. Escolhi a referida professora pelo seu profissionalismo e capacidade de expressar, de forma objetiva e clara, um conteúdo necessário à todas as empresas.

Meu caro leitor(a), agradeço pela sua confiança ao nosso trabalho e tenho absoluta certeza que sendo de qualquer área que envolve direito do trabalho, será um manual de aplicação prática.

Vamos trabalhar primeiro os novos contratos de trabalho e, na sequência, o eSocial.

Bons estudos.

Prof. Me. Gleibe Pretti

Prefácio

Diante das diversas transformações sofridas pela legislação trabalhista, desde sua criação na década de 1940 até os dias atuais, observa-se que houve muitas evoluções, com destaque àquelas introduzidas pela Reforma Trabalhista de 2017, que buscaram contemplar direitos que, anteriormente, não eram previstos na legislação.

Essas evoluções acompanharam a tendência do ordenamento jurídico brasileiro, de criar mecanismos que possibilitem a conciliação e mediação de conflitos de interesses pelos próprios envolvidos, para garantir-lhes a respectiva higidez de manifestação de vontade expressada na celebração do contrato de trabalho tradicional.

O livro apresenta o aspecto teórico sobre as principais características das novas modalidades de contrato de trabalho, com uma abordagem prática e inovadora, ao trazer vários modelos de contratos, como "Contrato de prestação de serviços e honorários de profissional autônomo", "Contrato de prestação de serviços", "Contrato de prestação de serviços técnicos de profissional autônomo de prazo determinado", "Contrato particular de prestação de serviços", "Contrato de prestação de serviços de captação de publicidade comercial e de patrocínio e outras avenças".

Na segunda parte do livro os autores abordam a inovação tecnológica trazida pelo eSocial (Sistema de Escrituração Digital das Obrigações Fiscais, Previdenciárias e Trabalhistas), que se trata de uma obrigação acessória instituída pelo Decreto-lei n. 8.373/14, cuja finalidade é realizar a gestão das obrigações trabalhistas, fiscais e previdenciárias de modo unificado.

O eSocial é um grande banco de dados criado com o intuito de agilizar o processo de envio de informações, e tornar a fiscalização mais precisa no âmbito trabalhista, possibilitando que seja feita à distância, por meio de uma auditoria eletrônica realizada de forma *on-line* em ambiente da *web*, de forma contínua.

O impacto do eSocial nos novos contratos de trabalho é direto e imediato, pois todas as informações trabalhistas, inclusive sobre as novas modalidades introduzidas pela mencionada Reforma, podem ser auditadas pelo Ministério do Trabalho, e eventuais erros ou inconsistências podem acarretar consequências gravíssimas ao empregador e ao empregado.

O valor da obra que ora prefacio está exatamente nessa abordagem corajosa e inovadora sobre esse tema tão atual, que deve ser enfrentado por todos aqueles que se destinam e se interessam sobre o assunto: operadores do direito, empregadores, empregados, administradores, profissionais de RH, contadores, profissionais da Tecnologia de Informação, gestores de Segurança e Medicina do Trabalho etc.

Com uma linguagem didática e interessante, inerente aos autores professores *Gleibe Pretti* e *Juliane Evangelista* pela larga experiência docente e profissional, não poderia esperar outro resultado senão um estudo importantíssimo sob o ponto de vista teórico e prático, que, de maneira muito agradável, fizeram uma obra de grande relevância com inserção em áreas multidisciplinares, que agrega ao leitor uma grande contribuição científica e prática sobre os impactos do eSocial nos novos contratos de trabalho.

Solange Tomiyama
Doutora e Mestre em direito das relações sociais pela Pontifícia
Universidade Católica de São Paulo. Coordenadora do Curso de
Direito da Faculdade Piaget. Professora universitária de cursos
de graduação e pós-graduação. Avaliadora de Cursos de Graduação
em Direito do INEP/MEC. Advogada.

Introdução

Qualquer análise de um assunto jurídico, é imprescindível que seja feita por parâmetro a partir da Constituição Federal. A lei maior brasileira determina que as partes são livres para pactuar contrato de direitos disponíveis. Assim como assegura os direitos sociais em questão, a partir do art. 6ª da Carta Magna.

Nesta linha de raciocínio, a legislação trabalhista sofreu diversas alterações desde sua criação na década de 1940 e o próprio Tribunal Superior do Trabalho, com a edição das súmulas e das orientações jurisprudenciais, procura mudar a lei trabalhista ao tempo em que ela é aplicada.

Indiscutível que a partir dos anos 1970 o Brasil e o mundo sofreram tranformações em sua sociedade, nunca antes ocorridas, principalmente com o capitalismo e o término do socialismo, criando novas relações de emprego e de trabalho e, nessa linha de raciocínio, com o advento das novas tecnologias, novas situações surgiram no mundo.

Por motivo da burocracia na alteração da lei trabalhista, a mesma ficou extremamente defasada, pois em competição com as mudanças da sociedade a lei não consegue acompanhar a sociedade, dessa forma, as recentes reformas na CLT, tentaram mudar a mesma para o século XXI.

Em parte essas alterações foram necessárias, juntamente com o objetivo da retomada no conhecimento e a legalização de diversas situações que até então não estavam descritas na lei.

Temos como exemplo o trabalho intermitente, assim como o dano moral e extrapatrimonial para citarmos algumas novidades da referida lei.

Nota-se, analisando a reforma recente na CLT, que em quase nos 200 pontos que foram alterados na lei buscou-se a desburocratização. Assim como a capacidade das partes de chegarem a um acordo e a prevalência do negociado sobre o legislado em caráter restrito.

Cumpre salientar, neste contexto, que os direitos constitucionais sociais trabalhistas não foram alterados, tendo em vista, sua manutenção e, principalmente, a sua adequação ou adaptação para determinada situação concreta.

Simples analizarmos do seguinte ponto de vista: como uma mesma lei pode se aplicar em toda a amplitude de seu território? E, ainda nesse contexto, como uma mesma lei pode se aplicar no chão de fábrica para operários e para altos executivos? Nessa mesma linha de raciocínio, como uma única lei pode ser aplicada em relações de trabalho totalmente diferentes?

Por este motivo é que a legislação trabalhista deu prevalência a negociação em que muitos criticam que o sindicato perdeu a sua força mas o que verifica se é exatamente o oposto que o sindicato terá ainda mais influência do que até então teve.

Fazendo uma análise sistemática da legislação e da sociedade e do atual governo, verifica-se de forma muito clara que o objetivo é um Estado pequeno deixando para que um cidadão resolva o seu conflito.

Trazendo este aspecto para a matéria trabalhista, verifica-se a aplicação da arbitragem para o hipersuficiente que aquele que recebe mais de duas vezes o valor do teto máximo do benefício pago pela Previdência Social. O espírito da lei deixa claro que o Estado está falido em sua organização e administração não dando a efetiva e devida assistência aos cidadãos.

Fato este que se verifica na maioria das vezes em que se procura um serviço público.

Desta forma, a análise de cada caso deverá ser pautada justamente sob esta perspectiva. Meu caro leitor, você nunca se perguntou por que que na CLT o artigo segundo trata de empregador e, na sequência, o artigo terceiro trata de empregado? Porque desde a essência da CLT, o empregador sempre teve prioridade, pois sem ele não há relação de emprego.

Não podemos nos esquecer do direito protetivo que existe nas relações trabalho, mas deixando um ponto extremamente claro, neste ínterim, o princípio *in dubio pro operario* somente é cabível na justiça do trabalho pois verifica-se que nas relações contratuais fora da Justiça o empregado terá o seu direitos mínimos assegurados do ponto de vista constitucional.

Num primeiro momento vamos analisar o contrato de trabalho à luz da CLT, logo depois vamos analisar o contrato sob a perspectiva do Código Civil e fazer junção nas relações de emprego e de trabalho.

Análise Teórica e Legislativa Acerca de Contrato de Trabalho

1. Conceito de contrato de trabalho

A CLT define contrato de trabalho em seu art. 442, *caput*: "contrato individual de trabalho é o acordo tácito ou expresso, correspondente à relação de emprego".

É o acordo no qual as partes ajustam direitos e obrigações recíprocas, em que uma pessoa física (empregado) se compromete a prestar pessoalmente serviços subordinados, não eventuais a outrem (empregador), mediante o pagamento de salário.

O contrato de trabalho é um ato jurídico, tácito ou expresso que cria a relação de emprego, gerando, desde o momento de sua celebração, direitos e obrigações para ambas as partes. Nele, o empregado presta serviços subordinados mediante salário.

Diversos são os conceitos do contrato individual do trabalho. Amauri Mascaro Nascimento (2008) afirma que a definição do contrato individual de trabalho depende da posição do intérprete em virtude da celeuma da natureza do vínculo que se estabelece.

De acordo com Arnaldo Süssekind, o contrato individual de trabalho deve ser conceituado como:

> "No Brasil, tendo em conta o disposto nos arts. 2º e 3º da CLT, o contrato individual de trabalho pode ser definido como negócio jurídico em virtude do qual um trabalhador obriga-se a prestar pessoalmente serviços não eventuais a uma pessoa física ou jurídica, subordinado ao seu poder de comando, dele recebendo os salários ajustados." (SÜSSEKIND, 2002 *apud*, SARAIVA, 2010, p. 56)

Para Ives Gandra da Silva Martins Filho (2010, p. 124) "o contrato de trabalho é aquele pelo qual uma ou mais pessoas naturais obrigam-se, em troca de uma remuneração, a trabalhar para outra, em regime de subordinação a esta", ainda, ressalva o autor que "o contrato de trabalho, como regra geral no Direito do Trabalho, faz do trabalhador um empregado" (2010, p. 125).

Em que pese o contrato individual de trabalho ser definido pelo art. 442 da Consolidação das Leis do Trabalho (CLT) como "o acordo tácito ou expresso, correspondente à relação de emprego", o doutrinador Sergio Pinto Martins (2009), ao discorrer sobre a controvérsia existente na doutrina em relação à conceituação exposta, elucida que o termo que deveria ser empregado é contrato de emprego e não contrato de trabalho, uma vez que será estabelecido um pacto entre empregador e empregado de trabalho subordinado e não qualquer tipo de trabalho. Ademais, conforme ensina o doutrinador:

> "O contrato de trabalho é gênero, e compreende o contrato de emprego. Contrato de trabalho poderia compreender qualquer trabalho como o do autônomo, do eventual, etc. Contrato de emprego diz respeito à relação entre empregado e empregador e não a outro tipo de trabalhador. Daí por que se falar em contrato de emprego, que fornece a noção exata do tipo de contrato que estaria sendo estudado, porque o contrato de trabalho seria gênero e o contrato de emprego, espécie." (MARTINS, 2009, p. 78)

Dessa forma, como denota Renato Saraiva (2010) o contrato individual de trabalho é o acordo de vontades, tácito ou expresso, pelo qual o empregado, pessoa física, compromete-se, mediante pagamento de uma contraprestação salarial, a prestar serviços não eventual e subordinado em proveito do empregador, pessoa física ou jurídica.

Também em relação à natureza jurídica desse instituto, inúmeras são as posições. Saraiva (2010) elucida que nos dias de hoje prevalece o entendimento que a natureza jurídica do contrato de trabalho é contratual, de Direito Privado, uma vez que o Estado intervém apenas e tão somente para regular e normatizar condições básicas com o objetivo de resguardar os direitos mínimos dos trabalhadores nos contratos laborais.

Nessa linha de raciocínio, Martins (2009, p. 89) assevera que "o contrato de trabalho tem natureza contratual", e, ainda, em conformidade com o autor "o pacto laboral é um contrato típico, nominado, com regras próprias, distinto do contrato de locação de serviços do Direito Civil, de onde se desenvolveu e se especializou".

Dessa maneira, uma vez que as partes (empregado e empregador) têm poder de disciplinar os seus próprios interesses, a relação que entre esses se constitui, embora fortemente limitada em função da ação do Estatal, não deixa de se revestir, portanto, de caráter privado, pois são particulares os interesses que o contrato disciplina, como demonstra Paulo Eduardo V. Oliveira (2002).

Nessa esteira, há que se ponderar, ainda, o ensinamento do doutrinador Arnaldo Süssekind (2002 *apud* NASCIMENTO, 2008, p. 561) quanto à intervenção do Estado nas relações individuais do trabalho, afirma o autor, que "a intervenção Estatal por meio de normas imperativas que impõe aos contratantes a observância de determinadas condições de proteção ao trabalho, não desloca a relação jurídica para o âmbito do direito público".

O ínclito Mauricio Godinho Delgado leciona que definir um fenômeno consiste na atividade intelectual de apreensão e desvelamento dos elementos componentes desse fenômeno e do nexo lógico que os mantém integrados. A definição é, pois, uma declaração da essência e composição de um determinado fenômeno: supõe, desse modo, o enunciado não só de seus elementos integrantes como do vínculo que os mantém unidos.

DELGADO assevera que a definição do contrato de trabalho não foge a essa regra. Identificados seus elementos componentes e o laço que os mantém integrados, define-se o contrato como o negócio jurídico expresso ou tácito mediante o qual uma pessoa natural obriga a outra pessoa natural, jurídica ou ente despersonificado a uma prestação pessoal, não eventual, subordinada e onerosa de serviços.

O douto explica ainda que também pode ser definido o contrato empregatício como o acordo de vontades, tácito ou expresso, pelo qual uma pessoa física coloca seus serviços à disposição de outrem, a serem prestados com pessoalidade, não eventualidade, onerosidade e subordinação ao tomador.

A definição, portanto, constrói-se a partir dos elementos fático-jurídicos componentes da relação empregatícia, deflagrada pelo ajuste tácito ou expresso entre as partes.

Nesse passo, é de todo oportuno trazer à baila o entendimento da saudosa Alice Monteiro de Barros, que assevera que subdividem-se em teorias contratualistas e anticontratualistas, e ainda há autores que acrescentam as acontratualistas ou paracontratualistas, apresentadas abaixo:

2. Teorias do contrato de trabalho

As teorias contratualistas procuram identificá-lo a um contrato de Direito Civil: ora a uma compra e venda, ora a uma locação, ora a uma sociedade, ora a um mandato.

Os que atribuíam ao contrato de trabalho a natureza de uma compra e venda afirmavam que o empregado vende a sua força de trabalho em troca de um salário.

A crítica é a seguinte: trabalho não é mercadoria e salário não é preço, conforme já definido em algumas decisões judiciais.

Aqueles que pensam que atribuíam a natureza uma espécie de locação de serviços, defendem que o empregado aluga seu trabalho, assumindo a condição de locador; o empregador o utiliza na condição de locatário e a coisa locada é a força de trabalho.

Neste sentido, a crítica é ao fundamento de que essa teoria implica retrocesso à *locatio hominis*, por ignorar que a força de trabalho do empregado é inseparável de sua pessoa.

Sobre esse aspecto, a vertente doutrinária que tenta explicar o contrato de trabalho como um contrato de sociedade, argumenta que tanto o empregado quanto o empregador colocam em comum, respectivamente, trabalho e capital, tendo em vista dividir o benefício que daí se origina.

Surge, desta forma, a crítica de que não pode ser aceita porque no contrato de trabalho não há a *affectio scietatis*, ou seja, a comunhão de interesses na proporção existente no contrato de sociedade.

Dentre as teorias contratualistas, existe ainda a vertente que atribui natureza jurídica do contrato de trabalho a um mandato, afirmando que o empregador atua como mandante e o empregado como mandatário.

Por fim, a crítica a essa teoria é que essa não pode prosperar, pois, tradicionalmente, o mandato era gratuito, enquanto o contrato de trabalho sempre foi oneroso.

3. Teorias anticontratualistas

Ensina BARROS que as teorias anticontratualistas, inspiradas nas críticas de Gierke, se opunha ao caráter individualista do contrato, baseado no antigo modelo romano de *locacio operarum*. O citado autor apresenta como objeção ao materialismo das relações obrigacionais, o espiritualismo da relação de trabalho, fundada na lealdade do trabalhador e na proteção do empresário, unidos por meio de um vínculo quase familiar que evoca os laços da servidão medieval.

A terceira vertente doutrinária é a teoria acontratualista para explicar a natureza jurídica do contrato de trabalho. Seus adeptos asseveram que a relação de emprego não contrasta com o contrato, mas também não afirmam sua existência.

4. Qual teoria deve ser aplicada no caso concreto?

A saudosa concluiu que prevalece no Brasil, como regra geral, a forma livre de celebração do contrato, que pode assumir o caráter expresso (verbal ou escrito) ou tácito (arts. 442 e 443 da CLT). Explica ainda que, infere-se do art. 468 da CLT que a legislação brasileira adota a corrente contratualista, mas os arts. 2º, 503 e 766 da CLT enquadram-se na corrente institucionalista, confundindo empregador com empresa. Daí sustentam alguns autores o perfil eclético da nossa legislação brasileira.

No entendimento de BARROS, predomina a teoria contratualista, não nos moldes das teorias civilistas clássicas, mas considerando a vontade como elemento indispensável à configuração do contrato.

Nesse raciocínio, o douto Mauricio Godinho Delgado, ao lecionar sobre os elementos dos contratos empregatícios, assevera que estes não diferem, em geral, daqueles já identificados pela teoria civilista clássica: trata-se dos elementos essenciais, naturais e acidentais do contrato.

O ínclito Professor preleciona que os elementos essenciais, ou jurídico-formais, do contrato de trabalho são aqueles enunciados pelo Direito Civil: capacidade das partes; licitude do objeto; forma prescrita ou não vedada por lei (art. 104, I a III, CCB/2002). A esses três acolhidos, soma-se a higidez da manifestação da vontade (ou consenso válido). O Professor explica que esses elementos estruturantes comparecem ao Direito do Trabalho, obviamente, com as adequações próprias a esse ramo jurídico especializado.

Segundo Washington de Barros Monteiro, citado por Delgado, capacidade, como se sabe, "é a aptidão para exercer, por si ou por outrem, atos da vida civil". Capacidade trabalhista é a aptidão reconhecida pelo Direito do Trabalho para o exercício de atos da vida laborativa.

Concernente ao empregador, o Direito do Trabalho não introduziu inovações, mas no tocante à figura do empregado há especificidades normativas trabalhistas. Como exemplo podemos observar que a capacidade plena para atos da vida trabalhista inicia-se aos 18 anos (art. 402, da CLT).

Existem atos trabalhistas vedados ao trabalhador menor de 18 anos, ainda que relativamente capaz: é o que se passa, por exemplo, com a prestação laboral em período noturno ou em circunstâncias perigosas ou insalubres (art. 7º, XXXIII, CF/88 — o texto constitucional anterior reportava-se apenas à indústria insalubre).

Sobre a licitude do objeto, segundo o art. 166, II, do CCB/2002, somente é conferido validade ao contrato que tenha objeto lícito. Em relação a forma regular ou não proibida, o contrato de trabalho é pacto não solene; é, portanto, contrato do tipo informal, consensual, podendo ser licitamente ajustado ou até mesmo de modo apenas tácito, conforme *caput* dos arts. 442 e 443 da CLT.

Por fim, sobre a higidez de manifestação de vontade, DELGADO aduz que a ordem jurídica exige ocorrência de livre e regular manifestação de vontade, pelas partes contratuais, para que o pacto se considere válido. Nessa linha, a higidez de manifestação de vontade (ou consenso livre de vícios) seria elemento essencial aos contratos celebrados.

Para concluir, importante trazer à baila os ensinamentos de DELGADO sobre os elementos naturais e acidentais do contrato de forma sucinta.

O douto explica que os elementos naturais do contrato são aqueles que, embora não se caracterizando como imprescindíveis à própria formação do tipo contratual examinado, tendem a comparecer recorrentemente em sua estrutura e dinâmica concretas.

Os elementos acidentais do contrato são aqueles que, embora circunstanciais e episódicos no contexto dos pactos celebrados, alteram-lhes significativamente a estrutura e efeitos, caso inseridos em seu conteúdo. Os elementos acidentais classicamente enfatizados pela doutrina civilista são o termo e a condição.

5. Natureza jurídica

As teorias contratualista e anticontratualista procuram explicar a natureza jurídica do contrato de trabalho.

A teoria contratualista considera a relação entre empregado e empregador um contrato porque decorre de um acordo de vontade entre as partes, devendo este ser escrito. Por outro lado, a teoria anticontratualista entende que o empregador é uma instituição na qual há uma situação estatutária e não contratual, onde as condições de trabalho demonstram uma subordinação do empregado pelo empregador, podendo ser este um acordo verbal.

No Brasil adotamos a teoria mista, intermediária, que determina que o contrato de trabalho tem natureza contratual, podendo, assim, tanto ser escrito quanto verbalizado (art. 442, *caput*, CLT).

6. Características do contrato de trabalho

A Doutrina Brasileira, classifica o contrato de trabalho como um negócio jurídico de direito privado, expresso ou tácito, pelo qual uma pessoa física (empregado) presta serviços continuados e subordinados à outra pessoa física ou jurídica (empregador), percebendo para tanto salário. O contrato de trabalho é um negócio jurídico bilateral, sinalagmático, oneroso, comutativo, de trato sucessivo, já que não se completa com um único ato, e que se estabelece entre empregador e o empregado, relativo às condições de trabalho. Resumindo, são características do contrato de trabalho: oriundo do direito privado, consensual, sinalagmático, comutativo, de trato sucessivo, oneroso, subordinativo.

• Oriundo do direito privado uma vez que as partes, empregado e empregador, pactuam seus próprios regulamentos, contudo são limitados à legislação trabalhista.

• É um contrato consensual e não solene, pois a lei não exige forma especial para sua validade, bastando o simples consentimento das partes (art. 443, CLT).

• É um negócio jurídico sinalagmático (convenção, pacto, contrato) e bilateral, uma vez que cada uma das partes se obriga a uma prestação. Por resultar em obrigações contrárias e equivalentes, a parte que não cumprir sua obrigação não tem o direito de reclamar.

• É comutativo uma vez que de um lado há a prestação de trabalho e do outro lado há a contraprestação dos serviços.

• É considerado de trato sucessivo, pois não se exaure em uma única prestação.

• Oneroso uma vez que o objeto do contrato é a prestação de serviços mediante salário de mês a mês as obrigações se repetem.

• Classifica-se como subordinativo por o empregado se subordinar as ordens do empregador.

O que caracteriza o contrato de trabalho, ou seja, o que é capaz de diferenciar este contrato dos demais, é a dependência ou subordinação do empregado ao empregador (subordinação técnica, social, econômica e jurídica). A subordinação jurídica é a que predomina na doutrina, uma vez que o empregado cumpre as ordens do empregador. Isso ocorre em razão da relação contratual laboral.

Jurisprudência:

> DANOS MORAIS E MATERIAIS. PEDIDO INDENIZATÓRIO FULCRADO NA DECLARAÇÃO DA NULIDADE DO CONTRATO DE TRABALHO (CF, Art. 37, II). INDEFERIMENTO. INEXISTÊNCIA DE PREJUÍZO. O contrato de trabalho é fundamentalmente um acordo de vontades, de onde resulta seu caráter sinalagmático (CLT, art. 442). Por esse raciocínio, não há como entender que o contrato de trabalho mantido entre o trabalhador e o ente público, declarado judicialmente nulo por ausência de prévia submissão a concurso público (CF, art. 37, § 2º), tenha sido um ato unilateral da administração pública, de forma a imputar-se eventual responsabilidade da contratação apenas a esta. Ambas as partes pactuaram um contrato em desatenção ao mandamento constitucional (art. 37, II) e não há como concluir que o ente público tenha que indenizar o trabalhador, se este também participou da ilicitude e ainda se beneficiou em detrimento dos demais cidadãos, em razão da inexistência de concorrência legal e justa. Portanto, a declaração de improcedência dos pedidos trabalhistas formulados em razão da contratação irregular não gera direito de indenização por danos morais e materiais. Recurso improvido por unanimidade. (TRT 24ª Região. RO – 683-2005-021-24-08. Turma: TP – Tribunal Pleno. Rel. João de Deus Gomes de Souza – Data: 26.1.2006)

7. Responsabilidade pré-contratual

Atualmente a responsabilidade do empregador não se limita somente ao período da contratação, sendo possível ao empregado pleitear perante a Justiça do Trabalho danos morais e materiais.

O contrato de trabalho deve criar uma confiança entre as partes (princípio da boa-fé dos contratos), motivo pelo qual precisa ser reconhecida a responsabilidade daquele que desiste da concretização do negócio jurídico.

Em afronta ao princípio da dignidade da pessoa humana e com a discriminação em entrevista de emprego, é possível pleitear na Justiça do Trabalho eventual dano moral.

Ainda, os danos emergentes e os lucros cessantes também podem ser angariados diante da falsa proposta de emprego, pois muitas vezes o trabalhador recusa outras propostas, ou ainda, pede demissão do atual emprego em detrimento da promessa de emprego.

Jurisprudência:

> RESPONSABILIADE PRÉ-CONTRATUAL. INDENIZAÇÃO INDEVIDA. A responsabilidade civil do empregador não está limitada ao período contratual, podendo alcançar também a fase pré--contratual. É que a seriedade nas negociações preliminares cria uma confiança entre as partes, possibilitando que se reconheça a responsabilidade daquele cuja desistência na concretização do negócio ensejou prejuízos a outrem, ante a existência de uma convicção razoável em torno do cumprimento das obrigações inerentes ao contrato. Todavia, não havendo provas de que a reclamada tenha garantido a contratação do reclamante, e não demonstrados os prejuízos por ele suportados enquanto aguardava ser convocado para iniciar suas atividades, não há falar em pagamento da indenização vindicada. (TRT 3ª Região. RO – 00235-2006-055-03-00-7. 1ª Turma. Rel. Rogério Valle Ferreira. Data: 4.8.2006)

> DANOS MORAIS. RESPONSABILIDADE PRÉ-CONTRATUAL. A indenização por dano moral repousa na teoria subjetiva da responsabilidade civil, cujo postulado básico estriba-se no conceito de culpa, e esta, fundamentalmente, tem por pressuposto a infração de uma norma preestabelecida, revelando-se necessário, ainda, que a conduta do agente venha a atingir, efetivamente, algum dos bens elencados no art. 5º, X da CF/88, quais sejam, a intimidade, vida privada, honra e imagem. Todas essas ponderações acerca dos pressupostos da responsabilidade civil pelos danos causados na fase contratual também são aplicáveis ao dano pré-contratual, correspondente às despesas e prejuízos que a parte suportou em decorrência da frustração injustificada da formação do contrato de trabalho, bastando fique comprovada a violação dos deveres de lealdade, proteção e informação pela empresa para com o futuro empregado, além do princípio da boa-fé objetiva que incide no campo obrigacional. Na hipótese, não restando demonstrada a má-fé da empresa na promessa de contratação frustrada, bem assim que tenha a autora deixado de aceitar outra proposta de emprego em razão da promessa de contratação havida, ou, ainda, que tal expectativa tivesse alterado substancialmente sua rotina e de sua família, a ponto de causar-lhe prejuízo de ordem moral capaz de ensejar a respectiva indenização, tenho por não comprovado o resultado lesivo, não havendo falar em indenização por danos morais. (TRT 23ª Região. RO – 00049-2008-006-23-00. Rel. Des. Roberto Benatar. Data: 30.9.2008)

8. Sujeitos

Os sujeitos do contrato de trabalho são as pessoas físicas, naturais ou jurídicas que possam ser contratadas. Estabelece a CLT que são sujeitos do contrato de trabalho o empregado e o empregador (arts. 2º e 3º da CLT).

O empregador tem o dever de assumir os riscos da atividade econômica, admitindo, dirigindo e assalariando aquele que lhe presta os serviços.

O profissional liberal, a instituição de beneficência, as associações recreativas e outras instituições sem fins lucrativos que contratem trabalhadores como empregados são equiparados por lei ao empregador.

A família e a massa falida, mesmo sem personalidade jurídica, podem assumir as condições de empregador.

Jurisprudência:

> RESPONSABILIDADE CIVIL DO EMPREGADOR – DANOS MORAIS – REPARAÇÃO DE VIDA. Empregado e empregador, como sujeitos do contrato de trabalho, devem pautar suas relações pelo respeito recíproco. O tratamento humilhante dispensado por gerente da empresa à empregada, que era chamada de "burra" na frente de seus colegas de trabalho, caracteriza grave ofensa moral. O dano, neste caso, é deduzido do próprio insulto, bastando o implemento do ato ilícito para criar a presunção dos efeitos negativos na órbita subjetiva da vítima. O empregador deve arcar com a reparação moral devida à obreira tendo em vista ser legalmente responsável por atos de seus prepostos, praticados no exercício do trabalho que lhes competir ou em razão dele (arts. 932, inciso III, e 933 do Código Civil). Não se pode olvidar, ainda, que a empresa permitiu que a obreira fosse humilhada em seu ambiente de trabalho, sem tomar qualquer providência, configurando-se, assim, uma omissão culposa. Presentes todos os pressupostos para a responsabilização da Ré, a decisão monocrática que a condenou ao pagamento de indenização por danos morais merece ser confirmada. (TRT 3ª Região. RO – 00343-2007-006-03-00-0. 8ª Turma. Rel. Márcio Ribeiro do Valle. Data: 10.11.2007)

9. Formação

Como todo negócio jurídico, o contrato de trabalho deve respeitar as condições previstas no art. 104 do Código Civil brasileiro que exige agente capaz, objeto lícito e possível, determinado ou indeterminado e forma prescrita ou não defesa em lei. Será considerado nulo o ato jurídico quando for ilícito ou impossível seu objeto (art. 166, II, CC).

São requisitos necessários para a formação do contrato de trabalho:

— capacidade dos contratantes;

— manifestação de vontade;

— objeto lícito;

— forma prescrita em lei.

No que se refere à capacidade dos contratantes, o Direito do Trabalho veda qualquer trabalho ao menor de 16 anos, salvo na condição de aprendiz, mas somente a partir dos 14 anos (CF, art. 7º, XXXIII). Para o direito do trabalho, o menor entre 16 e 18 anos é considerado relativamente capaz. A capacidade absoluta só se adquire aos 18 anos (art. 402 da CLT). Portanto, é proibido o contrato de trabalho com menor de 16 anos, porém, caso ocorra a prestação de serviço, este produzirá efeitos. De acordo com o art. 439 da CLT é lícito ao menor firmar recibo pelo pagamento dos salários. Tratando-se, porém, de rescisão do contrato de trabalho, é vedado ao menor de 18 (dezoito) anos dar, sem assistência dos seus responsáveis legais, quitação ao empregador pelo recebimento da indenização que lhe for devida.

A contratação de servidor público, quando não aprovado em concurso público, deve obedecer às determinações do art. 37, II, § 2º, que lhe confere o direito ao pagamento da contraprestação em relação ao número de horas trabalhadas.

Os contratantes devem manifestar livremente sua vontade, devendo estar livre dos vícios que possam fraudar a lei ou prejudicar as partes contratadas tais como o erro, a má-fé, a coação, a simulação e a fraude. Os vícios praticados sem dolo não fraudam a lei, o contrário sim.

Desde que não contrariem as normas legais pertinentes, insta mencionar que as cláusulas constantes do contrato de trabalho são de livre estipulação das partes.

Em relação ao objeto lícito, a atividade desenvolvida deve ser lícita, permitida por lei, aceita pelo Direito.

A forma prescrita em lei reza que o contrato deve ser escrito ou verbal, salvo os casos previstos em lei que exigem a forma escrita.

Para elucidar, ressalta-se alguns contratos que exigem forma escrita na lei: o contrato temporário (Lei n. 6.019/74, art. 11), contratos por prazo determinado (art. 443 da CLT), contrato de aprendizagem (art. 428 da CLT), contrato em regime de tempo parcial (art. 58-A, § 2º da CLT), trabalho voluntário (Lei n. 9.608/98, art. 2º) e outros.

De acordo com o art. 443, da CLT, os contratos de trabalho podem ser celebrados por tempo determinado ou indeterminado. Assim, no contrato por tempo determinado, antecipadamente as partes ajustam seu termo. No contrato por tempo indeterminado não há prazo para a terminação do pacto laboral.

Jurisprudência:

> CONTRATO DE TRABALHO. BENEFÍCIOS. PROMESSA VERBAL. O art. 427 do Código Civil é claro em estabelecer que "a proposta de contrato obriga o proponente, se o contrário não resultar dos termos dela, da natureza do negócio, ou das circunstâncias do caso". Verifica-se, pois, que toda proposta tem força obrigacional, pois, aquele que promete, obriga-se pelos termos da promessa efetuada inserida nas linhas estruturais do negócio. Especificamente nos pactos trabalhistas, cumpre ressaltar que o fato de o ajuste eventualmente ser verbal, em nada altera o referido entendimento, haja vista que, nos termos do art. 443 da CLT, "o contrato individual de trabalho poderá ser acordado tácita ou expressamente, verbalmente ou por escrito (...)". Por assim ser, evidenciado nos autos que a Reclamada formulou uma promessa verbal ao Reclamante, comprometendo-se a ressarcir os gastos com alimentação e transporte, aquela se converteu em um adendo benéfico ao contrato de trabalho, sendo o suficiente para obrigar a proponente a cumpri-la. Contudo, se a Ré assim não procedeu, correta se mostra a decisão primeira que determinou o ressarcimento das despesas suportadas pelo Obreiro. (TRT 3ª Região. RO – 00064-2009-075-03-00-3. 8ª Turma. Rel. Márcio Ribeiro do Valle. Data: 20.7.2009)

10. Requisitos

Para melhor entendermos os requisitos do contrato de trabalho devemos levar em consideração as definições encontradas nos arts. 2º e 3º da CLT:

"Art. 2º Considera-se empregador a empresa, individual ou coletiva, que assumindo os riscos da atividade econômica, admite, assalaria e dirige a prestação pessoal de serviços."

"Art. 3º Considera-se empregado toda pessoa física que prestar serviços de natureza não eventual a empregador, sob a dependência deste e mediante salário.

Parágrafo único. Não haverá distinções relativas à espécie de emprego e à condição de trabalhador, nem entre o trabalho intelectual, técnico e manual."

Dentro dessas definições podemos considerar os seguintes requisitos do contrato de trabalho:

Continuidade: por ser um ajuste de vontade, o contrato de trabalho deve ser prestado de forma contínua, não eventual;

Onerosidade: deve ser prestado de forma onerosa, mediante o pagamento de salários, pois o trabalhador deverá receber pelos serviços prestados;

Pessoalidade: o empregado deverá ser pessoa física ou natural e não poderá ser substituído por outra pessoa (*intuito personae*);

Alteridade: o empregador assume qualquer risco, pois a natureza do contrato é de atividade e não de resultado;

Subordinação: existe uma relação hierárquica entre empregado e empregador.

Jurisprudência:

SALÁRIO MARGINAL. PROVA. EXISTÊNCIA. Compete ao autor, por ser fato extraordinário e constitutivo do seu direito, demonstrar de forma cabal e inconteste de dúvidas, o pagamento de salário *a latere*, ex vi art. 818 da CLT, c/c art. 333, I, do CPC. Conseguindo o demandante produzir provas no sentido do alegado, imperioso se torna deferir-lhe o pleito de pagamento de salário 'por fora' com os reflexos legais, vez que logrou êxito em se desvencilhar do ônus probante que contra si pesava. PRINCÍPIO DA ALTERIDADE. RISCOS DA ATIVIDADE ECONÔMICA. Na seara trabalhista, os inúmeros e prováveis insucessos da atividade econômica devem ser suportados exclusivamente pelo empregador, não podendo este repassá-los aos seus empregados, na forma do previsto no art. 2º, da CLT. Se o trabalhador não participa da distribuição dos lucros, não pode responder pelos prejuízos. (TRT 23ª Região. RO – 01101-2003-003-23-00. Rel. Juiz Osmar Couto. Data: 31.1.2006)

RELAÇÃO DE EMPREGO – ELEMENTOS CONSTITUTIVOS – INDISPENSABILIDADE DA PRESENÇA DO CLÁSSICO ELEMENTO DA SUBORDINAÇÃO JURÍDICA. Em se tratando da relação jurídica de emprego, é imprescindível a conjugação dos fatos: pessoalidade do prestador de serviços; trabalho não eventual; onerosidade da prestação; e subordinação jurídica. Portanto, apenas o somatório destes requisitos é que representará o fato constitutivo complexo do vínculo de emprego, que deve ser provado por quem invoca o direito. A adotar-se o difuso e etéreo conceito de "subordinação estrutural" será possível o reconhecimento de vínculo de emprego em qualquer situação fática submetida a esta Justiça, simplesmente porque não há, no mundo real das relações econômicas, qualquer atividade humana que não se entrelace ou se encadeie com o objetivo final de qualquer empreendimento, seja ele produtivo ou não. Para fins de aferir a existência de relação de emprego, ainda prevalece a clássica noção de subordinação, na sua tríplice vertente: jurídica, técnica e econômica. Ao largo dessa clássica subordinação, nada mais existe a não ser puro diletantismo ou devaneio acadêmico, máxime na realidade contemporânea onde a tendência irrefreável da história é a consagração do trabalho livre e competitivo. (TRT 3ª Região. RO – 00824-2008-070-03-00-0. 9ª Turma. Rel. convocado João Bosco Pinto Lara. Data: 6.5.2009)

COZINHEIRA. VÍNCULO DE EMPREGO. As declarações da própria autora desautorizam o reconhecimento do vínculo de emprego, contornando a seguinte realidade fática: exercia atividade autônoma de produção e comercialização de refeições para empregados e não empregados da fazenda de propriedade do reclamado, a partir da utilização de mantimentos custeados pelo seu esposo, este sim empregado do réu. Além de refeições, a autora também comercializava roupas para auferir renda. Ausentes os requisitos ensejadores de uma autêntica relação de emprego, quais sejam: subordinação jurídica, onerosidade, não eventualidade e pessoalidade, estes últimos pelas viagens confessadamente empreendidas pela autora com duração de uma semana. Nega-se provimento. (TRT 24ª Região. RO – 273-2006-071-24-04. Turma: TP – Tribunal Pleno. Rel. Ricardo G. M. Zandona. Data: 18.7.2007)

10.1. Classificação

O Contrato de trabalho pode ser classificado quanto à forma: tácito ou expresso, escrito ou verbal (art. 442 e 443 CLT), e quanto à sua duração (determinado e indeterminado).

Quanto à forma ele será tácito quando a manifestação de vontade decorrer de um comportamento que indique a relação de emprego, caracterizada pela existência de emprego. Será tácito quando não houver palavras escritas ou verbais.

O contrato também poderá ser expresso de forma escrita ou verbal, hipótese em que existe um contrato ou a manifestação verbal.

De acordo com o art. 29 da CLT, independentemente da forma de contrato de trabalho, este sempre deverá ser anotado na CTPS.

Quanto à sua duração, o contrato poderá ser por prazo determinado ou indeterminado fato que não muda sua natureza jurídica, pois ambos são regidos pelas leis trabalhistas, o que muda é a estipulação do prazo.

Será por prazo determinado quando seu término estiver previsto no momento da celebração, quando os contratantes expressam e previamente limitam sua duração, determinando o seu fim mediante termo ou condição. Neste caso, o término do contrato pode ocorrer com data certa ou data aproximada da conclusão dos serviços.

Por prazo indeterminado é a forma mais utilizada pelas empresas, pois nele, as partes, ao celebrá-lo, não estipulam a sua duração e nem prefixam o seu termo extintivo. A indeterminação da duração é uma característica peculiar do princípio da continuidade.

Ademais o art. 443, § 2º, da CLT estabelece as hipóteses admitidas do contrato de trabalho por tempo determinado:

— Transitoriedade do serviço do empregado. Exemplo: implantação de sistema de informática.

— Transitoriedade da atividade do empregador. Exemplo: época da Páscoa, vender panetone no Natal.

— Contrato de experiência.

Jurisprudência:

> CONTRATO DE EXPERIÊNCIA – OCORRÊNCIA DE ACIDENTE DO TRABALHO NO SEU CURSO – DIREITO À ESTABILIDADE PROVISÓRIA – INEXISTÊNCIA. Como modalidade de contrato por prazo determinado, o contrato de experiência extingue-se naturalmente pelo decurso do prazo previamente ajustado entre as partes, se não há cláusula de prorrogação automática, sendo, portanto, pela sua própria natureza, incompatível com qualquer espécie de estabilidade provisória no emprego, inclusive com aquela prevista no art. 118 da Lei n. 8.213/91. O instituto da estabilidade provisória aplica-se aos contratos por prazo indeterminado e somente terá aplicação no contrato a termo, quando da ocorrência de acidente do trabalho no seu curso, se assim for acordado previamente pelas partes, por aplicação analógica do art. 472, § 2º, da CLT. (TRT 3ª Região. RO – 00982-2008-103-03-00-6. 7ª Turma. Rel. Paulo Roberto de Castro. Data: 14.5.2009)

Uma das inovações trazidas no art. 442-B da CLT é que a contratação do autônomo, cumprida todas as formalidades legais, com ou sem exclusividade, de forma continuar ou não, se caracteriza a relação de trabalho.

Do ponto de vista prático, é claro que estamos diante de uma situação em que o empregador ficará desvinculado em registrar o funcionário, desde que este tenha autonomia na condução dos trabalhos; em outras palavras, a chamada parassubordinação.

Importante salientar este conceito de parassubordinação, que é a possibilidade que o trabalhador tem de conduzir o seu trabalho da melhor forma, ficando a seu critério essa escolha.

Aqui já temos uma nova forma de contratação em que até pouquíssimo tempo era atividade-fim da empresa e pode ser contratado como terceirizado ou como um autônomo, sem qualquer tipo de vínculo de emprego.

10.2. Trabalho intermitente

Trazendo esta linha de raciocínio, a CLT, no art. 443, regulamentou a figura do trabalho intermitente em que conceitua o mesmo como tendo subordinação, mas não tendo natureza continua, podendo ainda ocorrer alternância de períodos de prestação de serviço assim como a sua inatividade, podendo ser pactuado por hora, por dia ou por mês, independentemente da atividade do empregado.

O parágrafo terceiro do art. 443 não deixa dúvidas que o trabalho intermitente é aquele ocasional esporádico, em outras palavras aquele que pode ser contratado tão somente por algumas horas do dia, por semana ou ainda por mês.

Seria o caso, por exemplo, daquele empregado contratado para a realização de uma atividade apenas.

Ainda tratando do trabalho intermitente, este sempre deve ser celebrado por escrito e deve ser especificado o valor da hora de trabalho, que não pode ser inferior a hora no salário mínimo.

O empregador deverá informar ao empregado que pretende utilizar seus trabalhos com pelo menos três dias corridos de antecedência e o empregado terá um dia útil para responder o chamado. E, caso não responda, consequentemente interpreta-se que houve a recusa do empregado.

Uma vez aceita a oferta do trabalho, a parte descumpre sem justo motivo pagar a outra parte no prazo de 30 dias, uma multa de 50% do que seria devido se o empregado mantivesse o contrato.

O tempo de inatividade não será considerado como tempo à disposição do empregador, podendo, inclusive, o trabalhador prestar serviços para outros contratantes.

Como garantia, o empregado intermitente fará jus a receber a remuneração do que foi pactuado, as férias proporcionais com acréscimo de um terço, o décimo terceiro proporcional, o repouso semanal remunerado e, ainda, os adicionais legais como hora extra, insalubridade, periculosidade, transferência ou noturno.

O recolhimento do FGTS e do INSS é obrigatório pelo empregador.

O empregado intermitente, a cada 12 meses, ainda tem direito de usufruir de um mês de férias, não podendo ser convocado neste período pelo empregador.

Desta forma abriu-se o leque da contratação de forma esporádica e isto faz com que possam surgir novos contratos das mais variadas maneiras, dependendo da relação de emprego que deve ser efetuado.

10.3. Vestimenta do empregado

Outra inovação da legislação vigente é o art. 456-A da CLT, em que determina que o empregador define o padrão de vestimenta no meio ambiente laboral, ou seja, o patrão não tem autonomia para determinar a vestimenta fora do trabalho, exceto para os empregados que exerce uma atividade externa.

É totalmente permitido pelo empregador a inclusão no uniforme de logomarcas da própria empresa ou de empresas parceiras e de outros itens de identificação relacionados à atividade desempenhada e a legislação é omissa em assegurar algum tipo de indenização pelo simples motivo do empregado estar com a marca da empresa em sua roupa.

Ainda neste ínterim, a higienização do uniforme é de responsabilidade do trabalhador, única exceção à regra quando for necessária a utilização de diferentes produtos para a higienização do mesmo; nessa hipótese fica a critério único e exclusivamente do empregador.

10.4. Conversão do contrato por tempo determinado em indeterminado

O contrato de trabalho por prazo determinado será convertido em prazo indeterminado de acordo com as hipóteses abaixo:

a) Estipulação de prazo maior do que o previsto em lei (2 anos) – (Lei n. 9.601/98) ou 90 dias;

b) Estipulação do contrato por prazo determinado fora das hipóteses previstas no § 2º, do art. 443, CLT:

   I – Serviços de natureza ou transitoriedade justifiquem a predeterminação de prazo;

   II – Atividades empresariais de caráter transitório; e

   III – contrato de experiência;

c) Se houver mais de uma prorrogação, o contrato vigorará sem prazo. O contrato de trabalho por prazo determinado que for prorrogado mais de uma vez passará a vigorar sem determinação de prazo (art. 451, CLT);

d) Sucessão – para celebrar um novo contrato por prazo determinado com um mesmo empregado é necessário respeitar o interregno de 6 meses para o novo pacto contratual;

e) Cláusula de rescisão contratual antecipada – uma vez ocorrida a rescisão antecipada do contrato, vigorará as normas concernentes ao contrato de trabalho por prazo indeterminado.

Jurisprudência:

> DESCARACTERIZAÇÃO DO CONTRATO POR PRAZO DETERMINADO – MODALIDADE POR OBRA CERTA – Evidenciada a existência de diversos contratos celebrados por obra certa e por prazo determinado, percebe-se que as reclamadas têm necessidade permanente de mão de obra, tanto que chegou a contratar o empregado por reiteradas vezes em curtos intervalos e em períodos até mesmo consecutivos, sem solução de continuidade. E se o pressuposto objetivo do contrato não é mais o trabalho específico do empregado em obra certa, podendo o trabalhador ser deslocado de uma obra para outra, também por este motivo deve-se entender que a contratação se deu por prazo indeterminado. Na ocorrência desses casos, deve-se entender que o ajuste é de prazo indeterminado, pois o contrato de obra certa de que cogita a Lei n. 23.956/56 pressupõe a realização de obra ou serviço certo como fator determinante da pré-fixação do prazo contratual. A transitoriedade, se existente, se dava em relação às empresas tomadoras dos serviços da reclamada e não em relação aos empregados da prestadora dos serviços. (TRT 3ª Região. RO – 00623-2008-144-03-00-4. 10ª Turma. Relª. convocada Taísa Maria Macena de Lima. Data: 23.4.2009)

10.5. Relação privada do contrato de trabalho

O art. 444 da CLT, em sua nova redação, especificamente determina que as partes têm autonomia para criar regras entre as mesmas desde que respeitados os requisitos básicos e mínimos descritos na Constituição e na lei infraconstitucional.

A novidade é o seu parágrafo único, no qual determina que sendo o empregado portador de diploma de nível superior e como segundo requisito perceba salário mensal igual ou superior a duas vezes o limite máximo dos benefícios do regime Geral de Previdência Social, este, agora, é conhecido pela doutrina como o hipersuficiente, podendo ser criada, inclusive, a cláusula arbitral no seu contrato de trabalho.

O referido exemplo, neste caso, é claro, seriam os altos executivos dos quais, por terem uma condição econômica superior a do empregado médio, pode ter conhecimento melhor dos seus direitos e, com isso, evitar de ser ludibriado.

Desta forma, nos contratos em que envolvam altos valores, a lei deixa claro que se trata de salário acima de duas vezes o benefício do INSS, valor este que não pode ser incluído prêmio ou qualquer outro tipo de pagamento de caráter esporádico.

10.6. Circunstâncias possibilitadoras do contrato por tempo determinado

O contrato de trabalho por tempo determinado é aquele cuja vigência se dará por tempo certo. Este prazo poderá ter uma data determinada, a realização de certos serviços ou um fato futuro que tenha uma duração aproximada (art. 443, § 1º, CLT).

O art. 443, § 2º, da CLT, estabelece as hipóteses admitidas do contrato de trabalho por tempo determinado.

Cita-se como exemplo de transitoriedade do serviço do empregado, os serviços cuja natureza ou transitoriedade justifiquem a predeterminação do prazo e a safra agrícola que não explica o trabalho do empregado fora dessas épocas.

A atividade transitória pode ser da própria empresa e estará ligada a um serviço específico, como no caso do Comitê Eleitoral. Nesta hipótese, não existe nenhum propósito em dar continuidade ao trabalho fora daquele período.

Os contratos de experiência poderão ser fixados no máximo por 90 dias (art. 445, CLT), sendo permitida uma única prorrogação (art. 451, CLT). Havendo prorrogação, esta não poderá exceder 2 anos, e para o contrato de experiência, não poderá exceder 90 dias, sob pena de se tornar indeterminado.

O contrato de experiência é um contrato por prazo determinado cuja duração é reduzida, possibilitando ao empregador verificar as aptidões técnicas do empregado, e a este avaliar a conveniência das condições de trabalho.

Determina o art. 445 da CLT que o prazo de duração do contrato de trabalho por tempo determinado não poderá ser superior a 2 anos, podendo ser prorrogado apenas uma vez, se firmado por prazo inferior, e desde que a soma dos dois períodos não ultrapasse o limite de 2 anos (art. 451 da CLT). Exige a lei que este contrato seja expresso e devidamente anotado na CTPS.

Somente será permitido um novo contrato após seis meses da data de conclusão do pacto anterior (art. 452, CLT), salvo nas hipóteses em que a expiração do contrato dependeu da execução de serviços especializados ou da realização de certos acontecimentos.

É proibida a contratação de empregados por prazo determinado visando substituir pessoal regular, e permanente contratados por prazo indeterminado.

Havendo cláusula que permita a rescisão imotivada antes do prazo determinado, este será regido pelas mesmas regras do contrato por tempo indeterminado (art. 481, CLT), cabendo aviso-prévio.

São exemplos de contratos por prazo determinado: obra certa; safra (Lei n. 5.889/73); atletas profissionais (Lei n. 9.615/98); aprendizagem (CLT, art. 428).

Jurisprudência:

> CONTRATO DE EXPERIÊNCIA – OCORRÊNCIA DE ACIDENTE DO TRABALHO NO SEU CURSO – DIREITO À ESTABILIDADE PROVISÓRIA – INEXISTÊNCIA. Como modalidade de contrato por prazo determinado, o contrato de experiência extingue-se naturalmente pelo decurso do prazo previamente ajustado entre as partes, se não há cláusula de prorrogação automática, sendo, portanto, pela sua própria natureza, incompatível com qualquer espécie de estabilidade provisória no emprego, inclusive com aquela prevista no art. 118 da Lei n. 8.213/91. O instituto da estabilidade provisória aplica-se aos contratos por prazo indeterminado e somente terá aplicação no contrato a termo, quando da ocorrência de acidente do trabalho no seu curso, se assim for acordado previamente pelas partes, por aplicação analógica do art. 472, § 2º, da CLT. (TRT 3ª Região. RO – 00982-2008-103-03-00-6. 7ª Turma. Rel. Paulo Roberto de Castro. Data: 14.5.2009)

> ESTABILIDADE. CONTRATO DE TRABALHO POR TEMPO DETERMINADO. INAPLICABILIDADE. O empregado contratado por tempo determinado não tem direito a estabilidade por acidente de trabalho. (Processo 00218-2007-022-05-00-9 RO, ac. n. 011531/2008, rel. Des. Alcino Felizola, 1ª Turma, DJ 5.6.2008)

> CONTRATO POR TEMPO DETERMINADO: Estabelecido prazo inferior ao máximo permitido por lei para a vigência de contrato de trabalho por tempo determinado, e escoado o seu lapso, a manutenção do empregado em atividade faz com que o contrato se transforme em contrato por tempo indeterminado. (Processo 00512-2007-101-05-00-8 RO, ac. n. 003057/2008, relª. Desª. Graça Laranjeira, 2ª Turma, DJ 27.2.2008)

10.7. Formas de rescisão do contrato por tempo determinado

Via de regra, o contrato se extingue a partir da data estipulada pelas partes, no entanto, podem ocorrer hipóteses de rescisão antecipada sem justa causa.

Neste caso, os efeitos do término do contrato dependerão da existência ou não de cláusula que preveja o direito recíproco de rescisão. Não havendo esta cláusula e a rescisão for provocada pelo empregador, este será obrigado a pagar, a título de indenização, a metade da remuneração que o empregado teria direito até o final do contrato (art. 479, CLT).

Se a rescisão ocorrer por parte do empregado, este deverá indenizar o empregador pelos prejuízos sofridos, efetivamente comprovados, até o limite do que lhe seria devido na situação inversa (art. 480, CLT).

Na existência de Convenção ou Acordo Coletivo, esta deverá estipular a indenização a ser paga, não se aplicando as indenizações já previstas na CLT, arts. 479 e 480.

As partes poderão rescindir o contrato antecipadamente quando da existência de cláusula assecuratória do direito recíproco de rescisão, e a rescisão acarretará os mesmos direitos do contrato por prazo indeterminado.

Jurisprudência:

CONTRATO DE TRABALHO TEMPORÁRIO. MULTA DO ART. 479 DA CLT. INAPLICABILIDADE. A Lei n. 6019/74 não prevê espécie de contrato por prazo determinado, mas apenas um contrato de duração limitada ao máximo de 90 dias. Despedido o trabalhador temporário antes desse prazo, não faz jus à multa prevista no art. 479 da CLT, devida apenas na rescisão antecipada, pelo empregador, de contratos que tenham termo estipulado. (TRT 2ª Região. 7ª Turma. RS01 – 00225-2006-049-02-00. Redª. designada Sonia Maria de Barros. Data: 17.10.2006)

"ANOTAÇÃO NA CTPS DE CONTRATO POR OBRA CERTA. Reclamada que pretende fazer valer contrato de trabalho temporário. Não caracterização da modalidade contratual alegada pela Reclamada. Dispensa injustificada antecipada. Indenização do art. 479 da CLT. Devida. Apelo não provido." (TRT 2ª Região. RO01 – 00543-2004-254-02-00. 1ª Turma. Rel. Plínio Bolivar de Almeida. Data: 10.1.2006)

10.8. Alteração do contrato de trabalho

Muitas das condições estabelecidas num contrato de trabalho podem ser alteradas no decorrer do tempo. No entanto, estabelece a lei alguns requisitos para que produzam efeito no contrato de trabalho.

O art. 468 da CLT esclarece-nos que para a validade de uma alteração nas disposições do contrato de trabalho, primeiramente, as partes devem estar de acordo mutuamente, além de que o empregado não deverá sofrer nenhum prejuízo direto ou indiretamente, independente de sua natureza (salários, benefícios, jornadas de trabalho, comissões, vantagens).

Jurisprudência:

PLANO DE CARGOS E SALÁRIOS. ALTERAÇÃO UNILATERAL. IMPOSSIBILIDADE. A posterior exclusão das definições específicas previstas na primeira versão do Plano de Cargos e Salários causou prejuízos à reclamante, porquanto ficou evidenciado que, ao desconsiderar a conceituação dos padrões, a reclamada pagava salários sem a equivalência com a responsabilidade do cargo, constituindo alteração unilateral lesiva do contrato de trabalho. A expectativa do empregado, quando da adesão a determinado plano de cargos e salários, é a de que terá vantagens, de modo que a alteração das regras do plano pela empresa, após a opção do laborista, com a supressão de vantagens antes instituídas, desestabiliza a relação jurídica, encontrando vedação no art. 468 da CLT. (TRT 3ª Região. RO – 00784-2008-019-03-00-0. 2ª Turma. Rel. Luiz Ronan Neves Koury. Data: 15.4.2009)

10.9. Princípio da imodificabilidade

Previsto no art. 468 da CLT, o princípio da imodificabilidade estabelece que as condições do contrato de trabalho não podem ser modificadas unilateralmente, evitando que o empregado, sendo o polo mais fraco da relação, não seja prejudicado por imposições do empregador.

Diante da ausência de prejuízo do empregado e com a concordância deste, esta regra é afastada. A concordância do empregado poderá ser escrita, verbal ou tácita, salvo quando imprescindível a forma escrita nos contratos de trabalho.

O prejuízo ao empregado poderá ser imediato ou mediato, vez que a alteração pode causar prejuízo no momento de sua modificação, ou ainda, logo depois.

Contudo, ainda que o empregado concorde com a alteração, mas esta alteração cause prejuízo imediato ou remoto ao trabalhador, esta não terá validade e, por conseguinte, poderá o trabalhador prejudicado, postular a reparação de danos sofridos com o retorno do contrato à situação anterior.

Jurisprudência:

> INALTERABILIDADE CONTRATUAL. ÓBICE LEGAL. A regra geral é que o contrato de emprego é protegido contra modificações unilateralmente impostas pelo empregador pelo princípio da imodificabilidade ou inalterabilidade. O art. 468, *caput*, da Consolidação das Leis do Trabalho é claro, ao dispor que nos contratos individuais de trabalho só é lícita a alteração das respectivas condições por mútuo consentimento, e, ainda assim, desde que não resultem, direta ou indiretamente, prejuízos ao empregado. A conclusão emergente é que alterações contratuais somente são aceitas se foram bilaterais e, cumulativamente, não causarem prejuízos ao trabalhador. Quaisquer tipos de modificações nocivas são nulas, na forma do art. 9º Consolidado. (TRT 2ª Região. RO01 – 02822-2000-036-02-00. 4ª Turma. Rel. Paulo Augusto Câmara. Data: 6.5.2005)

10.10. Jus variandi e jus resistentiae

O *jus variandi* quer dizer do poder do empregador em realizar pequenas alterações no contrato de trabalho, das quais não ocorram mudanças que não modifiquem substancialmente o pacto laboral. Esta relação é oriunda do poder de direção do empregador e da subordinação do empregado.

No *jus variandi* o empregador tem o direito de alterar algumas condições contratuais legalmente, por exemplo, qualquer mudança no horário de trabalho (entrada, saída, turno, intervalo), alteração na sala onde o empregado realiza suas atividades, ou mesmo o retorno ao cargo anteriormente ocupado (arts. 468 e 450 da CLT).

Saluta mencionar o que dispõe o art. 468, parágrafo único da CLT: "Não se considera alteração unilateral a determinação do empregador para que o respectivo empregado reverta ao cargo efetivo, anteriormente ocupado, deixando o exercício de função de confiança".

A Constituição Federal prevê exceções às regras do art. 468 da CLT, como nas hipóteses em que é exigida a negociação, acordo ou convenção coletiva para sua validade, a redução de salários prevista no art. 7º, VI, ou o aumento da jornada de trabalho nos turnos ininterruptos de revezamento (art. 7º, XIV).

Neste mesmo raciocínio, dispõe o art. 450 da CLT: "Ao empregado chamado a ocupar, em comissão, interinamente, ou em substituição eventual ou temporária, cargo diverso do que exercer na empresa, serão garantidas a contagem do tempo naquele serviço, bem como volta ao caso anterior".

Por outro lado, não será lícita a alteração contratual que causar prejuízos, mesmo que indiretamente, ao empregado (*Jus resistentiae*), sendo-lhe permitido pleitear pela rescisão indireta do contrato de trabalho (art. 483, CLT).

Aduz a Súmula n. 265 do TST: "A transferência para o período diurno de trabalho implica a perda do direito ao adicional noturno".

Jurisprudência:

ESTABILIDADE GESTACIONAL. RESCISÃO CONTRATUAL RESULTANTE DO ENCERRAMENTO DE ESTABELECIMENTO. TRANSFERÊNCIA DO TRABALHADOR. LIMITES DO *JUS VARIANDI*. O art. 469, § 2º, da CLT garante o *jus variandi* do empregador de transferir o empregado para localidade diversa da resultante do contrato no caso de extinção do estabelecimento. Entretanto, esse direito deve ser utilizado dentro de parâmetros razoáveis e não abusivamente, de modo a caber ao empregador oferecer a transferência para localidade mais próxima daquela em que se situava o estabelecimento extinto, pois induvidosamente menos gravosa para os obreiros. No caso de empregada amparada por estabilidade por seu estado gravídico a proteção à maternidade garantiria mesmo que ela se recusasse a aceitar qualquer transferência, pois o art. 469, § 2º, dispõe de regra para empregados em geral e a grávida possui estabilidade especialíssima, a lhe permitir a maternidade tranquila, bem maior tutelado por tal garantia, de modo a permanecer na localidade em que se encontra amparada por seus familiares e fazendo seu pré-natal de modo seguro, sem ter que realizar deslocamentos diários e longos para ir à nova localidade. (TRT 3ª Região. RO – 01160-2007-059-03-00-8. 5ª Turma. Relª. convocada Rosemary de Oliveira Pires. Data: 21.6.2008)

ALTERAÇÃO CONTRATUAL PREJUDICIAL. NULIDADE. ART. 468 DA CLT. *JUS RESISTENTIAE* AUTORIZADO. JUSTA CAUSA NÃO CONFIGURADA. A mudança do horário anteriormente cumprido, das 9:00/15:00h e 14:00/20:00h, com duas folgas semanais, para 17:00/22:00h, de terça-feira a domingo, configura alteração contratual que acarreta prejuízos pessoais para a empregada, que tem todo o direito de recusá-la. A alteração contratual lesiva é vedada pelo art. 468, *caput* da CLT, cabendo à empregada o direito de resistência, sem que fique configurada a insubordinação e a consequente justa causa, pois o direito potestativo do empregador é limitado. (TRT 2ª Região. RO01 – 00591-2003-021-02-00. 4ª Turma. Rel. Paulo Augusto Câmara. Data: 26.5.2006)

10.11. Transferência de empregados

O empregador não pode transferir o empregado para localidade diversa do contrato de trabalho sem a sua devida anuência. Não será caracterizada transferência se a alteração do local de trabalho não obrigar o empregado a mudar seu domicílio (art. 469, *caput*, da CLT). Quando o legislador menciona expressão "domicílio", quer dizer residência, onde o trabalhador tem sua moradia, fica sua família.

São requisitos para a validade da transferência: o consentimento do empregado e a demonstração da necessidade de prestação de serviços em outra localidade.

Ao empregador é vedado transferir o empregado, sem a sua anuência, para localidade diversa da que resultar do contrato, contudo no art. 469, §§ 1º e 2º da CLT, a lei abre algumas exceções, vejamos:

a) exercício de cargo de confiança;

b) extinção do estabelecimento onde prestar serviços;

c) quando o contrato estiver convencionado a uma real necessidade imperiosa do serviço; e

d) quando condição implícita do contrato, decorre da própria natureza do serviço.

A Súmula n. 43 do TST considera abusiva a transferência de que dispõe o § 1º do art. 469 da CLT quando inexistir a comprovação da necessidade do serviço.

Aqueles empregados contratados no Brasil e que são transferidos para trabalhar no exterior, por empresas de engenharia, obras, projetos, regulados pela Lei n. 7.064/82, com aplicação analógica para todos aqueles que forem transferidos para o exterior, terão como garantia: FGTS e PIS/PASEP, Previdência Social e aplicação da legislação brasileira de proteção ao trabalhador.

A Lei n. 7.064/82, em seu art. 16, aduz que "a permanência do trabalhador no exterior não poderá ser ajustada por período superior a 3 (três) anos, salvo quando for assegurado a ele e seus dependentes o direito de gozar férias anuais no Brasil, com despesas de viagem pagas pela empresa estrangeira". Para a transferência do empregado para o exterior, deve se pedir autorização do Ministério do Trabalho.

Jurisprudência:

NO CONTRATO CELETISTA A TRANSFERÊNCIA DO EMPREGADO SUBMETE-SE A REGRA CONTIDA NO ART. 469 DA CLT, VEDADO TRANSFERIR O ASSALARIADO, SEM A SUA ANUÊNCIA, PARA LOCALIDADE DIVERSA DA QUE RESULTAR DO CONTRATO. Ainda que o edital que deu origem ao concurso não especifique o local certo da lotação, mas, em respeito ao trabalhador e sua família, deve ser dado interpretação literal ao art. 469 da CLT, de sorte a admitir a possibilidade de transferência somente na eventualidade de cláusula expressa nos respectivos contratos; com o acréscimo de que, ainda assim, deve ser conjugado com a comprovação da real necessidade de serviço. (TRT 7ª Região. RO n.: 357-2005-029-07-00-4. 1ª Turma. Rel. Des. Cláudio Soares Pires. Data: 25.8.2006)

10.11.1. Adicional de transferência

Este adicional tem o papel de oferecer ao empregado uma compensação financeira em função de sua retirada do convívio familiar, lembrando que os gastos acarretados pela transferência como passagens, transporte, hospedagem, entre outros, correm por conta do empregador.

Ficará o empregador obrigado ao pagamento do adicional de transferência, enquanto durar a situação, que não poderá ser inferior a 25% do salário do trabalhador transferido (art. 469, § 3º, CLT). Se a transferência se tornar definitiva, o pagamento deixará de ser devido.

O adicional só será devido para transferência provisória. Se a transferência for definitiva o empregado não fará jus ao percebimento dos 25%, conforme entendimento do TST.

A Súmula n. 29 do TST estabelece que o empregado transferido por ato unilateral do empregador para local mais distante de sua residência, mesmo sem haver a necessidade de mudança de domicílio, terá direito a uma indenização em face das despesas de transporte.

O adicional de transferência pago de forma habitual constitui salário (art. 457, 1º, CLT).

O adicional de transferência não é definitivo, o empregado só terá direito ao seu percebimento enquanto perdurar a transferência provisória. Finda essa situação, cessa também o pagamento do adicional, portanto, a transferência não se incorpora ao salário.

Jurisprudência:

ADICIONAL DE TRANSFERÊNCIA – HIPÓTESE DE CABIMENTO. Nos termos do art. 469, § 3º, da CLT, analisado em conjunto com o entendimento sedimentado através da OJ n. 113 da SDI-I do col. TST, o empregado que se submete a transferência de local de trabalho por determinação do empregador faz jus ao adicional de transferência por todo o período enquanto perdurar a situação de "provisoriedade", mesmo em se tratando de empregado que exerce cargo de confiança. E para fins de averiguação do caráter "definitivo" ou não da transferência não basta apenas a verificação do número de meses em que o empregado permanece no local para o qual foi transferido, mas na ciência de que ali não permanecerá definitivamente, por determinação do empregador. Neste sentido, o Bancário que se submete a transferência para 03 cidades diversas num interregno de 05 anos, ainda que permaneça por mais de 02 anos em uma dessas localidades, não pode ter excluído o seu direito ao adicional em comento quando constatado que era praxe do Banco-reclamado promover transferências periódicas de seus gerentes visando adotar uma política de renovação do caráter da gestão em cada uma de suas agências. (TRT 3ª Região. RO – 00440-2008-058-03-00-3. 8ª Turma. Relª. convocada Ana Maria Amorim Rebouças. Data: 22.6.2009)

ADICIONAL DE TRANSFERÊNCIA. Embora o contrato de trabalho do reclamante contenha previsão de transferência, esta foi provisória, o que é comprovado pelo fato de que o reclamante a cada dezoito dias retornava à cidade de São Paulo onde mora, pelo que faz jus ao adicional de transferência. (TRT 2ª Região. 12ª Turma. RO01 -02702-2005-466-02-00. Relª. Vânia Paranhos. Data: 16.5.2006)

10.11.2. Reversão

Prevista no art. 450 da CLT, a reversão significa retornar, voltar, retroceder. Ocorre quando um trabalhador chamado a ocupar um cargo de confiança ou de comissão, retorna à sua função anterior e à contagem do período no tempo de serviço.

No entanto, o empregado, nesta situação, não poderá ter nenhum tipo de prejuízo, pois as vantagens adquiridas na função anterior lhe são asseguradas.

Insta esclarecer que com a extinção do cargo ocupado, o empregado retornará à função anterior ocupada, contudo não ocorrerá o rebaixamento salarial ou a diminuição de seus benefícios.

O art. 468, parágrafo único da CLT, dispõe que: "Não se considera alteração unilateral a determinação do empregador para que o respectivo empregado reverta ao cargo efetivo, anteriormente ocupado, deixando o exercício de função de confiança".

10.11.3. Multifuncionalidade

A legislação trabalhista é omissa a respeito do tema, mas atualmente a multifuncionalidade vem tomando conta do mercado de trabalho. É a possibilidade de o trabalhador exercer diversas funções para um mesmo empregador.

10.11.4. Retrocessão

A retrocessão é retroceder, regressar, é a volta do empregado ao cargo antigo, sem que tenha exercido a nova função. É o arrependimento de uma promoção. Trata-se de uma ilegalidade prevista nos arts. 9º e 468 da CLT.

10.11.5. Suspensão e interrupção do contrato de trabalho

A suspensão e interrupção do contrato de trabalho encontram-se previstas no Capítulo IV, do Título IV da CLT, denominado "Da suspensão e da interrupção", referindo-se ao contrato de trabalho, e são tratados nos arts. 471 a 476 da CLT.

A suspensão envolve a cessação temporária e total da execução e dos efeitos do contrato de trabalho. Na interrupção, há a cessação temporária e parcial do contrato de trabalho, porém há a produção de efeitos.

A suspensão pode ser total ou parcial. Será total quando os salários e a prestação dos serviços são reciprocamente inexigíveis. Neste caso nenhum efeito se produz, e o tempo do afastamento não se incorpora ao tempo de serviço do empregado, salvo casos previstos em lei.

A suspensão parcial ocorre quanto existe a interrupção do contrato de trabalho, ou seja, o empregado não trabalha.

A interrupção mantém o vínculo e algumas obrigações contratuais, o empregado deixa de trabalhar, mas a empresa paga salários e o período é contado como tempo de serviço.

A diferença entre tais terminologias é que na suspensão a empresa não deve pagar salários, nem contar o tempo de serviço do empregado que se encontra afastado, havendo, portanto uma cessação temporária e total. Na interrupção, por outro lado, o empregador deve pagar os salários contando-se também o tempo de serviço, e portanto, uma cessação temporária e parcial.

10.11.6. Casos de suspensão

São hipóteses legais de suspensão do contrato de trabalho:

a) Aposentadoria por invalidez – o contrato de trabalho será suspenso durante o prazo fixado pelas leis de previdência social para a efetivação do benefício (art. 474 da CLT). Cancelada a aposentadoria por invalidez, mesmo após os 5 anos, o trabalhador terá direito de retornar ao emprego, facultado, porém, ao empregador, indenizá-lo na forma da lei;

b) Ausências por motivo de doença – a partir do 16º dia (auxílio-doença) — Lei n. 8.213/91. Neste caso, tanto para o auxílio-doença quanto para o acidente de trabalho, os primeiros 15 dias de afastamento do empregado configuram interrupção do contrato de trabalho, pois não são remunerados pela empresa, porém, conta-se normalmente o tempo de serviço. Configurará o abandono de emprego quando o trabalhador não retornar ao serviço no prazo de 30 dias após a cessação do benefício previdenciário, nem justificar o motivo de não o fazer;

c) Ausência para exercício de cargo público ou serviço militar – havendo intenção de retornar ao emprego, o empregado deve notificar o empregador sobre sua intenção dentro do prazo máximo de trinta dias, contados a partir da data de terminação de encargo a que estava obrigado (art. 422, § 1º da CLT);

d) Período de suspensão disciplinar (art. 474, CLT) – esta suspensão visa disciplinar o comportamento do empregado conforme as exigências da empresa;

e) Período em que o empregado esteve afastado respondendo a inquérito na Justiça Comum ou Militar, na polícia, ou ainda, preso aguardando julgamento na Justiça Criminal;

f) Suspensão do empregado estável, com o devido ingresso do inquérito para apuração de falta grave, contudo não foi comprovado via perícia a referida falta. Trata-se de medida preventiva, simples faculdade do empregador, não sendo, portanto, obrigatória. A suspensão perdurará até a decisão final do processo. Julgado procedente, a suspensão se converterá em despedida, se improcedente e não apurada a falta grave, determina a lei que seja o empregado reintegrado;

g) Curso ou programa de qualificação profissional (art. 476-A, CLT);

h) Aborto criminoso;

i) Faltas injustificadas;

j) Greve (quando não foram pagos os dias parados);

k) Encargo sindical (se houver afastamento – art. 543, § 2º da CLT). A lei protege apenas o diretor ou representante sindical, desde que seja feita a comunicação, pela entidade sindical, ao empregador, na forma do § 5º do art. 543 da CLT;

l) Os demais membros do sindicato não se enquadram na possibilidade de interrupção contratual.

O empregado e o empregador, desde que não contrariem disposições legais, podem estabelecer um período de suspensão como simples interrupção.

Jurisprudência:

SUPENSÃO DA PRESCRIÇÃO. NÃO CONFIGURAÇÃO. APOSENTADORIA POR INVALIDEZ. Quando o contrato de trabalho encontra-se suspenso em decorrência de aposentadoria do empregado por invalidez, como no caso dos autos, não se fala em fluência da contagem da prescrição bienal simplesmente porque não ocorreu a extinção do contrato de trabalho. Contudo, a suspensão do contrato de trabalho em decorrência de aposentadoria por invalidez não implica em suspensão do prazo prescricional relativamente aos direitos exigíveis do empregador. A aposentadoria por invalidez implica suspensão contratual e não suspensão ou interrupção do prazo prescricional. As causas interruptivas ou suspensivas do curso da prescrição estão previstas nos arts. 197 a 202 do Código Civil vigente, não sendo contemplada previsão relacionada à suspensão do contrato de trabalho em razão de percepção de benefício previdenciário. (TRT 3ª Região. RO – 00167-2009-011-03-00-4. 2ª Turma. Relª. convocada Sabrina de Faria Fróes Leão. Data: 22.7.2009)

JUSTA CAUSA. ABANDONO DE EMPREGO. SUSPENSÃO CONTRATUAL. O argumento de que a recorrida não foi comunicada do afastamento do recorrido pela previdência social não dá sustentação fática e nem jurídica à justa causa de abandono de emprego, já que se trata de questão de ordem pública prescrita pelo art. 476 da CLT, que suspende o contrato de trabalho por motivo de enfermidade do obreiro. Acrescentamos à fundamentação da r. sentença recorrida o perdão tácito, já que a recorrente, não podendo ignorar as ausências do recorrido ao trabalho, não tomou atitude alguma, preferindo ficar alheia e indiferente ao exercício do seu poder de comando, fiscalização e disciplinar. (TRT 3ª Região. RO – 01353-2008-041-03-00-1. 3ª Turma. Rel. convocado Milton Vasques Thibau de Almeida. Data: 30.3.2009)

10.11.7. Casos de interrupção

São hipóteses legais de interrupção do contrato de trabalho:

a) Período em que não houver serviço na empresa por culpa ou responsabilidade dela. Consiste em interrupção temporária do contrato de trabalho, a chamada demissão temporária ou provisória. A demissão temporária resume-se como a alternativa à extinção do contrato de trabalho, interrompendo a vigência deste por um período de dois a cinco meses;

b) Licença remunerada;

c) Ausência por motivo de doença até o 15º dia;

d) Aborto. Em caso de aborto não criminoso, comprovado por atestado médico oficial, a mulher terá um repouso remunerado de 2 semanas, ficando-lhe assegurado o direito de retornar à função que ocupava antes de seu afastamento (art. 395 da CLT);

e) Licença gestante;

f) Férias. Direito constitucional do trabalhador (art. 7º, inc. XVII da CF88);

g) Hipótese em que o empregado é afastado do serviço por requisição de autoridade competente pelo motivo de interesse à segurança nacional, em até 90 dias;

h) Ausências legais. Exemplos: falecimento do cônjuge, ascendente, irmão ou dependente anotado na carteira profissional (2 dias, art. 473 da CLT; 9 dias o professor, por falecimento de pai, mãe ou filho, art. 320); casamento (3 dias, art. 473 da CLT); 9 dias o professor (art. 320 da CLT); doação de sangue (1 dia por ano); alistamento eleitoral (2 dias); nascimento de filho (5 dias, art. 473 da CLT);

i) Empregado estável é suspenso em razão do ajuizamento de inquérito para apuração da falta grave, quando a ação for julgada improcedente;

j) *Lockout*: é a suspensão temporária, total ou parcial, das atividades da empresa, deliberada pelos empregadores, para defender seus interesses em face dos trabalhadores (Lei n. 7.783/89 art. 17).

k) Testemunha, júri e comparecimento em juízo como parte;

l) DSR.

E foi criada uma nova modalidade de justa causa, com a inclusão da alínea "m" do art. 482, em que determina:

Será dispensado por justa causa: quando houver a perda da habilitação ou dos requisitos estabelecidos em lei para o exercício da profissão. Assim, como por exemplo, poderá ser dispensado um empregado motorista em que sua habilitação (CNH) foi cassada.

Jurisprudência:

> DISPENSA IMOTIVADA. INTERRUPÇÃO DO CONTRATO. VERBAS. Indeferem-se os pedidos formulados com fulcro em dispensa imotivada quando o contrato de trabalho continua em vigor, embora interrompido pelo gozo de licença gestante. (TRT 15ª Região. Acórdão: 025283/1999. RO n.: 017331. 1ª Turma. Rel. Eduardo Benedito de Oliveira Zanella. Data: 1º.12.1999)

10.11.8. Situações especiais

Dentre as situações especiais temos o afastamento para prestação de serviço militar obrigatório e por acidente de trabalho (art. 4º, parágrafo único, CLT).

Dispõe o art. 4º: "Considera-se como de serviço o período em que o empregado esteja à disposição do empregador, aguardando ou executando ordens, salvo disposição especial expressamente consignada. Parágrafo único. Computar-se-ão na contagem de tempo de serviço, para efeito de indenização e estabilidade, os períodos em que o empregado estiver afastado prestando serviço militar e por motivo de acidente do trabalho".

Nestas hipóteses a doutrina atribui caráter diferente a tais situações, considerando alguns que as mesmas não se caracterizam interrupção e nem suspensão.

10.11.9. Dispensa injustificada na suspensão ou interrupção

A doutrina admite a hipótese de dispensa injustificada pelo empregador, desde que sejam respeitados os demais direitos do empregado.

Nas aposentadorias por invalidez, mesmo que depois do prazo de 5 anos, o empregador pode readmitir o empregado ao serviço, ou dispensá-lo, desde que venha a indenizá-lo na forma da lei. O mesmo ocorre com a aposentadoria espontânea, independente de qualquer estabilidade que venha a existir.

A CLT no art. 482 prevê a hipótese da justa causa, uma vez que mesmo afastado do trabalho, o empregado não se exime de algumas obrigações contratuais acessórias, condutas as quais não cumpridas, poderão resultar em dispensa por justa causa. Um exemplo a ser citado são os atos de concorrência desleal à empresa para qual trabalha, a condenação criminal transitada em julgado, a embriaguez habitual, a violação do segredo de empresa, a prática constante de jogos de azar, atos lesivos da honra e da boa fama e o grevista que pratica excessos (arts. 14 e 15 da Lei n. 7.783/1989 e arts. 722 e segs. da CLT).

No entanto, havendo pedido de demissão no período de suspensão do contrato, este pedido deverá ter a assistência sindical ou administrativa ou de jurisdição voluntária. Trata-se de um ato de renúncia (art. 500, CLT).

10.11.10. Suspensão ou interrupção nos contratos a prazo determinado

Tanto a suspensão quanto a interrupção não afetam a fluência do contrato de trabalho por prazo determinado, uma vez que a expiração do contrato ocorrerá normalmente no prazo fixado.

Nesta hipótese estabelece o art. 472, § 2º, da CLT, que "nos contratos por prazo determinado, o tempo de afastamento, se assim acordarem as partes interessadas, não será computado na contagem do prazo para a respectiva terminação".

10.12. Procedimento de admissão

Para que seja formalizada a admissão do empregado, a empresa deverá solicitar a apresentação de alguns documentos cuja finalidade, além da sua identificação, a de possibilitar o correto desempenho das obrigações trabalhistas, não só em relação ao próprio trabalhador, mas também nas relações da empresa com a fiscalização do Ministério do Trabalho e Emprego — MTE.

10.12.1. Carteira de Trabalho e Previdência Social – CTPS

A Carteira de Trabalho e Previdência Social — CTPS, emitida por órgão público, é documento obrigatório para o exercício de qualquer emprego, seja urbano ou rural e para aqueles que exercem atividade profissional remunerada, mesmo que em caráter permanente (art. 13, CLT).

A idade mínima para emissão da CTPS é 14 anos, quando o menor poderá ser admitido como aprendiz.

As anotações feitas na CTPS, relativas ao contrato, de trabalho só poderão ser efetuadas pelo empregador, pelo INSS e pelas Varas do Trabalho.

É dever do empregador fazer as anotações relativas ao contrato de trabalho, data de admissão, remuneração e demais condições caracterizadoras, dentro do prazo de 48 horas. Essas anotações acabam se tornando uma forma de caracterizar o emprego e uma prova relativa (*jus tantum*) para o Direito do Trabalho.

Importante ressaltar que a falta de anotação na CTPS resultará a lavratura de auto de infração pelo auditor-fiscal do trabalho, que de ofício, comunicará o órgão competente para instauração de processo administrativo.

As anotações relativas a acidente do trabalho e fins previdenciários serão efetuadas pelo INSS e as demais retificações ou anotações somente poderão ser realizadas pelas Varas do Trabalho.

Havendo localidades onde a CTPS não é emitida, poderá o empregado ser admitido, até 30 dias, ficando a empresa obrigada a dispensar o empregado para que se dirija ao posto de emissão mais próximo (art. 13, § 3º, CLT). Neste caso, caberá ao empregador fornecer ao empregado uma cópia do contrato de trabalho, fazendo as devidas anotações, retroagidas à data de admissão.

Na hipótese de o empregador se recusar a fazer as devidas anotações, ou mesmo devolver a CTPS ao empregado, este poderá fazer uma reclamação perante a Delegacia Regional do Trabalho, que notificará o empregador para que tome as devidas providências.

É vedado ao empregador efetuar anotações desabonadoras à conduta do empregado.

Não havendo mais espaço destinado ao registro e anotações na CTPS, o interessado deverá se locomover ao órgão competente para obter a segunda via de sua CTPS, a qual será conservada o número e a série anterior (art. 21, CLT).

Uma das novidades, com a reforma trabalhista foi, justamente, a prescrição e multa pela falta de registro do empregado.

No art. 11 da CLT, foram revogados os incisos I e II, desta forma o prazo de direito que o empregado tem para condenação da reclamada ao pagamento do INSS também será de 5 anos.

E, nos arts. 47 e 47-A da CLT foram estipuladas multas por falta de registro. Um valor de R$ 3.000,00. Para microempresa e empresa de pequeno porte, o valor da multa é de R$ 800,00.

Jurisprudência:

ANOTAÇÃO DE DISPENSA MOTIVADA NA CTPS DE EMPREGADO. INDENIZAÇÃO POR DANOS MORAIS. CABIMENTO. O registro da justa causa como motivo ensejador da ruptura contratual na carteira de trabalho do empregado, além de configurar abuso de direito, excede o limite de informações que podem ser registradas no referido documento, sendo expressamente vedado pelo § 4º do art. 29 da CLT. Tal conduta patronal causa desnecessário constrangimento ao empregado, além de expor indevidamente seu passado funcional, prejudicando sua recolocação no mercado de trabalho, sendo patente o dano à sua imagem e à sua honra, o que é passível de reparação. (TRT 3ª Região. RO – 01191-2008-007-03-00-0. 9ª Turma. Relª. convocada Maristela Iris da Silva Malheiros. Data: 8.7.2009)

ANOTAÇÃO DA CTPS. PRESCRIÇÃO. O § 1º do art. 11 da CLT estabelece a imprescritibilidade do direito às ações que tenham por objeto anotações para fins de prova junto à Previdência Social. Logo, não há que se falar em prescrição quanto à pretensão do reclamante de anotação de sua CTPS com o registro do contrato de trabalho havido entre as partes. Nesse sentido já se manifestou o C. TST no exame do processo RR-422/2002-018-04-00.1 Julgamento: 12.9.2007, rel. Min. Carlos Alberto Reis de Paula, 3ª Turma, Publicação: DJ 11.10.2007. (TRT 3ª Região. RO – 00407-2008-055-03-00-4. 7ª Turma. Relª. Alice Monteiro de Barros. Data: 7.5.2009)

INICIAL. AUSÊNCIA DE PEDIDO. Não houve qualquer manifestação por parte do juízo de primeira instância sobre a matéria ora objurgada, agindo estritamente no limite do pedido do autor, portanto, inviável a análise, neste momento processual, do pedido de retificação da CTPS para constar com função exercida pelo autor, como de vendedor de aeronaves agrícola, sob pena de supressão de instância. Pleito não conhecido. SALÁRIO POR FORA. ANOTAÇÃO NA CTPS. ÔNUS DA PROVA. Em que pese o disposto no inciso I, do art. 40, da CLT, o valor probante dos registros em Carteira de Trabalho e dos comprovantes de pagamento não é absoluto, podendo o empregado demonstrar a inveracidade das anotações, através de contraprova capaz de desconstituí-los, sob pena de presumirem-se verdadeiras as informações contidas naqueles documentos. Nessa esteira, entendo que o reclamante não conseguiu comprovar suas alegações, razão pela qual prevalecem os dados existentes na CTPS. Recurso a que se nega provimento. (TRT 23ª Região. RO – 00665-2008-006-23-00. Rel. Des. Osmair Couto. Data 31.10.2008)

10.12.2. Registro em livro

As empresas são obrigadas a adotar o Livro de Registro de Empregados quando do início de suas atividades. Nele serão anotados todos os dados sobre o empregado, tais como: nacionalidade, estado civil, documentos pessoais, qualificação profissional, data de admissão, salário base, férias, acidentes e todas as demais circunstâncias que interessem à proteção do trabalhador.

A lei admite a adoção de ficha individualizada de registro de empregados no lugar do livro. A falta do registro implica imposição de multa.

Jurisprudência:

JORNADA DE TRABALHO. HORAS EXTRAS. CARTÕES DE PONTO. REGISTROS INVARIÁVEIS. Prova testemunhal produzida pelo próprio autor, com indicação de que os registros eram corretos. Anotações, ademais, manuscritas e com registro de horas extras. Contexto em que, à falta de outros elementos, permite concluir pela exatidão dos registros, apesar dos horários sem variação. Sentença mantida. (TRT 2ª Região. RO01 – 01079-2005-271-02-00. 11ª Turma. Rel. Eduardo de Azevedo Silva. Data: 12.9.2006)

10.12.3. Exame médico admissional

É exigido do empregado, na data de admissão e antes que assuma suas funções, o exame médico que compreende a avaliação clínica, anaminese ocupacional, exame físico e mental e demais exames complementares especificados na NR-7.

No exame deverá o médico emitir o Atestado de Saúde Ocupacional (ASO) em duas vias, que será remetida a primeira ao empregador, para arquivá-lo no local de trabalho, e a segunda será entregue ao empregado.

Jurisprudência:

ATLETA PROFISSIONAL DE FUTEBOL – DANOS MORAIS E MATERIAIS – LESÃO MUSCULAR PREEXISTENTE À CONTRATAÇÃO. Pacífico na doutrina e jurisprudência que é necessário o atendimento de alguns requisitos para configuração do direito à indenização por dano moral e material, quais sejam a existência da lesão ou da enfermidade; o nexo causal entre a lesão ou a enfermidade e o trabalho; a incapacidade parcial, permanente ou temporária, ou necessidade de maior esforço para executar a atividade decorrente do acidente e a culpa do empregador. Não evidenciado o nexo causal entre a atividade laborativa do atleta profissional de futebol e a distensão muscular de natureza leve que o acometeu, impossível falar-se em indenização, já que o empregador não pode ser responsabilizado por danos à saúde do empregado aos quais não deu causa. O fato de a prova testemunhal ter declarado que para que o atleta seja contratado pelo Clube de Futebol é necessária aprovação em exame médico não autoriza a conclusão automática de que o Reclamante foi admitido sem qualquer lesão, mormente quando ele próprio admitiu para a Perita que suas dores eram preexistentes, devendo ser considerada, ainda, a natureza leve da distensão que o acomete, o que pode ter passado despercebido no exame admissional. A ausência de nexo de causalidade quanto à alegada distensão muscular leve e a culpa do Reclamado, como também de qualquer prova de dano quanto à honra e imagem do Autor, que está plenamente capacitado para o trabalho, inviabiliza os pleitos de indenização por danos materiais e morais, em face do não preenchimento de todos os pressupostos que o delineiam. (TRT 3ª Região. RO – 01486-2007-039-03-00-0. 6ª Turma. Relª. Emília Facchini. Data: 12.6.2008)

ADICIONAL DE INSALUBRIDADE – MÉDICA DO TRABALHO – AUSÊNCIA DE CONTATO PERMANENTE COM PACIENTES EM POSTOS DE ATENDIMENTO. Situações que geram o pagamento do adicional de insalubridade são as exclusivamente normatizadas. A lei atribui tão só à regulamentação, tipificação e apuração do que caracteriza a insalubridade, assim como neutralização ou eliminação. Afinal, o fim da norma é a saúde e a integridade física do trabalhador, não o mero interesse financeiro ou pecuniário de quem quer que seja. O contato pessoal com "pacientes" em hospitais ou postos de atendimento contempla o manuseio de objetos de uso pessoal deles, não previamente esterilizados, é atrativo do grau médio conforme norma regulamentar. Não podem ser considerados "pacientes", no sentido técnico da palavra (pessoa doente sob cuidados médicos), os funcionários da ativa da empresa atendidos pela Autora em exames admissionais, demissionais, periódicos e outros da mesma natureza. A interpretação é restritiva, não havendo possibilidade de uma interpretação extensiva ao disposto no Anexo 14, da NR-15, da Portaria n. 3.214/78. (TRT 3ª Região. RO – 00853-2007-026-03-00-2. 6ª Turma. Relª. Emília Facchini. Data: 22.5.2008)

10.12.4. Teoria trabalhista de nulidade

O Direito do Trabalho criou uma teoria própria para tratar das nulidades.

Do ponto de vista do Direito Civil, quando se reconhece uma nulidade, o ato que a comporta será excluído da ordem jurídica, fazendo com que as partes retornem à situação fático-jurídica que se encontravam antes da prática de tal ato. O ato nulo não produz efeito algum. A nulidade terá efeitos *ex tunc*.

Nessa linha, no Direito do Trabalho o ato tido como nulo terá consequências reconhecidas, pois sua invalidação terá efeitos *ex nunc*. O contrato trabalhista nulo somente perderá seus efeitos do momento em diante que se soube de sua nulidade, ficando resguardados os efeitos anteriores à nulidade.

Os efeitos do contrato de trabalho nulo serão respeitados. Isso ocorre porque, o trabalho já foi prestado, sendo assim, o tomador de serviços já se apropriou do trabalho do empregado. Se houvesse a negativa de aceitar os efeitos do contrato nulo, haveria o enriquecimento ilícito do tomador dos serviços. Além de tudo dito acima, a ordem jurídica reconhece grande valor ao trabalho e direitos trabalhistas, devendo sempre ser protegida.

10.12.5. Aplicação plena da teoria trabalhista

Não são poucas as situações expressas na CLT nas quais o contrato de trabalho será nulo, mas que seus efeitos até a data da nulidade são reconhecidos.

O trabalho prestado pelo menor de 16 (dezesseis) anos terá seus efeitos reconhecidos, mesmo que tenha sido celebrado irregularmente. Ao ser reconhecida a irregularidade, caberá ao juiz proibir que a situação permaneça, no entanto, seus efeitos serão resguardados.

10.12.6. Aplicação restrita da teoria trabalhista

A aplicação da Teoria trabalhista das nulidades não terá aplicação plena, sendo passível de restrição legal. Para que os efeitos dos atos nulos sejam mantidos, será necessária a análise do tipo de efeito emergente do ato jurídico e o bem jurídico afrontado por esse defeito.

Quando a nulidade diga respeito fundamentalmente ao direito do obreiro, não afetando os direitos da coletividade, a teoria das nulidades trabalhistas será plenamente aplicada. No entanto, quando tal nulidade afetar de forma significante o interesse público, a aplicação da teoria será restrita.

Uma situação que demonstra bem a necessidade de se avaliar a aplicação desta teoria é o caso no qual o sujeito é contrato por uma empresa estatal sem ser aprovado em concurso público em um cargo que exija tal aprovação. Segundo uma primeira corrente, a teoria justrabalhista das nulidades não poderia, de forma alguma, ser aplicada a esta situação, pois, o interesse público envolvido suplantaria, por inteiro, o interesse laboral.

Com isso, o trabalhador irregular não teria direito ao pagamento das verbas contratuais trabalhistas. Uma segunda corrente entende que a teoria justrabalhista de nulidades deverá ser aplicadas, tendo o trabalhador da situação em tela, todos os direitos trabalhistas.

Para resolver a situação acima, o ideal seria aplicar a teoria justrabalhista de nulidades de forma restrita. O empregado terá direito as verbas contratuais trabalhistas decorrentes do período em que efetivamente trabalhou, mas as verbas rescisórias não serão devidas, pois o pacto não foi extinto por causa injusta de dispensa, sendo indevidas tais verbas.

10.12.7. Inaplicabilidade da teoria especial trabalhista

Algumas situações afastam por completo a teoria especial trabalhista das nulidades, negando qualquer efeito decorrente do contrato nulo. Em tais casos, a nulidade é tão grave que o direito do trabalho abre espaço às normas do direito comum.

O valor-trabalho protegido pela Constituição Federal não é reconhecido em tais situações. É o caso do trabalho ilícito, que não merece proteção jurídica, por ferir o interesse público. Tal atividade ilícita não deve nem ser chamada de "trabalho", sendo que não terá qualquer repercussão trabalhista.

10.12.8. Tipos de nulidades

A nulidade pode ser total ou parcial e, ainda, absoluta ou relativa.

10.12.9. Nulidade total e parcial

Nulidade total é aquela que advém de defeito grave no elemento essencial do contrato, tornando todo o pacto nulo.

Nulidade parcial é aquela que advém de defeito de algum elemento ou cláusula do contrato. Ela anulará somente a cláusula ou elemento viciado, mantendo o contrato.

10.12.10. Nulidade absoluta e relativa

Nulidade relativa ocorre quando a norma viciada fere alguma norma de proteção ao trabalho que envolva interesse individual do sujeito. Um exemplo é a alteração do critério de ajustamento de pagamento de salário em prejuízo do empregado.

Nulidade absoluta ocorre quando a norma viciada fere normas de proteção ao trabalho envolvendo o interesse público, ou seja, ultrapassa o interesse individual do sujeito. Um exemplo de norma que quando viciada gera nulidade absoluta é referente a assinatura da CTPS.

Há doutrinadores que não concordam com esse critério de diferenciação, afirmando que no meio juristrabalhista a única nulidade existente é aquela identificada quando há atos infringentes de normas trabalhistas. Este posicionamento é rebatido pela afirmação de que no direito trabalhista há diferentes tipos de nulidades que podem gerar atos nulos e atos anuláveis.

10.13. Nulidade e prescrição

No caso de nulidade absoluta, aquela que fere norma de interesse público, a prescrição começa a correr da data da extinção do contrato. Já no caso de nulidade relativa, aquela que fere norma de interesse do indivíduo, a prescrição começa a correr desde a certificação do ato, mesmo no curso do contrato.

A prescrição parcial atinge indistintamente tanto parcelas de tutela e interesses públicos quanto as de interesse meramente privado. Já a prescrição total não atinge parcelas de tutela e interesse públicos.

10.13.1. Contratos de prestação de serviço e de empreitada

Sobre os contratos de prestação de serviços e de empreitada ganharam notoriedade pela Emenda Constitucional n. 45, de 2004, posto que preveja a competência da justiça trabalhista quando uma das partes do contrato exerce atividade laborativa, de forma individual.

Então, caso o serviço seja prestado por uma pessoa jurídica, não há de se aplicar a competência da Justiça do Trabalho.

Importante para se entender toda a gênese contratual que se saiba bem todos os conceitos relacionados com a teoria geral do negócio jurídico, vislumbrando que todo contrato é negócio jurídico patrimonial esquadrinhado sob a égide de sua função social e a boa-fé objetiva.

Lembrando que a maioria dos contratos representam relações obrigacionais complexas peculiarizadas pelo sinalagma, ou seja, respectividade e proporcionalidade das prestações. Assim, essas novas práticas contratuais disciplinadas pelo Código Civil de 2002 passaram a ser alvo de atuação dos profissionais da área trabalhista. Talvez, com isso, tais lides merecem a celeridade processual tão distante na seara da justiça comum.

Nesse sentido, o contrato de prestação de serviços ou a *locatio operarum* é negócio jurídico pelo qual alguém (o prestador) compromete-se a realizar uma determinada atividade com conteúdo lícito no interesse de outrem (o tomador) mediante certa e determinada remuneração.

Do ponto de vista da natureza jurídica trata-se contrato bilateral, sinalagmático onde as partes são credoras e devedoras entre si. O tomador é simultaneamente credor do serviço e devedor da remuneração enquanto que o prestador é credor do preço e devedor do serviço.

Insta salientar, que o contrato oneroso calcado na remuneração chamada de preço ou salário civil. Embora o art. 599 do CC ouse denominar a remuneração de salário, sabemos que essa designação é privativa para o contrato laboral regulado pela CLT. Corrigindo-se mais tarde para o termo "retribuição" nos arts. 594, 596, 597, 602 e 603 do CC.

Também é contrato consensual que se aperfeiçoa com a simples vontade dos contratantes. É contrato comutativo ou predeterminado, posto que as partes já saibam logo quais suas prestações, qual o objeto do negócio.

Nessa linha, trata-se ainda de contrato informal posto que não solene não sendo exigida sequer forma escrita para sua plena configuração. O art. 593 do CC é aplicável às prestações de serviço não sujeitas à legislação trabalhista ou à lei especial.

De modo que se a prestação de serviços envolver continuidade, a dependência e a subordinação merecerá a aplicação da CLT (Decreto-lei n. 5.452/1943). E, por outro lado, havendo na prestação de serviço a caracterização de relação de consumo, deverá ser aplicado obrigatoriamente o CDC desde que presentes todos os requisitos alardeados nos arts. 2º e 3º da Lei n. 8.078/90.

Como é sabido e decidido recentemente, é aplicável o CDC quanto aos serviços de natureza bancária, financeira, de crédito e securitária, desde que ausente a natureza trabalhista (<http://conjur.estadao.com.br/static/text/51144,1>).

Ademais, as regras do novo codex civil podem ser aplicadas também às relações laborais de consumo, seja de forma complementar, e, desde que não conflitem e afrontem as normas especiais e os princípios básicos dessas searas jurídicas específicas.

Traça o art. 594 do CC a vedação sobre o objeto de contrato de prestação de serviços ser ilícito. Verifica-se, nesse caso, a ilicitude em sentido amplo, nos consignados termos dos arts. 186, 187 do CC E a referida prestação de serviço não pode embutir contrariedade à função social do contrato, bem como à boa-fé objetiva e aos bons costumes, sob pena de nulidade absoluta da previsão (arts. 187 c/c art. 166, II e VI do CC).

A prestação de serviço compreende toda atividade lícita de serviço especializado, realizado com liberdade técnica, sem subordinação e mediante certa retribuição. O art. 595 do CC visa dar maior segurança e estabilidade ao negócio pactuado, ressaltando que novo codex reduziu o número de testemunhas para provar o referido contrato. Mas a dita redução justifica-se pela busca da facilitação do Direito Privado (princípio de operabilidade).

Quanto ao preço ou retribuição prevê o art. 596 do CC que o mesmo sempre deve estar presente, visando a própria configuração do contrato. Não tendo sido claramente fixado, e não havendo acordo entre os contratantes, a retribuição poderá ser determinada por arbitramento (judicial ou extrajudicial) conforme os costumes locais, o tempo de serviço e qualidade.

Desta forma, pode-se ler o art. 596 do CC em consonância e sintonia com o art. 460 da CLT. Certo é que não se pode endossar o enriquecimento sem causa no contrato.

Não há prestação de serviços se não for efetivada e fixada a remuneração posto que é vedado o trabalho escravo e, por essa razão, para evitar a má versação sobre o mesmo, o Código Civil vigente prevê que sua duração máxima será de quatro anos (art. 598 CC).

Sobre a fundamentação da função social do contrato que se impõe legitimamente a vedação ao enriquecimento sem causa. Desta forma, em não havendo acordo eventual sobre o arbitramento da retribuição, o ajuste judicial poderá basear-se na realidade social.

Confirmando-se que a parte final do art. 113 do CC prevê que os negócios jurídicos devem ser interpretados conforme a boa-fé e os usos e costumes do lugar da celebração.

A real função do contrato não é a segurança jurídica e, sim atender aos interesses dos contratantes. O pagamento do contrato de prestação de serviço far-se-á depois de prestado o serviço, se por convenção ou costume não houver sido pactuado diferentemente. E, nada obsta que haja o adiantamento da remuneração.

Ressalte-se que o costume mencionado no art. 597 do CC é o *secundum legem*.

Fazendo um paralelo, tanto a doutrina quanto a jurisprudência sempre enxergaram que se a avença for superior a quatro anos, o contrato de prestação de serviço deve se reputado como extinto em relação ao excesso, e, diante do princípio da conservação dos contratos, a extinção contratual é ainda a *ultima ratio*.

Nessa linha, a limitação temporal visa a não mascarar um verdadeiro contrato de trabalho, como todos os elementos da relação de emprego. E, nesse caso, aplica-se o art. 167 do CC, pois há simulação.

E sendo assim, a prestação de serviço seria negócio simulado, que é nula, mas será válido o contrato de trabalho (negócio dissimulado) que acabará gerando efeitos.

O art. 599 do CC cogita da extinção do contrato de prestação de serviços. E, se não mencionado o prazo, se respeitará como prazo indeterminado.

Em verdade, o art. 599 do CC trata de resolução, embora o notável doutrinador e professor Flávio Tartuce discorde e aponte que se trata realmente de resilição unilateral.

Isso porque a resolução é forma extintiva contratual por motivo posterior à celebração do contrato e em virtude de descumprimento. Pode-se perceber, conforme aponta Tartuce, que o art. 599 do CC revela um direito potestativo que o contratante tem em função à extinção (art. 473 do CC).

O parágrafo único do art. 599 do CC traz prazos específicos para a denúncia do contrato, ou seja, prazos para o aviso-prévio. O comando legal explicita prazos para o exercício do dever de informar pela parte contratante como um dos deveres anexos ou laterais diretamente relacionados com a boa-fé objetiva.

Não sendo respeitados tais prazos para o aviso-prévio, poderá a outra parte pleitear perdas e danos (arts. 402 a 404 do CC).

Insta ainda observar a similitude com o art. 487 da CLT concernente ao aviso-prévio.

Nessa linha, é possível o contrato de prestação de serviços sem prazo, como também é possível o contrato de prazo determinado. O art. 600 do CC prevê que não se contabiliza no prazo do contrato, o tempo em que o prestador do serviço, por culpa sua, deixou de servir.

E se o motivo for alheio à vontade do prestador, ou sem sua culpa, o respectivo tempo é computado no prazo contratual. Mas o tempo em que o prestador deixa de cumprir por sua culpa exclusiva, por exemplo, ausência deliberada ao trabalho, não se contará no prazo contratual.

Os arts. 602 e 603 do CC trazem regras específicas quanto à rescisão contratual. Pelo art. 602 do CC, o prestador de serviço contratado por tempo certo ou por obra determinada não pode se ausentar ou se despedir, sem justa causa, antes de preenchido o tempo, ou concluída da obra.

Se o prestador se despedir por justa causa terá o direito à retribuição vencida, mas deverá pagar perdas e danos ao tomador de serviços. O mesmo se aplica ao prestador que for despedido por justa causa. Vige também regra similar no art. 480 da CLT.

Já pelo art. 603 do CC, sobre a despedida sem justa causa, a outra parte será obrigada a pagar-lhe por inteiro a retribuição vencida e, por metade a que lhe tocaria ao termo final do contrato.

O valor da metade da prestação de serviços serve como antecipação do pagamento das perdas e danos materiais. Quanto aos danos morais, esses podem ser pleiteados, independentemente do dispositivo legal, e, não admitem nenhuma tarifação legal.

Constam propostas de alteração dos referidos arts. do Código Civil de 2002 por conta do PL n. 7.312, de 7.11.2002, que releva a denúncia imotivada, e reforça a responsabilidade por perdas e danos.

Sobre esse tema, Tartuce entende que a referida proposta de alteração perdeu sua razão de ser em face da EC n. 45/2004, com o deslocamento da competência para a Justiça do Trabalho quanto ao serviço prestado por pessoa natural ou por profissional liberal.

A expressão "justa causa" constante do Código Civil constitui cláusula geral podendo a CLT auxiliar no seu preenchimento a bem da tese do "diálogo das fontes de direitos".

Para os casos em que o prestador é pessoa jurídica não haverá tal incidência. Findo o contrato por seu termo final, o prestador de serviço pode exigir da outra parte a declaração de que esse contrato está extinto e quitado.

Da mesma forma e de igual direito também lhe cabe se for despedido sem justa causa, ou se tiver havido motivo justo para deixar o serviço (art. 604 do CC). O direito à informação é intimamente conexo com a boa-fé objetiva.

Nessa linha, o art. 605 do CC prevê ainda que o tomador não poderá transferir a outrem o direito aos serviços ajustados. Por outro lado, o prestador de serviços, sem a concordância da outra parte, não poderá substituir-se para a atuação contratada.

Pelo referido dispositivo, veda-se a cessão de contrato, sem autorização para tanto, uma vez que é *intuitu personae*, um contrato personalíssimo. Sendo inválida a cessão contratual não autorizada, podendo gerar a rescisão contratual com as perdas e danos.

Caso o serviço seja implementado por quem não possui habilitação ou não tem atributos profissionais ou técnicos exigidos por lei, não poderá quem os prestou cobrar a retribuição avençada pelo trabalho executado.

Mas, se resultar benefício para outra parte, o juiz poderá atribuir compensação razoável a quem prestou, desde que tenha agido de boa-fé (art. 606 do CC).

O parágrafo único do art. 606 do CC prevê que não se aplica a proibição na hipótese em que esta resultar de lei, de ordem pública, como é o caso de serviços de saúde (médicos, enfermeiros, dentistas, etc.). É nítido o sentido ético dessa norma que é muito relevante.

Importante frisar, como é contrato personalíssimo, o contrato de prestação de serviços encerra-se com a morte de qualquer uma das partes (art. 607 do CC). E o mesmo ocorrerá pelo escoamento do prazo, pela conclusão da obra, pela rescisão contratual mediante aviso-prévio, pelo inadimplemento de qualquer dos contratantes, pela impossibilidade de continuação do contrato, motivada por força maior.

A aplicação direta desse comando legal pode ocorrer no famoso e notório caso em que certo cantor carioca fora aliciado por uma cervejaria enquanto tinha contrato de publicidade com outra. A empresa aliciadora responderá perante a parte contratual, por desprezar a existência do contrato já pactuado (e desrespeitar a função externa da função social dos contratos).

Prevê por derradeiro que o art. 609 do CC que a alienação do prédio agrícola onde a prestação dos serviços se opera, não importa em rescisão contratual, ressalvando-se ao prestador de serviço a opção entre continuá-lo com o adquirente ou com o primitivo contratante.

Com as palavras de Marco Aurélio Bezerra de Melo, jaz aqui uma exceção ao princípio da relatividade dos efeitos contratuais, pois ao gerar obrigação de eficácia real para o adquirente no caso do prestador queira continuar executando o serviço contratado.

A lei defere ao prestador de serviços direito potestativo em optar a continuar com o contrato anterior, ou permanecer com seu trabalho no prédio agrícola.

Entrementes, vamos tratar sobre a empreitada que é forma contratual em que uma das partes se obriga sem subordinação ou dependência, a realizar certo trabalho para a outra parte, comumente denominada de dono da obra, ou seja, com material próprio ou por este fornecido, mediante remuneração global ou proporcional ao trabalho executado.

O contrato de empreitada se caracteriza por sua finalidade, pelo resultado alcançado, distinguindo-se do contrato de trabalho (regido pela CLT) e, distinto também do contrato de prestação de serviços do qual se assume obrigação de meio (como é o caso, por exemplo, dos profissionais liberais).

Por razões históricas, figura por força do direito romano a empreitada entre os tipos de locação, era a chamada *locatio-conductio operis*, mas já existia, então, a distinção quanto à *locatio-conductio operarum*.

De fato, não se pode confundir a empreitada com o contrato de trabalho. Sobre este último, esclarece Délio Maranhão que o contrato de trabalho *stricto sensu* é negócio jurídico pelo qual uma pessoa física (empregado) se obriga mediante o pagamento de uma contraprestação (salário) a prestar trabalho não eventual em proveito de outra pessoa física ou jurídica (empregador), a quem fica juridicamente subordinada.

Chama-se a atenção que no contrato de trabalho e no contrato que envolva relação consumerista há uma proteção toda especial para o trabalhador e para o consumidor em razão de sua presumida hipossuficiência. Há, ainda, o trabalho temporário regido pela Lei n. 8.019/1974.

Apesar de que os contratos de empreitada, de prestação de serviços e o contrato de trabalho são todos esses muito próximos entre si, a prestação da atividade na empreitada caracteriza-se nitidamente pela circunstância de se considerar o seu resultado final, e não propriamente a atividade como objeto da relação contratual.

No contrato de serviços se visa atividade como prestação, enquanto que na empreitada objetiva-se a obra executada, figurando o trabalho como prestação mediata ou meio de consecução.

Na empreitada mista, que além do trabalho há também o fornecimento de materiais pelo empreiteiro, o contrato se aproxima ao de compra e venda de coisa futura. Mas, na medida em que na venda se visa uma obrigação de dar (*traditio*), enquanto que na empreitada mira-se a produção da obra.

É importante distinguirmos corretamente a obrigação de fazer (a realização da obra) da obrigação de dar (de entregar a coisa depois de concluída), verificando que esta última é vinculada a primeira e que não se confunde com a obrigação de dar que coroa a execução de contrato de compra e venda.

Nessa linha, Orlando Gomes assinala que a atual tendência é conferir a empreitada um tratamento de mera modalidade locatícia com características autônomas.

Há no direito positivo brasileiro duas espécies de empreitada, a simplesmente de lavor ou de mão de obra e a que se fornece também os materiais necessários à sua execução (art. 610 do CC).

Silente o contrato sua modalidade, vige a presunção de que seja apenas de lavor. Tal distinção é relevantíssima para se avaliar os efeitos contratuais da empreitada.

São características jurídicas da empreitada, o fato de ser contrato: bilateral, oneroso, consensual, comutativo, como regra, podendo ser aleatório, se assim for ajustado expressamente.

Como oneroso que é a remuneração ou preço é essencial seja estipulado em dinheiro, ou outra espécie, seja em uma cota-parte da própria obra a realizar-se. E nada impede a estipulação tácita.

Frise-se junto ao leitor, e em razão do preço se classifica a empreitada em duas modalidades: 1ª) a que a remuneração é fixada pra a obra inteira, estipulando um preço global, e que os franceses chamam de *marché à fortait*. Onde não é compatível o parcelamento e também não deixa de ser global se o preço for ajustado para ser feito pagamento escalonado, desde que determinado em função da obra como conjunto; 2ª) aquela em que a fixação do preço atende ao fracionamento da obra (*marché sur devir*). E a fórmula de sua fixação é diversa, pois cabe o pagamento por unidade, ou por parte concluída (art. 614 do CC).

Nessa linha, a empreitada com reajustamento é a que permite a variação do preço em razão do aumento ou diminuição valorativa de seus componentes. Não há dúvida quanto a plena liceidade desta estipulação e o art. 620 CC permite-a principalmente quando a variação for superior a 10% do preço global convencionado.

Há, outrossim, a empreitada sem reajustamento ou por preço fixo. E leia-se que no silêncio das partes, presume-se a empreitada sem reajustamento. E tal direito ao preço fixo que tem o dono da obra permanece mesmo que sejam introduzidas modificações no projeto aprovado.

A empreitada por preço de custo é aquela em que o empreiteiro resta obrigado a realizar o trabalho, sob sua responsabilidade com fornecimento de materiais e pagamento de mão de obra, mediante reembolso, acrescido de lucro assegurado.

Tal modalidade é compatível com *marché sur devis*, mas não comporta o *marché à fortait*, na qual a remuneração ou preço é ajustado para o todo.

É admissível a aplicação na empreitada da teoria da imprevisão e da cláusula *rebus sic stantibus* (arts. 478 a 480 do CC) situando-se o busilis na apuração de seus requisitos.

Nem mesmo o art. 619 do CC ergue-se como obstáculo posto que a proibição ali embutida seja para alteração do preço em razão do custo salarial ou de materiais.

Gera a empreitada diferentes obrigações aos seus contratantes. Por parte do dono da obra, sua primeira obrigação é recebê-la conforme o ajustado, não podendo arbitrariamente enjeitá-la.

Fazendo uma análise da lei, todavia, se o empreiteiro se afastou de suas especificações que são minuciadas, caberá a recusa, posto que o dono da obra não tenha obrigação de receber em partes ou com imperfeições (art. 615 do CC) a menos que queira receber no estado, admitindo-se abatimento no preço (art. 616 do CC).

Corroborando com essa ideia, em razão dessa obrigação, possui o empreiteiro o direito de constituir o dono da obra em mora, ou consigná-la judicialmente.

Porém, admite-se, porém o recebimento provisório para verificação, pontifica Eduardo Espínola e, nesse caso, resta em aberto a aprovação. Efetivado o recebimento, presume-se *ipso facto* aprovada a conduta do empreiteiro quer pela execução quer pela responsabilidade pelos defeitos aparentes. Perdura a garantia em face dos vícios ocultos e pela solidez e segurança.

Se a obra for composta de partes autônomas, ou determinada por medida, o empreiteiro terá direito a que se verifique também por medida, presumindo-se verificado tudo o que se pagou (art. 614 do CC).

O CC presume ainda que foi aprovado efetivamente e, verificado aquilo que foi medido e em 30 (trinta) dias não tiver o dono da obra, ou seu preposto, apontado nenhum vício ou defeito (*vide* § 2º do art. 614 do CC).

É obrigação fundamental do dono da obra, pagar o preço fixado contratualmente, honrando com respectivos vencimentos. E a falta de pagamento pode acarretar rescisão contratual com perdas e danos; ou na suspensão da execução, por força da *exceptio non adimpleti contractus*, ou na sua cobrança executiva ou no direito de retenção.

Sobre a obrigação ao preço estipulado não comporta reajuste, salvo estipulação expressa do contrário. Não são lícitos acréscimos à guisa de alterações sofridas nos planos primitivos, excetos se autorizadas expressamente pelo dono da obra (art. 619 do CC).

Na falta da fixação do preço ou tarifa preestabelecida é possível o arbitramento judicial ou extrajudicial levando-se em contra a qualidade do serviço e, o tempo demandado para sua execução, além do empenho pessoal e profissional do empreiteiro.

Nas empreitadas de lavor, os materiais devem ser postos onde seja conveniente à execução, de forma tempestiva. E cabe, ao empreiteiro reclamar e apontar defeitos que possam comprometer a execução do trabalho. Faltando o cumprimento desse dever, é legítima a prorrogação da data de entrega, ou o ressarcimento do empreiteiro das perdas e danos que sofrer.

O empreiteiro assume *a priori* a obrigação de executar a obra conforme as regras técnicas e normas regulamentares, entregando-a na forma e nos prazos estipulados, sob pena de responder pelas consequências de seu inadimplemento, seja a rescisão do contrato com perdas e danos.

Na falta da data a ser efetivada a entrega, presume-se que a obra tem de ser concluída em tempo normal para outras similares. É trivial no contrato de empreitada estabelecer a retenção da prestação final, ou dedução proporcional a título de caução, que o empreiteiro somente levantará após a verificação da obra, tal apuração é frequente na execução de obras públicas.

Como exemplo, em episódio recente, no desabamento nas obras do metrô de São Paulo, verificamos a responsabilidade civil objetiva do consórcio (empreiteiro), sem embaraço da responsabilidade civil objetiva também do governo estadual paulista que incidiu notoriamente em culpa *in eligendo* e culpa *in vigilando*.

O dever de executar com exatidão a obra encomendada gera outro dever correlato de corrigir os vícios e defeitos que, por ventura, apresente. Se o empreiteiro receber os materiais do dono da obra, é obrigado a pagar aqueles, que por imperícia, negligência ou por culpa sua, forem danificados (art. 617 do CC).

Por não se presumir ser *intuitu personae*, é possível a subempreitada conforme dispõe o art. 626 do CC pode o empreiteiro transferir a outrem as suas obrigações sendo comum a subempreitada parcial.

A subempreitada total é admitida sempre que o texto contratual não contiver ajuste em função das qualidades pessoais do empreiteiro. Na subempreitada a fim de se resguardar os direitos dos empregados e evitar fraudes decorrentes da insolvência dos subemepreiteiros a lei trabalhista (art. 455 da CLT) admite que os empregados do subempreiteiro possam reclamar as obrigações trabalhistas do empreiteiro principal garantindo-se a este, a ação de regresso contra o subempreiteiro.

Não é necessário que os contratantes estabeleçam a vedação a subempreitada expressamente, basta que se possa deduzir que foi celebrado *intuitu personae*.

Mas, de qualquer modo, responderá o empreiteiro pela má execução da obra posto que suas obrigações subsistem. A responsabilidade do empreiteiro é objetiva, posto que inerente da culpa deste, e, durante o prazo de cinco anos, pela solidez e segurança da obra, tanto em razão dos materiais, quanto ao solo (art. 618 do CC).

Esse prazo não pode ser reduzido pela vontade das partes. O Código Civil de 2002 fixou prazo decadencial para propositura de ação indenizatória contra o empreiteiro de 180 (cento e oitenta) dias a partir do aparecimento do vício ou defeito.

Buscando a fundamentação na lei o art. 618 do CC criou um problema, pois agravou a posição jurídica do dono da obra em comparação do código civil anterior. A leitura fria do parágrafo único do art. 618 do CC sugere que se houver defeito aparecendo no segundo ano após a entrega da obra, o seu dono possui o prazo de 180 dias para propor a competente ação indenizatória, sob pena de decair seu direito. Apesar de ainda não ter se esgotado o prazo de cinco anos de garantia.

O que significa um flagrante retrocesso em termos da responsabilidade civil do empreiteiro. Se, a empreitada configurar relação de consumo não se aplicará o parágrafo único do art. 618 do CC e, sim, o art. 27 da Lei n. 8.078/90 (CDC) em face da proteção especial voltada para o consumidor (conforme o art. 5º, XXXII da CF). Todavia, persiste o problema nas empreitadas que não se configurem como relação de consumo.

Caio Mário atualizado por Regis Fichtner aponta que a melhor interpretação não afasta a garantia de prazo irredutível de cinco anos prevista no *caput* do art. 618 do CC, portanto, o prazo de 180 dias é aplicável apenas após fundo os cinco anos.

É oportuno que frisemos a responsabilidade do empreiteiro perante terceiros pelos danos que causar e, pelos decorrentes de seus empregados ou prepostos. Embora que na falta de recursos de empreiteiro aptos a ressarcir, há quem pretenda que deve responder o proprietário, por ser socialmente mais apto (demogue), pois ao escolher empreiteiro financeiramente inidôneo, incorreu em *culpa in eligendo*.

Na empreitada mista, correm todos os riscos por conta do empreiteiro até a entrega da obra. Se o dono incorrer em mora, tais riscos se transferem para este (art. 611 do CC).

Esmiuçaremos as oito hipóteses de cessação do contrato de empreitada, a saber:

1. pela execução da obra, senda esta concluída e recebida, quando se extinguem as obrigações das partes contratantes;

2. pela morte do empreiteiro, se celebrado *intuitu personae*, caso contrário, continua com seus sucessores;

3. pela resilição bilateral, em virtude da mesma vontade que inicialmente as vinculou, desatando o liame contratual;

4. pela resolução causada pelo inadimplemento de um dos contratantes, com ressarcimento de perdas e danos.

5. pela falência do empreiteiro, ressalvado o disposto na Lei Falimentar (art. 117 da Lei n. 11.101/2005), que prevê que o síndico ou administrador judicial notificado para que declare se cumpre ou não o contrato.

6. pela rescisão contratual por parte do dono da obra, com a indenização ao empreiteiro das despesas havidas, o valor da mão de obra, e, ressarcimento do lucro razoável que poderia ter tido (lucro cessante) consoante o art. 623 do CC. Essa faculdade é transmissível hereditariamente;

7. pela excessiva onerosidade superveniente da obra quando surgirem dificuldades incontornáveis de execução e o dono da obra se opuser ao reajuste do preço;

8. pela desproporcionalidade entre o vulto e a natureza da obra e as modificações exigidas pelo seu dono, a critério do empreiteiro ainda que o dono da obra se dispunha a arcar com o acréscimo do preço;

Se houver suspensão da obra sem justa causa pelo empreiteiro, responderá por perdas e danos (art. 624 do CC), tendo o art. 625 do mesmo diploma legal previsto expressamente três hipóteses em que terá direito o empreiteiro de suspender a obra.

Dispõe o art. 622 do CC sobre o projetista que responde apenas pela solidez e segurança da obra na forma do art. 618 do CC, naquilo que diga respeito à características do projeto. Pode o projetista se opor contra as modificações de vulto em seu projeto, exceto se por motivos supervenientes ou razões de ordem técnica fique comprovada a inconveniência ou a excessiva onerosidade da execução do projeto em sua forma original (art. 621 do CC).

É regra típica do direito autoral prevista no art. 26 da Lei n. 9.610/98 que não concede ao autor do projeto arquitetônico o direito de impedir modificações no projeto, mas apenas o direito de repudiar a sua autoria caso sejam efetivadas sem o seu consentimento, podendo ser indenizado pelos prejuízos.

Esclareça-se que o vigente Código Civil não revoga o dispositivo da Lei dos Direitos autorais supracitada, mas possibilita que o projetista impeça a execução da obra que está se distanciando de seu original projeto, restando este optar pelo repúdio e eventual indenização por perdas e danos que tiver sofrido.

2

Contrato de Prestação de Serviço

De suma importância, neste capítulo, o contrato de prestação de serviço, que, embora tenha perdido espaço para o Direito do Trabalho, ainda possui largo campo de incidência no âmbito do Direito Civil, daí a importância do seu estudo.

Nesta linha de pensamento, pretendemos, inicialmente, traçar a origem do uso da expressão locação de serviços, utilizada pelo Código Civil de 1916, e o porquê de sua ulterior substituição pela expressão "prestação de serviço".

Nesse ínterim, seguiremos com as noções conceituais acerca do contrato de prestação de serviço, abordando ainda a sua natureza jurídica e os elementos que o compõem.

Após, buscaremos distinguir dois importantes institutos do Direito Civil, e que muito se parecem: a prestação de serviço e a empreitada. Trata-se, a nosso sentir, de uma distinção necessária, visto que a escolha de um ou de outro tipo de contrato pode acarretar consequências relevantes de ordem prática.

Por fim, já internalizadas as noções gerais do contrato de prestação de serviço, abordaremos temas mais específicos e de cunho pragmático, quais sejam: a duração do contrato, a retribuição na falta de habilitação e as formas de extinção do pacto.

1. A história sobre o tema

O Código Civil de 1916, influenciado pelo Direito Romano, abordou, sob o título de Locação, três seções autônomas, a saber: 1) da locação de coisas; 2) a locação de serviços; e 3) a empreitada.

A devida nomenclatura, se explica porque, no Direito Romano, era comum que a expressão locação denominasse tanto o contrato, pelo qual era cedido o uso de uma coisa, quanto aquele em que era prometido um serviço, já que este dependia, não raro, do trabalho escravo.

Quanto ao tema, é pertinente a abordagem crítica de Carlos Roberto Gonçalves (2008, p. 334), que assevera:

> "Essa sistematização é repelida pela doutrina e pelos códigos contemporâneos, que disciplinam de forma autônoma os contratos de prestação de serviços, de trabalho, de empreitada, de agência e de aprendizagem, reservando a palavra locação para designar unicamente o contrato que se destina a proporcionar a alguém o uso e gozo temporários de uma coisa infungível, mediante contraprestação pecuniária."

Por mais que tente excluir da linha de pensamento, o referido diploma de 1916 reservava à seção locação de serviços toda a espécie de serviço ou trabalho lícito, material ou imaterial, que poderia ser contratada mediante retribuição (art. 1.216 do CC/16).

Cumpre salientar, porém, que, atualmente, pelo fato da expressão locação se referir apenas à coisas, é mais adequado, sob o prisma da dignidade da pessoa humana, utilizar a expressão "prestação de serviços" para designar aqueles contratos em que um sujeito se obriga a realizar uma atividade lícita a outrem mediante remuneração. Evita-se, assim, qualquer alusão à reificação humana, típica da escravidão.

Nesse contexto, o ilustre jurista Caio Mário da Silva Pereira (2005, p. 376) não ficou indiferente à distinção terminológica e frisou que:

> "(...) o trabalhador veio a constituir neste século a preocupação máxima do legislador. E há, mesmo, forte tendência a considerá-lo centro das relações humanas, substituindo a propriedade a que os monumentos legislativos do século XIX emprestavam a preeminência. (...) Não foi, portanto, em virtude de mero luxo de nomenclatura que a expressão locação de serviços desprestigiou-se, encontrando nesta outra, prestação de serviços, o substitutivo preferencial, mas pelo fato de ter parecido a [sic] primeira, a muitos juristas, atentatória da dignidade humana (...)."

Desta feita, assim é que o Código Civil de 2002, com evidente acerto, substituiu a expressão locação de serviços por prestação de serviço. Ademais, a empreitada ganhou um capítulo próprio, se afastando definitivamente do conceito de locação.

Ademais, é imperioso acentuar que com os problemas advindos da industrialização fez-se necessário criar uma legislação trabalhista que pudesse equilibrar a relação entre empregador e empregado, em razão da nítida hipossuficiência e vulnerabilidade deste.

Por esse motivo e em virtude disso, na prestação de serviço realizado por pessoa física em que houver subordinação, pessoalidade, habitualidade, onerosidade e alteridade, o regime jurídico a ser aplicado é o trabalhista, e, neste caso, a autonomia da vontade encontra-se limitada pela forte ingerência estatal no âmbito contratual.

Saliento o mesmo entendimento do autor Jorge Lages Salomo (2004, p. 218) que adverte que se fixe a ideia de separação exata do que seja prestação de serviço sob o domínio da codificação civil, do contrato de trabalho sob a égide da relação do trabalho.

Neste contexto, portanto, a legislação trabalhista só deve cuidar das relações contratuais que apresentam, em especial, o elemento subordinação entre as partes, além dos demais elementos indicados no art. 3º da Consolidação das Leis do Trabalho (CLT).

Chega-se a conclusão, pois, que o Código Civil é aplicado de forma residual: sê-lo-á apenas quando se tratar de relação de trabalho excluída da seara da legislação trabalhista e da legislação especial.

É o que dispõe o art. 593 do Código Civil: "A prestação de serviço, que não estiver sujeita às leis trabalhistas ou a lei especial, reger-se-á pelas disposições deste Capítulo".

Podemos citar alguns exemplos de contrato de prestação de serviço norteado pelo Código Civil. Vejamos: contratação de serviços de um advogado; consulta com médico particular; contratação de serviços de um trabalhador autônomo, a exemplo, pedreiro, bombeiro ou pintor.

2. Breves comentários ao conceito

O tema chamado contrato de prestação de serviço é aquele em que uma das partes — prestador —, se obriga para com a outra — tomador —, a fornecer-lhe a prestação de uma atividade, mediante remuneração.

Impõe o art. 594 do Código Civil que: "Toda a espécie de serviço ou trabalho lícito, material ou imaterial, pode ser contratada mediante retribuição".

Desta feita, é assente na melhor doutrina civilista que, "seja qual for a sua natureza, qualquer serviço, desde que lícito, pode ser objeto do aludido contrato, não se fazendo distinção entre trabalho braçal ou intelectual" (GONÇALVES, 2008, p. 336).

3. Natureza jurídica do tema

Chegamos a conclusão, do conceito acima exposto, que o contrato de prestação de serviço apresenta a seguinte natureza jurídica: bilateral, oneroso, consensual, de duração continuada e não solene.

Possui natureza bilateral, pois o contrato gera obrigações para ambos os contratantes. Ou seja: o tomador deverá pagar a remuneração ao prestador e este deverá realizar a atividade avençada e na forma estipulada.

Nessa linha, o contrato é oneroso porquanto confere benefícios a ambos os contratantes, e é consensual porque o simples acordo de vontades torna perfeito o contrato, prescindindo este, portanto, de qualquer materialidade externa.

Saliente-se que o contrato de prestação de serviço possui natureza não solene e, em regra, de duração continuada. É não solene — ou não formal — pois a lei não exige uma forma como condição de validade do negócio. Ainda, é de duração continuada, pois, em regra, são praticados atos reiterados no tempo e estes devem ser realizados para que se cumpra efetivamente o contrato.

Por fim, e não menos importante, nada impede, obviamente, que se cumpra o contrato com a realização de um ato apenas. Imaginemos, por exemplo, o reparo de um pequeno vazamento na parede. O pedreiro — prestador — certamente terminará o serviço em poucas horas, o que, de modo algum, descaracterizará o contrato.

4. Características do contrato

As características ou elementos essenciais do contrato de prestação de serviço são: objeto, remuneração e consentimento.

O objeto trata da prestação da atividade humana, que tanto pode ser intelectual, quanto material ou física. Neste ponto, ressaltamos que ficará, a critério das partes, a escolha pela prestação de fazer fungível ou prestação de fazer infungível.

Quanto a esse elemento, o contrato tem como objeto da relação obrigacional a execução de uma atividade pelo solvens, o qual deve ser tratado como homem livre. Dessa forma, será incompatível com a dignidade do devedor e com tal liberdade, a sujeição total do prestador de serviço ao tomador, ou a disposição plena das faculdades do prestador, fora dos limites da prestação específica da prestação obrigacional acordada (PEREIRA, 2005, p. 379).

Também é elemento essencial do contrato a remuneração, ou seja, a retribuição, em regra pecuniária, como pagamento pelo serviço prestado.

Nessa linha, diz-se em regra porque excepcionalmente podem ser ajustadas outras espécies de pagamento, como, *verbi gratia*, alimentos, vestuário, transporte, condução ou, até mesmo, moradia. Entendemos, todavia, caso a retribuição se dê por meio de dessas formas de contraprestações, estaremos defronte de um contrato atípico.

Em sentido contrário ao nosso posicionamento, Caio Mário da Silva Pereira e Carlos Roberto Gonçalves (2008, p. 337) entendem que "nada obsta seja convencionada (retribuição pecuniária) em outras espécies, sendo comum consistir em fornecimento de moradia, alimentos, vestuário, condução etc".

Contudo, vários autores entendem que a gratuidade não é admissível no contrato de prestação de serviços. Porém, para a doutrina civilista que entende que a gratuidade é admissível, esta não será presumida. Será imprescindível, portanto, que as partes ajustem de maneira expressa a gratuidade do acordo.

Não se tendo estipulado valor ou se as partes divergirem quanto ao valor do contrato, "fixar-se-á por arbitramento a retribuição, segundo o costume do lugar, o tempo de serviço e sua qualidade", na forma do art. 596 do CC.

Ademais, o art. 597 do mesmo diploma aduz que: "A retribuição pagar-se-á depois de prestado o serviço, se, por convenção, ou costume, não houver de ser adiantada, ou paga em prestações".

A regra é que o pagamento seja realizado após a prestação de serviços. O dispositivo acima mencionado permite, porém, que as partes estabeleçam, por meio de sua manifestação de vontade, a antecipação do pagamento ou o pagamento em prestações, o que facilita a maneira pela qual será executada a atividade, o tempo para a sua prática, bem como as necessidades, quanto ao resultado da obrigação, objetivadas pelo tomador.

Interessante consignar que no Direito do Trabalho as partes, em especial o empregador, devem respeitar o salário mínimo estabelecido pela Constituição da República e pela CLT, o que não ocorre quando se aplica o Código Civil, pois impera aqui a autonomia da vontade.

Há que se observar, porém — e é certo —, as cláusulas gerais que dizem respeito à função social do contrato, o princípio da boa-fé objetiva e o equilíbrio das prestações, consoante arts. 421 e 422 do Código Civil, sendo "inadmissível que a remuneração seja inadequada para os fins propostos" (TEPEDINO, Gustavo et al. 2006, p. 595).

Por fim, o consentimento pode se materializar de forma escrita ou verbal, como também pode se dar de modo implícito, subsumido no próprio fato da prestação de serviço.

Nesse contexto, caso seja adotada a forma escrita e alguma das partes não saiba ler e nem escrever, o contrato poderá ser assinado a rogo, desde que subscrito por duas testemunhas.

É o que dispõe o art. 595 do Código Civil: "No contrato de prestação de serviço, quando qualquer das partes não souber ler, nem escrever, o instrumento poderá ser assinado a rogo e subscrito por duas testemunhas".

O dispositivo em apreço faculta às partes a possibilidade de firmarem o acordo por escrito e em contrato particular mesmo sendo uma das partes analfabeta, o que certamente não poderia ocorrer nos contratos em geral, em que, nesse caso, haveria a necessidade de escritura pública.

Em relação à capacidade, é importante registrar que se admite a celebração de contrato de prestação de serviço ainda que realizado por incapaz, uma vez que não se podem fechar os olhos para a realidade social. Caso contrário, estaríamos promovendo o enriquecimento indevido do tomador de serviços.

Pórem, há que se atentar para o limite estabelecido na Constituição da República, em seu art. 7º, inciso XXXIII:

> "Proibição de trabalho noturno, perigoso ou insalubre a menores de 18 (dezoito) e de qualquer trabalho a menores de 16 (dezesseis) anos, salvo na condição de aprendiz, a partir de 14 (quatorze) anos."

Insta ponderar a divergência doutrinária que existe acerca da obrigatoriedade ou não da observância do número de testemunhas que devem subscrever o contrato.

O Código Civil de 1916 dispunha ser imprescindível a assinatura de quatro testemunhas. O atual Código, porém, reduziu-as para o número de duas.

A questão é: a inobservância desse requisito — subscrição de duas testemunhas — teria o condão de causar a nulidade do contrato?

Consoante o escólio de Gustavo Tepedino et al (2006, p. 326), "a exigência adere à forma do contrato, sendo que na sua falta o contrato será nulo por não atender à prescrição da lei, na forma do art. 166, inciso IV".

Em contraponto ao que foi dito em opinião oposta, Maria Helena Diniz (2007, p. 289) conclui que:

> "Se isso, contudo, não for observado, nenhuma consequência advirá, visto que o contrato pode ser provado por qualquer meio admitido em direito (...). A

subscrição por duas testemunhas terá utilidade para eliminar dúvidas relativas ao teor do contrato e à assinatura a rogo, dando exequibilidade judicial à avença (art. 585, inc. II do CPC)."

Buscamos o entendimento de que a exigência de duas testemunhas não elide a possibilidade de se provar a relação contratual por meio de outras formas em direito admitidas. Caso contrário, estar-se-ia subvertendo a característica da consensualidade, presente no contrato de prestação de serviços.

Não obstante o entendimento aqui esposado, é de bom alvitre que, na prática, o contrato esteja subscrito por duas testemunhas. Deste modo, o título gozará de eficácia executiva (art. 585, inciso II, do CPC) e o credor se verá livre do tortuoso caminho do processo de conhecimento, e poderá, desde logo, ajuizar uma ação de execução, cujo desiderato é exclusivamente a satisfação do direito do credor.

5. Diferenças de contrato

Difícil é a tarefa de distinguir o contrato de prestação de serviço do contrato de empreitada, uma vez que, tanto em um quanto em outro, há uma atividade pessoal em favor de outrem, o que ocasiona vários pontos de contato entre os institutos.

Pode-se dizer, contudo, que na empreitada busca-se a obra perfeita e acabada dentro do que foi acordado. Trata-se de critério "finalístico", conforme aduz Silvio de Salvo Venosa (2006, p. 209).

Porém, já na prestação de serviço o enfoque não é no fim da obra, mas, sim, na atividade do prestador de serviços em favor do tomador, durante determinado lapso temporal.

Outro critério para a distinção dos institutos leva em consideração a retribuição. Se a remuneração for proporcional ao tempo dedicado ao trabalho, estaremos lidando com a prestação de serviço. Se o pagamento tiver relação com a obra em si, estaremos lidando com a empreitada, sendo certo que aqui a remuneração permanece inalterada, seja qual for o tempo de trabalho gasto.

Não bastasse, na prestação de serviço a sua execução é fiscalizada por quem contratou o prestador. Consectariamente, é inegável que o tomador assume os riscos do negócio, destacando-se que a obrigação pode ser tanto de meio (exemplo: consulta com um advogado), quanto de resultado (exemplo: transporte de mercadoria).

Na empreitada, ao revés, o empreiteiro trabalha por conta própria, com absoluta independência, e assume os riscos do empreendimento, sendo certo que, dessa forma, a relação obrigacional se ajusta melhor à obrigação de resultado.

Assim, entendemos que na empreitada tem-se por meta o "resultado" da atividade, já no contrato de prestação de serviço o objeto do contrato é a atividade em si mesma considerada.

6. Tempo do contrato

O Novel Código Civil estipula um limite temporal para o contrato de prestação de serviço indicado no art. 598, o prazo de 4 anos. Neste caso, o legislador também admitiu a possibilidade de prorrogação, quando assim desejada pelas partes.

O contrato, de qualquer forma, por força da autonomia da vontade pode ser: determinável (art. 599) e determinado (art. 602).

O contrato determinável ou, na linguagem do Código, com prazo indeterminado, precisa da notificação do tomador ou do prestador para o caso de término do pacto. Neste caso, não sendo o prazo determinado, ou não sendo o serviço estipulado por tarefa, qualquer contratante poderá resilir o contrato, mediante prévia comunicação.

Aprendemos que o legislador civil de 2002 não utilizou a melhor técnica, no art. 599, para indicar os efeitos do término do contrato por prazo "indeterminado", a saber: "Não havendo prazo estipulado, nem se podendo inferir da natureza do contrato, ou do costume do lugar, qualquer das partes, a seu arbítrio, mediante prévio aviso, pode resolver o contrato".

A redação do artigo reside na aplicação do termo "resolver" para explicar uma hipótese de resilição. No referido dispositivo legal, o contratante unilateralmente poderá se manifestar pelo término do contrato, aplicando-se, portanto, a hipótese de finalização do pacto por mera manifestação de vontade e não de inadimplemento (resolução).

Além disso, o art. 599 utiliza o termo "aviso-prévio" e, como explicaremos adiante, tal expressão deve ser adotada apenas nas relações trabalhistas e não nas relações civis.

Já no contrato com prazo determinado, o tempo fixado no contrato deverá ser respeitado pelos contratantes, sob pena de inadimplemento e, se for assim previsto, haverá a penalização para o contratante que rescindir antecipadamente o acordo.

Notadamente, quando confeccionado um contrato de prestação de serviço com prazo certo, os contratantes podem ajustar a cláusula penal compensatória para o caso de rescisão antecipada do ajuste.

7. Contraprestação do contrato

Foi exposta anteriormente, a importância da contraprestação, sob a forma de pagamento do preço, no contrato de prestação de serviço. Cabe, neste item, investigar o seguinte: como ficará a questão da retribuição no caso do serviço ser executado por um prestador sem habilitação, quando obrigatória em lei, para a prática de certo ato?

Uma questão interessante inerente ao contrato de prestação de serviço reside na constitucionalidade ou não do art. 606 do CC. Dispõe o mencionado dispositivo legal:

> "Art. 606. Se o serviço for prestado por quem não possua título de habilitação, ou não satisfaça requisitos outros estabelecidos em lei, não poderá quem os prestou cobrar a retribuição normalmente correspondente ao trabalho executado. Mas se deste resultar benefício para a outra parte, o juiz atribuirá a quem o prestou uma compensação razoável, desde que tenha agido com boa-fé.
>
> Parágrafo único. Não se aplica a segunda parte deste artigo, quando a proibição da prestação de serviço resultar de lei de ordem pública."

Dois requisitos podem ser extraídos desse artigo para ensejar a retribuição ao prestador do serviço: a comprovação do benefício para o tomador e a boa-fé do prestador.

O primeiro requisito se pauta numa noção de razoabilidade, equidade e proporcionalidade, já que o tomador obteve proveito com a atividade prestada pelo tomador. Já o segundo requisito se ajusta às bases principiológicas da codificação de 2002.

A doutrina questiona a inconstitucionalidade do art. 606, parágrafo único, do CC, por entender que há violação ao art. 1º, inciso IV, da Constituição da República.

Rodolfo Pamplona (2008, p. 246), sobre o tema, apresenta os seguintes questionamentos:

"Será que o indivíduo que presta efetiva orientação jurídica, tecnicamente adequada, mesmo sem ser bacharel, não merece uma retribuição? Ou, então, o curandeiro (ou pajé) da pequena comunidade do anterior ou grupo de cunho espiritual, que atua, no entender [sic] dos envolvidos, em benefício da coletividade?"

Aqui o debate gira em torno da amplitude da expressão "lei de ordem pública" prevista no art. 606, parágrafo único, do CC. A grande questão é apurar se algumas condutas, como as indicadas acima, ferem preceitos de ordem pública e se, mesmo assim, há um enriquecimento indevido da parte contrária.

Concluímos que a ausência de habilitação pode, sim, ensejar prejuízos ao contratante enganado. No entanto, quando efetivamente o serviço for prestado e não for verificado nenhum transtorno efetivo ao tomador, cabe, neste caso, apurar uma justa retribuição pela obrigação de fazer prestada.

Neste ínterim, se a atividade estiver relacionada às áreas de saúde, advocacia, engenharia, empreitada, dentre outras que possam afetar a segurança e a incolumidade do tomador, aí sim, em nossa opinião, o art. 606 deve ser aplicado.

Dessa forma, quando a proibição da prestação de serviço derivar de lei de ordem pública, não se admite a produção de qualquer efeito ao contrato, nem mesmo o de pagamento de contraprestação para o prestador do serviço.

8. Término do contrato

Inicialmente, cumpre esclarecer que o Código Civil cuidou do tema extinção do contrato no Título V, do Capítulo II, que, por sua vez, é dividido em quatro seções: distrato, cláusula resolutiva, execução do contrato não cumprido e resolução por onerosidade excessiva.

Defendemos, diante das disposições do Código Civil de 2002, a seguinte classificação para as formas de extinção dos contratos: 1) Extinção normal; 2) Extinção por vício; 3) Extinção por resilição; 4) Extinção por resolução.

A extinção normal decorre do cumprimento direto da obrigação, a extinção por vício ocorrerá por nulidade ou anulabilidade do negócio obrigacional firmado entre as partes, já a extinção por resilição poderá ser bilateral ou unilateral e depende unicamente da vontade dos contratantes. A resolução refere-se à inexecução culposa ou involuntária do acordado.

Nesse contexto, a resolução opera a finalização do contrato por descumprimento das obrigações por uma das partes ou de ambas, seja por culpa sua, seja por ato estranho à sua vontade (caso fortuito, força maior e onerosidade excessiva).

O conceito de resolução está ligado a uma perturbação da prestação com a consequente desvinculação da parte adimplente como fruto dessa mesma quebra ou frustração do fim contratual (PROENÇA, 2006, p. 13). Não se pode, pois, aproximar os conceitos resolução, revisão e extinção.

O Código, quanto ao contrato de prestação de serviço, aborda detidamente, no art. 607 do CC, o seguinte:

> "O contrato de prestação de serviço acaba com a morte de qualquer das partes. Termina, ainda, pelo escoamento do prazo, pela conclusão da obra, pela rescisão do contrato mediante aviso-prévio, por inadimplemento de qualquer das partes ou pela impossibilidade da continuação do contrato, motivada por força maior."

Podemos, portanto, apontar como situações que ensejarão a extinção do contrato de prestação de serviço: 1) morte de um dos contratantes; 2) término do prazo indicado em contrato; 3) finalização do serviço; 4) denúncia; 5) inadimplemento; e 6) impossibilidade do cumprimento da obrigação.

Quanto ao inadimplemento, o Código Civil utiliza a terminologia "dispensa do contrato". Tal dispensa pode ser classificada: dispensa motivada ou dispensa imotivada.

A dispensa imotivada, na forma do art. 603, impõe àquele que deu término ao contrato a pagar ao outro contratante "por inteiro a retribuição vencida, e por metade a que lhe tocaria de então ao termo legal do contrato".

Desta feita, já a dispensa motivada, na forma do art. 602, parágrafo único, do CC, por sua vez, ensejará àquele que deu causa ao término do contrato a pagar as prestações vencidas e a correspondente indenização.

Para ilustrar o inadimplemento, apontamos o julgado abaixo que trata do inadimplemento e da responsabilidade solidária na prestação de serviço médico:

> "No recurso especial advindo de ação de indenização por danos materiais e morais por erro do anestesista durante cirurgia plástica, a tese vencedora inaugurada pelo Min. Luis Felipe Salomão estabeleceu que, incontroversa, nos autos, a culpa do anestesista pelo erro médico, o que acarretou danos irreversíveis à paciente (hoje vive em estado vegetativo), essa culpa, durante a realização do ato cirúrgico, estende-se ao cirurgião chefe, que responde solidariamente com quem diretamente lhe está subordinado. Aponta que cabe ao cirurgião chefe a escolha dos profissionais que participam da sua equipe, podendo até se recusar a trabalhar com especialistas que não sejam de sua confiança. Consequentemente, explica que, no caso de equipes médicas formadas para realização de uma determinada intervenção cirúrgica, o cirurgião chefe, que realiza o procedimento principal, responde pelos atos de todos os participantes por ele escolhidos e subordinados a ele, independentemente da especialização, nos termos do art. 1.521, III, do CC/1916 e art. 932, III, do CC/2002 c/c com os arts. 25, § 1º, e 34 do CDC. Também ressalta que, uma vez caracterizada a culpa do médico que atua em determinado serviço disponibilizado por estabelecimento de saúde (art. 14, § 4º, do CDC), responde a clínica de forma objetiva e solidária pelos danos decorrentes do defeito no serviço prestado (art. 14, § 1º, do CDC). Destaca ainda que, em relação à responsabilidade da clínica no caso dos autos, não se aplica precedente da Segunda Seção (REsp 908.359-SC, DJe 17/12/2008) sobre a exclusão da responsabilidade dos hospitais por prestação de serviços defeituosos realizados por profissionais que nele atuam sem vínculo de emprego ou subordinação, apenas utilizando suas instalações

para procedimentos cirúrgicos. Na espécie, o contrato de prestação de serviço foi firmado entre a autora, a clínica e o cirurgião, que é sócio majoritário da sociedade jurídica, sendo os danos decorrentes da prestação defeituosa do serviço contratado com a empresa, por isso responde solidariamente a clínica. Com esse entendimento, a Turma, por maioria, conheceu em parte do recurso e, nessa parte, deu-lhe provimento, condenando os recorridos, a clínica e o cirurgião, a pagar danos morais no valor de R$ 100.000,00, acrescidos de juros a partir do evento danoso e correção monetária a partir dessa data e a pagar os danos materiais, que devem ser apurados em liquidação de sentença por arbitramento, além de honorários advocatícios de 10% sobre o valor da condenação. Note-se que o anestesista não foi parte integrante da lide. A tese vencida defendida pelo Min. João Otávio de Noronha, o Relator originário, consiste em que, diante do desenvolvimento das especialidades médicas, não se pode atribuir ao cirurgião chefe a responsabilidade por tudo que ocorre na sala de cirurgia, especialmente quando comprovado, como no caso, que as complicações deram-se por erro exclusivo do anestesista, em relação às quais não competia ao cirurgião intervir, e também afasta a responsabilidade solidária do cirurgião chefe, porquanto não se pode atribuir responsabilidade solidária pela escolha de anestesista de renome e qualificado. Por outro lado, o Min. Aldir Passarinho Junior acompanhou a divergência com ressalvas quanto à tese da responsabilidade do cirurgião chefe em relação ao anestesista, pois depende de cada caso. (STJ. Rel. originário Min. João Otávio de Noronha, rel. para acórdão Min. Luis Felipe Salomão, julgado em 22.9.2009)"

Ainda sobre a questão do inadimplemento, deve-se distinguir o inadimplemento da impossibilidade inimputável, a saber: "se for esta parcial, não resolve o contrato, mas reduz proporcionalmente a retribuição; se for total, cessará a relação contratual, liberando ambas as partes de qualquer obrigação" (PEREIRA, 2005, p. 384).

Ressalta-se que a terminologia dispensa não é apropriada para ser empregada no âmbito da prestação de serviço. Tal terminologia melhor se ajusta à relação de emprego. Assim, entendemos que, nas relações de serviço presentes no âmbito civil, melhor será a aplicação dos termos "resilição" (manifestada pela vontade das partes) ou "resolução" (ocorrência do inadimplemento) do contrato.

Nesta perspectiva, tem sido criticada pela doutrina a utilização de expressões como aviso-prévio, salário e despedida, próprias da legislação trabalhista, sendo mais adequadas para o âmbito do Direito Civil as seguintes expressões: denúncia ou resilição, retribuição e denúncia motiva ou imotivada.

Por fim, quando o prestador de serviços não foi contratado para certa e determinada atividade, entender-se-á que se obrigou a todo e qualquer serviço compatível com as suas forças e condições. Assim, quando o contrato é celebrado por tempo certo, ou por obra determinada, não se pode interromper, ou resilir sem justo motivo o acordo, antes de preenchido o tempo ou concluída a atividade ajustada.

9. Conclusão

Ficou claro, nesse capítulo, alguns pontos de análise do contrato de prestação de serviço elencados, didaticamente, para uma melhor concepção deste negócio jurídico tão praticado no universo empresarial.

Para uma melhor compreensão terminológica, abordamos as noções conceituais, a natureza jurídica, os elementos contratuais e uma distinção necessária entre o contrato de prestação de serviço e empreitada.

Numa etapa mais específica e pragmática, abordamos pontos peculiares do referido negócio, a saber: a duração do contrato, a retribuição na falta de habilitação e, por fim, as formas de extinção do pacto.

Entendemos que o contrato de emprego não pode ser confundido com a prestação de serviço, já que esta se pauta nos seguintes caracteres: 1) Inexistência de subordinação; 2) Prestação de modo eventual; 3) Obrigação de fazer; e 4) Inexistência de registro na carteira de trabalho e do próprio contrato de trabalho.

Diante disso, pode-se dizer que são características do contrato de emprego: 1) Habitualidade; 2) Remuneração/onerosidade; 3) Subordinação jurídica; 4) Pessoalidade; e 5) Alteridade.

Pelo que se pôde observar, perfilhamos o entendimento que a prestação de serviços guarda similitudes com o contrato de emprego, mormente quanto aos efeitos, porém o traço distintivo é a subordinação jurídica ausente na prestação de serviços que se realiza sempre com autonomia.

3

Novas Redações da Legislação e Um Paralelo com a Antiga Lei

Abaixo, seguem as novas regras na CLT, com os apontamentos das súmulas do TST:

"**Art. 442-B.** A contratação do autônomo, cumpridas por este todas as formalidades legais, com ou sem exclusividade, de forma contínua ou não, afasta a qualidade de empregado prevista no art. 3º desta Consolidação."

"**Art. 443.** O contrato individual de trabalho poderá ser acordado tácita ou expressamente, verbalmente ou por escrito, por prazo determinado ou indeterminado, ou para prestação de trabalho intermitente.

(...)

§ 3º Considera-se como intermitente o contrato de trabalho no qual a prestação de serviços, com subordinação, não é contínua, ocorrendo com alternância de períodos de prestação de serviços e de inatividade, determinados em horas, dias ou meses, independentemente do tipo de atividade do empregado e do empregador, inclusive as disciplinadas por legislação específica." (NR)

"**Súmula n. 163 do TST** – Aviso-prévio. CONTRATO DE EXPERIÊNCIA (mantida) – Res. n. 121/2003, DJ 19, 20 e 21.11.2003

Cabe aviso-prévio nas rescisões antecipadas dos contratos de experiência, na forma do art. 481 da CLT. (ex-Prejulgado n. 42)"

"**Súmula n. 188 do TST** – CONTRATO DE TRABALHO. EXPERIÊNCIA. PRORROGAÇÃO (mantida) – Res. n. 121/2003, DJ 19, 20 e 21.11.2003

O contrato de experiência pode ser prorrogado, respeitado o limite máximo de 90 (noventa) dias."

"**Súmula n. 212 do TST** – DESPEDIMENTO. ÔNUS DA PROVA (mantida) – Res. n. 121/2003, DJ 19, 20 e 21.11.2003

O ônus de provar o término do contrato de trabalho, quando negados a prestação de serviço e o despedimento, é do empregador, pois o princípio da continuidade da relação de emprego constitui presunção favorável ao empregado."

"**Súmula n. 378 do TST** – ESTABILIDADE PROVISÓRIA. ACIDENTE DO TRABALHO. ART. 118 DA LEI N. 8.213/1991. (inserido item III) – Res. n. 185/2012, DEJT divulgado em 25, 26 e 27.9.2012

I – É constitucional o art. 118 da Lei n. 8.213/1991 que assegura o direito à estabilidade provisória por período de 12 meses após a cessação do auxílio-doença ao empregado acidentado. (ex-OJ n. 105 da SBDI-1 – inserida em 1º.10.1997)

II – São pressupostos para a concessão da estabilidade o afastamento superior a 15 dias e a consequente percepção do auxílio-doença acidentário, salvo se constatada, após a despedida, doença profissional que guarde relação de causalidade com a execução do contrato de emprego. (primeira parte – ex-OJ n. 230 da SBDI-1 – inserida em 20.06.2001)

III – O empregado submetido a contrato de trabalho por tempo determinado goza da garantia provisória de emprego decorrente de acidente de trabalho prevista no n no art. 118 da Lei n. 8.213/91.

Art. 444. (...)

Parágrafo único. A livre estipulação a que se refere o *caput* deste artigo aplica-se às hipóteses previstas no art. 611-A desta Consolidação, com a mesma eficácia legal, no caso de empregado portador de diploma de nível superior e que perceba salário mensal igual ou superior a duas vezes o limite máximo dos benefícios do Regime Geral de Previdência Social. (NR)"

"**Súmula n. 51 do TST** — NORMA REGULAMENTAR. VANTAGENS E OPÇÃO PELO NOVO REGULAMENTO. ART. 468 DA CLT (incorporada a Orientação Jurisprudencial n. 163 da SBDI-1) – Res. n. 129/2005, DJ 20, 22 e 25.4.2005

I – As cláusulas regulamentares, que revoguem ou alterem vantagens deferidas anteriormente, só atingirão os trabalhadores admitidos após a revogação ou alteração do regulamento. (ex--Súmula n. 51 – RA n. 41/1973, DJ 14.6.1973)

II – Havendo a coexistência de dois regulamentos da empresa, a opção do empregado por um deles tem efeito jurídico de renúncia às regras do sistema do outro. (ex-OJ n. 163 da SBDI-1 – inserida em 26.3.1999)"

"**Súmula n. 85 do TST** – COMPENSAÇÃO DE JORNADA (inserido o item VI) – Res. n. 209/2016, DEJT divulgado em 1º, 2 e 3.6.2016

I – A compensação de jornada de trabalho deve ser ajustada por acordo individual escrito, acordo coletivo ou convenção coletiva. (ex-Súmula n. 85 – primeira parte – alterada pela Res. n. 121/2003, DJ 21.11.2003)

II – O acordo individual para compensação de horas é válido, salvo se houver norma coletiva em sentido contrário. (ex-OJ n. 182 da SBDI-1 – inserida em 8.11.2000)

III – O mero não atendimento das exigências legais para a compensação de jornada, inclusive quando encetada mediante acordo tácito, não implica a repetição do pagamento das horas excedentes à jornada normal diária, se não dilatada a jornada máxima semanal, sendo devido apenas o respectivo adicional. (ex-Súmula n. 85 – segunda parte – alterada pela Res. n. 121/2003, DJ 21.11.2003)

IV – A prestação de horas extras habituais descaracteriza o acordo de compensação de jornada. Nesta hipótese, as horas que ultrapassarem a jornada semanal normal deverão ser pagas como horas extraordinárias e, quanto àquelas destinadas à compensação, deverá ser pago a mais apenas o adicional por trabalho extraordinário. (ex-OJ n. 220 da SBDI-1 – inserida em 20.6.2001)

V – As disposições contidas nesta súmula não se aplicam ao regime compensatório na modalidade 'banco de horas', que somente pode ser instituído por negociação coletiva.

VI – Não é válido acordo de compensação de jornada em atividade insalubre, ainda que estipulado em norma coletiva, sem a necessária inspeção prévia e permissão da autoridade competente, na forma do art. 60 da CLT."

"**Súmula n. 91 do TST** – SALÁRIO COMPLESSIVO (mantida) – Res. n. 121/2003, DJ 19, 20 e 21.11.2003

Nula é a cláusula contratual que fixa determinada importância ou percentagem para atender englobadamente vários direitos legais ou contratuais do trabalhador."

"**Súmula n. 92 do TST** – APOSENTADORIA (mantida) – Res. n. 121/2003, DJ 19, 20 e 21.11.2003

O direito à complementação de aposentadoria, criado pela empresa, com requisitos próprios, não se altera pela instituição de benefício previdenciário por órgão oficial."

"**Súmula n. 190 do TST** – PODER NORMATIVO DO TST. CONDIÇÕES DE TRABALHO. INCONSTITUCIONALIDADE. DECISÕES CONTRÁRIAS AO STF (mantida) – Res. n. 121/2003, DJ 19, 20 e 21.11.2003

Ao julgar ou homologar ação coletiva ou acordo nela havido, o Tribunal Superior do Trabalho exerce o poder normativo constitucional, não podendo criar ou homologar condições de trabalho que o Supremo Tribunal Federal julgue iterativamente inconstitucionais."

"**Súmula n. 202 do TST** – GRATIFICAÇÃO POR TEMPO DE SERVIÇO. COMPENSAÇÃO (mantida) – Res. n. 121/2003, DJ 19, 20 e 21.11.2003

Existindo, ao mesmo tempo, gratificação por tempo de serviço outorgada pelo empregador e outra da mesma natureza prevista em acordo coletivo, convenção coletiva ou sentença normativa, o empregado tem direito a receber, exclusivamente, a que lhe seja mais benéfica."

"**Súmula n. 288 do TST** – COMPLEMENTAÇÃO DOS PROVENTOS DA APOSENTADORIA (nova redação para o item I e acrescidos os itens III e IV em decorrência do julgamento do processo TST-E-ED-RR-235-20.2010.5.20.0006 pelo Tribunal Pleno em 12.4.2016) – Res. n. 207/2016, DEJT divulgado em 18, 19 e 20.4.2016

I – A complementação dos proventos de aposentadoria, instituída, regulamentada e paga diretamente pelo empregador, sem vínculo com as entidades de previdência privada fechada, é regida pelas normas em vigor na data de admissão do empregado, ressalvadas as alterações que forem mais benéficas (art. 468 da CLT).

II – Na hipótese de coexistência de dois regulamentos de planos de previdência complementar, instituídos pelo empregador ou por entidade de previdência privada, a opção do beneficiário por um deles tem efeito jurídico de renúncia às regras do outro.

III – Após a entrada em vigor das Leis Complementares ns. 108 e 109, de 29.5.2001, reger-se-á a complementação dos proventos de aposentadoria pelas normas vigentes na data da implementação dos requisitos para obtenção do benefício, ressalvados o direito adquirido do participante que anteriormente implementara os requisitos para o benefício e o direito acumulado do empregado que até então não preenchera tais requisitos.

IV – O entendimento da primeira parte do item III aplica-se aos processos em curso no Tribunal Superior do Trabalho em que, em 12.4.2016, ainda não haja sido proferida decisão de mérito por suas Turmas e Seções."

"**Súmula n. 374 do TST** – NORMA COLETIVA. CATEGORIA DIFERENCIADA. ABRANGÊNCIA (conversão da Orientação Jurisprudencial n. 55 da SBDI-1) – Res. n. 129/2005, DJ 20, 22 e 25.4.2005

Empregado integrante de categoria profissional diferenciada não tem o direito de haver de seu empregador vantagens previstas em instrumento coletivo no qual a empresa não foi representada por órgão de classe de sua categoria. (ex-OJ n. 55 da SBDI-1 – inserida em 25.11.1996)"

"**Súmula n. 375 do TST** – REAJUSTES SALARIAIS PREVISTOS EM NORMA COLETIVA. PREVALÊNCIA DA LEGISLAÇÃO DE POLÍTICA SALARIAL (conversão da Orientação Jurisprudencial n. 69 da SBDI-1 e da Orientação Jurisprudencial n. 40 da SBDI-2) – Res. n. 129/2005, DJ 20, 22 e 25.4.2005

Os reajustes salariais previstos em norma coletiva de trabalho não prevalecem frente à legislação superveniente de política salarial. (ex-OJs ns. 69 da SBDI-1 – inserida em 14.3.1994 – e 40 da SBDI-2 – inserida em 20.9.2000)"

"**Súmula n. 423 do TST** – TURNO ININTERRUPTO DE REVEZAMENTO. FIXAÇÃO DE JORNADA DE TRABALHO MEDIANTE NEGOCIAÇÃO COLETIVA. VALIDADE. (conversão da Orientação Jurisprudencial n. 169 da SBDI-1) Res. n. 139/2006 – DJ 10, 11 e 13.10.2006)

Estabelecida jornada superior a seis horas e limitada a oito horas por meio de regular negociação coletiva, os empregados submetidos a turnos ininterruptos de revezamento não têm direito ao pagamento da 7ª e 8ª horas como extras."

"Súmula n. 437 do TST – INTERVALO INTRAJORNADA PARA REPOUSO E ALIMENTAÇÃO. APLICAÇÃO DO ART. 71 DA CLT (conversão das Orientações Jurisprudenciais ns. 307, 342, 354, 380 e 381 da SBDI-1) – Res. n. 185/2012, DEJT divulgado em 25, 26 e 27.9.2012

I – Após a edição da Lei n. 8.923/94, a não concessão ou a concessão parcial do intervalo intrajornada mínimo, para repouso e alimentação, a empregados urbanos e rurais, implica o pagamento total do período correspondente, e não apenas daquele suprimido, com acréscimo de, no mínimo, 50% sobre o valor da remuneração da hora normal de trabalho (art. 71 da CLT), sem prejuízo do cômputo da efetiva jornada de labor para efeito de remuneração.

II – É inválida cláusula de acordo ou convenção coletiva de trabalho contemplando a supressão ou redução do intervalo intrajornada porque este constitui medida de higiene, saúde e segurança do trabalho, garantido por norma de ordem pública (art. 71 da CLT e art. 7º, XXII, da CF/1988), infenso à negociação coletiva.

III – Possui natureza salarial a parcela prevista no art. 71, § 4º, da CLT, com redação introduzida pela Lei n. 8.923, de 27 de julho de 1994, quando não concedido ou reduzido pelo empregador o intervalo mínimo intrajornada para repouso e alimentação, repercutindo, assim, no cálculo de outras parcelas salariais.

IV – Ultrapassada habitualmente a jornada de seis horas de trabalho, é devido o gozo do intervalo intrajornada mínimo de uma hora, obrigando o empregador a remunerar o período para descanso e alimentação não usufruído como extra, acrescido do respectivo adicional, na forma prevista no art. 71, *caput*, e § 4º da CLT."

"Súmula n. 451 do TST –PARTICIPAÇÃO NOS LUCROS E RESULTADOS. RESCISÃO CONTRATUAL ANTERIOR À DATA DA DISTRIBUIÇÃO DOS LUCROS. PAGAMENTO PROPORCIONAL AOS MESES TRABALHADOS. PRINCÍPIO DA ISONOMIA. (conversão da Orientação Jurisprudencial n. 390 da SBDI-1) – Res. n. 194/2014, DEJT divulgado em 21, 22 e 23.5.2014

Fere o princípio da isonomia instituir vantagem mediante acordo coletivo ou norma regulamentar que condiciona a percepção da parcela participação nos lucros e resultados ao fato de estar o contrato de trabalho em vigor na data prevista para a distribuição dos lucros. Assim, inclusive na rescisão contratual antecipada, é devido o pagamento da parcela de forma proporcional aos meses trabalhados, pois o ex-empregado concorreu para os resultados positivos da empresa.

Art. 448-A. Caracterizada a sucessão empresarial ou de empregadores prevista nos arts. 10 e 448 desta Consolidação, as obrigações trabalhistas, inclusive as contraídas à época em que os empregados trabalhavam para a empresa sucedida, são de responsabilidade do sucessor. Parágrafo único. A empresa sucedida responderá solidariamente com a sucessora quando ficar comprovada fraude na transferência.

(...)

Art. 452-A. O contrato de trabalho intermitente deve ser celebrado por escrito e deve conter especificamente o valor da hora de trabalho, que não pode ser inferior ao valor horário do salário mínimo ou àquele devido aos demais empregados do 14 estabelecimento que exerçam a mesma função em contrato intermitente ou não. § 1º O empregador convocará, por qualquer meio de comunicação eficaz, para a prestação de serviços, informando qual será a jornada, com, pelo menos, três dias corridos de antecedência. § 2º Recebida a convocação, o empregado terá o prazo de um dia útil para responder ao chamado, presumindo-se, no silêncio, a recusa. § 3º A recusa da oferta não descaracteriza a subordinação para fins do contrato de trabalho intermitente. § 4º Aceita a oferta para o comparecimento ao trabalho, a parte que descumprir, sem justo motivo, pagará à outra parte, no prazo de trinta dias, multa de 50% (cinquenta por cento)

da remuneração que seria devida, permitida a compensação em igual prazo. § 5º O período de inatividade não será considerado tempo à disposição do empregador, podendo o trabalhador prestar serviços a outros contratantes. § 6º Ao final de cada período de prestação de serviço o empregado receberá o pagamento imediato das seguintes parcelas: I – remuneração; II – férias proporcionais com acréscimo de um terço; III – décimo terceiro salário proporcional; IV – repouso semanal remunerado; e V – adicionais legais. § 7º O recibo de pagamento deverá conter a discriminação dos valores pagos a título de cada uma das parcelas referidas no § 6º deste artigo. § 8º O empregador efetuará o recolhimento da contribuição previdenciária e o depósito do Fundo de Garantia do Tempo de Serviço, na forma da lei, com base nos valores pagos no período mensal e fornecerá ao empregado comprovante do cumprimento dessas obrigações. § 9º A cada doze meses o empregado adquire direito a usufruir, nos doze meses subsequentes, um mês de férias, período no qual não poderá ser convocado para prestar serviços pelo mesmo empregador.
(...)
Art. 456-A. Cabe ao empregador definir o padrão de vestimenta no meio ambiente laboral, sendo lícita a inclusão no uniforme de logomarcas da própria empresa ou de empresas parceiras e de outros itens de identificação relacionados à atividade desempenhada. Parágrafo único. A higienização do uniforme é de responsabilidade do trabalhador, salvo nas hipóteses em que forem necessários procedimentos ou produtos diferentes dos utilizados para vestimentas de uso comum."

Paralelo entre a legislação antiga e a atual.

	TÍTULO IV – DO CONTRATO INDIVIDUAL DO TRABALHO	
	CAPÍTULO I — DISPOSIÇÕES GERAIS (Arts. 442 a 456)	
Inexistente	Art. 442-B. A contratação do autônomo, cumpridas por este todas as formalidades legais, com ou sem exclusividade, de forma contínua ou não, afasta a qualidade de empregado prevista no art. 3º desta Consolidação.	Possibilita contratar autônomo, sem caracterizar vínculos, desde que não presentes os requisitos de vínculo.
Art. 443 – O contrato individual de trabalho poderá ser acordado tácita ou expressamente, verbalmente ou por escrito e por prazo determinado ou indeterminado.	Art. 443. O contrato individual de trabalho poderá ser acordado tácita ou expressamente, verbalmente ou por escrito, por prazo determinado ou indeterminado, ou para **prestação de trabalho intermitente**.	Cria contrato intermitente, estabelecendo conceitos.
Inexistente	§ 3º Considera-se como intermitente o contrato de trabalho no qual a prestação de serviços, com subordinação, não é contínua, ocorrendo com alternância de períodos de prestação de serviços e de inatividade, determinados em horas, dias ou meses, independentemente do tipo de atividade do empregado e do empregador, inclusive as disciplinadas por legislação específica.	
Art. 444 (...)	Art. 444 (...)	
Inexistente	Parágrafo único. A livre estipulação a que se refere o *caput* deste artigo aplica-se às hipóteses previstas no art. 611-A desta Consolidação, com a mesma eficácia legal, no caso de empregado portador de diploma de nível superior e que perceba salário mensal igual ou superior a duas vezes o limite máximo dos benefícios do Regime Geral de Previdência Social.	Permite aos empregados "hipersuficientes", com remuneração de 2x o teto da Previdência, negociar adequações previstas na "prevalência do negociado (pelo sindicato) sobre o legislado".
Inexistente	Art. 448-A. Caracterizada a sucessão empresarial ou de empregadores prevista nos arts. 10 e 448 desta Consolidação, as obrigações trabalhistas, inclusive as contraídas à época em que os empregados trabalhavam para a empresa sucedida, são de responsabilidade do sucessor.	Dívida vai para a sucessora, mas há responsabilidade solidária no caso de fraude.
Inexistente	Parágrafo único. A empresa sucedida responderá solidariamente com a sucessora quando ficar comprovada fraude na transferência.	

Inexistente	Art. 452-A. O contrato de trabalho intermitente deve ser celebrado por escrito e deve conter especificamente o valor da hora de trabalho, que não pode ser inferior ao valor horário do salário mínimo ou àquele devido aos demais empregados do estabelecimento que exerçam a mesma função em contrato intermitente ou não.	Pagamento por hora no caso do intermitente.
Inexistente	§ 1º O empregador convocará, por qualquer meio de comunicação eficaz, para a prestação de serviços, informando qual será a jornada, com, **pelo menos, três dias corridos de antecedência.**	Estabelece processo de convocação do intermitente e de recusa.
Inexistente	§ 2º Recebida a convocação, o empregado terá o prazo de um dia útil para responder ao chamado, **presumindo-se, no silêncio, a recusa.**	
Inexistente	§ 3º A recusa da oferta não descaracteriza a subordinação para fins do contrato de trabalho intermitente.	
Inexistente	§ 4º Aceita a oferta para o comparecimento ao trabalho, a parte que descumprir, sem justo motivo, pagará à outra parte, no prazo de trinta dias, multa de 50% (cinquenta por cento) da remuneração que seria devida, permitida a compensação em igual prazo.	
Inexistente	§ 5º O período de inatividade não será considerado tempo à disposição do empregador, podendo o trabalhador prestar serviços a outros contratantes.	Não há tempo à disposição no caso do intermitente.
Inexistente	§ 6º Ao final de cada período de prestação de serviço o empregado receberá o pagamento imediato das seguintes parcelas: I – remuneração; II – férias proporcionais com acréscimo de um terço; III – décimo terceiro salário proporcional; IV – repouso semanal remunerado; e V – adicionais legais.	Pagamento de todas as verbas trabalhistas ao final de cada prestação de serviços (qual período?).
Inexistente	§ 7º O recibo de pagamento deverá conter a discriminação dos valores pagos a título de cada uma das parcelas referidas no § 6º deste artigo.	
Inexistente	§ 8º O empregador efetuará o recolhimento da contribuição previdenciária e o depósito do Fundo de Garantia do Tempo de Serviço, na forma da lei, com base nos valores pagos no período mensal e fornecerá ao empregado comprovante do cumprimento dessas obrigações.	Recolhimento mensal das obrigações FGTS e INSS.
Inexistente	§ 9º A cada doze meses o empregado adquire direito a usufruir, nos doze meses subsequentes, um mês de férias, período no qual não poderá ser convocado para prestar serviços pelo mesmo empregador.	Férias de 30 dias, remuneradas antecipadamente quando da prestação de serviços.

Inexistente	Art. 456-A. Cabe ao empregador definir o padrão de vestimenta no meio ambiente laboral, sendo lícita a inclusão no uniforme de logomarcas da própria empresa ou de empresas parceiras e de outros itens de identificação relacionados à atividade desempenhada.	Uniformes podem conter logomarcas da empresa e de parceiros.
Inexistente	Parágrafo único. A higienização do uniforme é de responsabilidade do trabalhador, salvo nas hipóteses em que forem necessários procedimentos ou produtos diferentes dos utilizados para vestimentas de uso comum.	A lavagem é de responsabilidade do trabalhador, com exceções em casos especiais.

1. Modelos de contratos

1.1. Contrato de prestação de serviços e honorários de profissional autônomo

Contratante: (Nome), (nacionalidade), (estado civil), (profissão), portador da cédula de identidade R.G. n. ... e inscrito no CPF/MF n. ..., residente e domiciliado na (Rua), (número), (bairro), (CEP), (Cidade), (Estado);

Contratado: (Nome), (nacionalidade), (estado civil), (profissão), portador da cédula de identidade R.G. n. ... e inscrito no CPF/MF n. ..., residente e domiciliado na (Rua), (número), (bairro), (CEP), (Cidade), (Estado);

Pelo presente instrumento particular de prestação de serviços e honorários de profissional autônomo de Administração de Empresas, têm entre si justos e acordados quanto segue:

DO OBJETO DO CONTRATO

CLÁUSULA 1ª: O presente instrumento, tem como objeto, a prestação de serviços de administração, sendo que, em sua vigência, o contratado deve manter seu registro regularizado no Conselho Regional de Administração, sob pena de ser considerado extinto o presente instrumento.

CLÁUSULA 2ª: O contratado executará os serviços diretamente a contratante ou aos clientes por este indicados.

DOS SERVIÇOS

CLÁUSULA 3ª: O contratado prestará os seguintes serviços (descrever detalhadamente os serviços prestados).

DOS HONORÁRIOS

CLÁUSULA 4ª: O contratado perceberá o valor integral dos três primeiros clientes, a título de honorários pelos serviços descritos na cláusula anterior, pagos pela Contratante, no mínimo o valor de R$ ... (Valor), sendo que a partir do quarto cliente, receberá 20% do valor líquido estipulado do contrato.

CLÁUSULA 5ª: Fica estabelecido que são obrigações da Contratante:

a) Efetuar o pagamento, de acordo como estabelecido na cláusula terceira do presente contrato.

b) Fornecer para o Contratado, cópias dos contratos efetivamente realizados.

c) Fornecer ao contratado, materiais e informações, indispensáveis ao seu serviço, facilitando a prospeção dos negócios.

d) Fica vedado ao contratante, negociar abatimentos, descontos ou dilações de prazo para o pagamento o execução dos serviços, sem o prévio conhecimento e autorização do contratado.

CLÁUSULA 6ª: Fica estabelecido as seguintes obrigações do Contratado:

a) Cumprir o estipulado nos termos do presente instrumento contratual.

b) Obedecer as instruções da contratante, sobre os termos dos serviços à serem prestados aos clientes.

c) Prestar informações à contratante, sempre que esta lhe solicitar, informando sobre a execução de seus serviços e demais detalhes sobre a execução de suas atividades.

d) Não revelar detalhes de suas atividades a terceiros, bem como, informações sobre seus clientes.

e) Não intermediar abatimentos, descontos, ou dilação sem expressa autorização da contratante.

CLÁUSULA 7ª: São motivos para que o Contratante rescinda o presente instrumento:

a) Desídia do contratado no cumprimento das obrigações assumidas para com a contratante e terceiros.

b) Praticar atos, que atinjam a imagem comercial da contratante perante terceiros.

c) Deixar de cumprir o contratado, qualquer das cláusulas dispostas no presente instrumento.

CLÁUSULA 8ª: São motivos para que o Contratado rescinda o presente instrumento:

a) Solicitar a Contratante atividade que exceda o prestisto neste instrumento de contrato.

b) Deixar a contratante de observar quaisquer obrigações que conste no presente contrato.

c) Deixar a Contratante de cumprir com o disposto na cláusula terceira deste contrato.

d) Por motivos de força maior.

CLÁUSULA 9ª: O presente contrato, terá vigência por prazo indeterminado, porém, havendo interesse em sua rescisão, a parte interessada notificará a parte contraria, por escrito, com antecedência mínima de trinta (30) dias.

PARÁGRAFO ÚNICO: A rescisão do presente instrumento de contrato, não extingue os direitos e obrigações que as partes tenham entre si a para com terceiros.

DO FORO

CLÁUSULA 10ª: As parte elegem o Foro desta Capital, para dirimir judicialmente as controvérsias inerentes do presente contrato.

E, assim por estarem justos e contratados assinam o presente, em 2 (duas) vias de igual forma, teor, na presença das testemunhas abaixo:

(Local, data, ano)

(Nome e assinatura do Contratante)

(Nome e assinatura do Contratado)

(Nome, RG, Testemunha)

(Nome, RG, Testemunha)

2. Contrato de prestação de serviços

IDENTIFICAÇÃO DAS PARTES CONTRATANTES

CONTRATANTE: (Nome do Contratante), (Nacionalidade), (Estado Civil), (Profissão), Carteira de Identidade n. ..., CPF n. ..., residente e domiciliado na Rua ..., n. ..., bairro ..., CEP ..., Cidade ..., no Estado ...;

CONTRATADO: (Nome do Contratado), (Nacionalidade), (Estado Civil), (Profissão), Carteira de Identidade n. ..., CPF n. ..., residente e domiciliado na Rua ..., n. ..., bairro ..., CEP ..., Cidade ..., no Estado ...;

As partes acima identificadas têm, entre si, justo e acertado o presente Contrato de Prestação de Serviços, que se regerá pelas cláusulas seguintes e pelas condições de preço, forma e termo de pagamento descritas no presente.

DO OBJETO DO CONTRATO

Cláusula 1ª. É objeto do presente contrato a prestação do serviço de ... (Descrever pormenorizadamente o serviço, com todas as suas especificidades, incluindo dados técnicos que possam vir a influir no entendimento do contrato, e, se possível for, dados decorrentes de perícia realizada envolvendo as situações em que serão realizadas o serviço).

OBRIGAÇÕES DO CONTRATANTE

Cláusula 2ª. O CONTRATANTE deverá fornecer ao CONTRATADO todas as informações necessárias à realização do serviço, devendo especificar os detalhes necessários à perfeita consecução do mesmo, e a forma de como ele deve ser entregue.

Cláusula 3ª. O CONTRATANTE deverá efetuar o pagamento na forma e condições estabelecidas na cláusula 6ª.

OBRIGAÇÕES DO CONTRATADO

Cláusula 4ª. É dever do CONTRATADO oferecer ao contratante a cópia do presente instrumento, contendo todas as especificidades da prestação de serviço contratada.

Cláusula 5ª. O CONTRATADO deverá fornecer Nota Fiscal de Serviços, referente ao(s) pagamento(s) efetuado(s) pelo CONTRATANTE.

DO PREÇO E DAS CONDIÇÕES DE PAGAMENTO

Cláusula 6ª. O presente serviço será remunerado pela quantia de R$ ... (valor expresso), referente aos serviços efetivamente prestados, devendo ser pago em dinheiro ou cheque, ou outra forma de pagamento em que ocorra a prévia concordância de ambas as partes.

DO INADIMPLEMENTO, DO DESCUMPRIMENTO E DA MULTA

Cláusula 7ª. Em caso de inadimplemento por parte do CONTRATANTE quanto ao pagamento do serviço prestado, deverá incidir sobre o valor do presente instrumento, multa pecuniária de 2%, juros de mora de 1% ao mês e correção monetária.

Parágrafo único. Em caso de cobrança judicial, devem ser acrescidas custas processuais e 20% de honorários advocatícios.

Cláusula 8ª. No caso de não haver o cumprimento de qualquer uma das cláusulas, exceto a 6ª, do presente instrumento, a parte que não cumpriu deverá pagar uma multa de 10% do valor do contrato para a outra parte.

DA RESCISÃO IMOTIVADA

Cláusula 9ª. Poderá o presente instrumento ser rescindido por qualquer uma das partes, em qualquer momento, sem que haja qualquer tipo de motivo relevante, não obstante a outra parte deverá ser avisada previamente por escrito, no prazo de ... dias.

Cláusula 10ª. Caso o CONTRATANTE já tenha realizado o pagamento pelo serviço, e mesmo assim, requisite a rescisão imotivada do presente contrato, terá o valor da quantia paga devolvido, deduzindo-se 2% de taxas administrativas.

Cláusula 11ª. Caso seja o CONTRATADO quem requeira a rescisão imotivada, deverá devolver a quantia que se refere aos serviços por ele não prestados ao CONTRATANTE, acrescentado de 2% de taxas administrativas.

DO PRAZO

Cláusula 12ª. O CONTRATADO assume o compromisso de realizar o serviço dentro do prazo de ... meses, de acordo com a forma estabelecida no presente contrato.

DAS CONDIÇÕES GERAIS

Cláusula 13ª. Fica compactuado entre as partes a total inexistência de vínculo trabalhista entre as partes contratantes, excluindo as obrigações previdenciárias e os encargos sociais, não havendo entre CONTRATADO e CONTRATANTE qualquer tipo de relação de subordinação.

Cláusula 14ª. Salvo com a expressa autorização do CONTRATANTE, não pode o CONTRATADO transferir ou subcontratar os serviços previstos neste instrumento, sob o risco de ocorrer a rescisão imediata.

Cláusula 15ª. Este contrato deverá ser registrado no Cartório de Registro de Títulos e Documentos.

DO FORO

Cláusula 16ª. Para dirimir quaisquer controvérsias oriundas do presente contrato, as partes elegem o foro da comarca de ...;

Por estarem assim justos e contratados, firmam o presente instrumento, em duas vias de igual teor, juntamente com 2(duas) testemunhas.

(Local, data e ano).

(Nome e assinatura do Contratante)

(Nome e assinatura do Contratado)

(Nome, RG e assinatura da Testemunha 1)

(Nome, RG e assinatura da Testemunha 2)

3. Contrato de prestação de serviços técnicos de profissional autônomo de prazo determinado

IDENTIFICAÇÃO DAS PARTES CONTRATANTES

CONTRATANTE: (Nome do Contratante), com sede em ..., na Rua ..., n. ..., bairro ..., CEP n. ..., no Estado ..., inscrito no CNPJ sob o n. ..., e no Cadastro Estadual sob o n. ..., neste ato representado pelo seu diretor ..., (Nacionalidade), (Estado Civil), (Profissão), Carteira de Identidade n. ..., e CPF n. ..., residente e domiciliado na Rua ..., n. ..., bairro ..., CEP n. ..., Cidade ..., no Estado ...;

CONTRATADO: (Nome do Contratado), (Nacionalidade), (Estado Civil), (Profissão), Carteira de Identidade n. ..., CPF n. ..., residente e domiciliado na Rua ..., n. ..., bairro ..., CEP n. ..., Cidade ..., no Estado ...;

As partes acima identificadas têm, entre si, justo e acertado o presente Contrato de Prestação de Serviços Técnicos de Profissional Autônomo, que se regerá pelas cláusulas seguintes e pelas condições de preço, forma e termo de pagamento descritas no presente.

DO OBJETO DO CONTRATO

Cláusula 1ª. É objeto do presente contrato, prestado ao CONTRATANTE, a prestação de serviços técnicos de natureza ...

DAS OBRIGAÇÕES DO CONTRATADO

Cláusula 2ª. Fica responsável o CONTRATADO por todos os serviços que lhe forem apontados, durante a carga horária contratada, qual seja, de ... horas diárias.

Cláusula 3ª. O CONTRATADO deverá seguir as normas estabelecidas pela CONTRATANTE, como horário de funcionamento da mesma, quanto à utilização de equipamentos, etc.

DAS OBRIGAÇÕES DO CONTRATANTE

Cláusula 4ª. A CONTRATANTE se responsabiliza pelo bom funcionamento de equipamentos de apoio ao serviço, como também pela estrutura física de todo o ambiente de trabalho, qual seja, a sede da própria empresa.

Parágrafo único. A CONTRATANTE colocará à disposição do CONTRATADO sua estrutura física, técnica e pessoal, para que este realize os serviços neste instrumento contratado.

DO PAGAMENTO

Cláusula 5ª. Pela prestação dos serviços acertados neste instrumento, a CONTRATANTE pagará à CONTRATADA a quantia mensal de R$ ... (Valor expresso), todo dia ... de cada mês.

Parágrafo único. O não pagamento da quantia acertada na data estabelecida neste instrumento provocará a imediata interrupção da prestação dos serviços.

DA RESCISÃO DO CONTRATO

Cláusula 6ª. O presente instrumento poderá ser rescindido caso qualquer uma das partes descumpra o disposto neste contrato.

Parágrafo primeiro. Caso a CONTRATANTE dê motivo à rescisão do contrato, será obrigada a pagar ao CONTRATADO por inteiro a retribuição vencida, e por metade a que lhe tocaria de então ao termo legal do contrato.

Parágrafo segundo. Caso o CONTRATADO dê motivo à rescisão do contrato, terá direito à retribuição vencida, mas responderá por perdas e danos.

Cláusula 7ª. Na hipótese de o CONTRATADO pedir a rescisão do contrato sem que a outra parte tenha dado motivo, terá direito à retribuição vencida, mas responderá por perdas e danos.

Cláusula 8ª. Na hipótese de a CONTRATANTE pedir a rescisão do contrato sem que a outra parte tenha dado motivo, será obrigada a pagar ao CONTRATADO por inteiro a retribuição vencida, e por metade a que lhe tocaria de então ao termo legal do contrato.

DO PRAZO

Cláusula 9ª. O presente instrumento terá prazo de ..., passando a valer a partir da assinatura pelas partes.

CONDIÇÕES GERAIS

Cláusula 10ª. O CONTRATADO não possuirá horário fixo de entrada e saída na empresa, uma vez que não existirá vínculo empregatício.

Cláusula 11ª. É livre ao CONTRATADO prestar serviço à outras pessoas, fora do âmbito deste contrato.

DO FORO

Cláusula 12ª. Para dirimir quaisquer controvérsias oriundas do CONTRATO, as partes elegem o foro da comarca de ...;

Por estarem assim justos e contratados, firmam o presente instrumento, em duas vias de igual teor, juntamente com 2 (duas) testemunhas.

(Local, data e ano).

(Nome e assinatura do Representante legal do Contratante)

(Nome e assinatura do Contratado)

(Nome, RG e assinatura da Testemunha 1)

(Nome, RG e assinatura da Testemunha 2)

4. Contrato particular de prestação de serviços

Pelo presente instrumento particular, de um lado ..., pessoa jurídica de direito privado inscrita no CGC/MF sob o n. ..., com sede na Rua ... Curitiba, Paraná, neste ato representada pelo seu Diretor ..., doravante denominado contratante e, de outro lado ..., pessoa jurídica de direito privado, inscrita no CNPJ sob o n. ..., com sede na Rua ... neste ato representado na forma prevista em seu Contrato Social, doravante denominada simplesmente de contratada, tem entre si, justo e contratado o presente, que se regerá pelas seguintes Cláusulas e Condições:

CLÁUSULA PRIMEIRA – OBJETO

A contratada é empresa de prestação de serviços de ..., e pelo presente instrumento e na melhor forma de direito, obriga-se a executar para o contratante serviços ... tudo conforme solicitação.

PARÁGRAFO PRIMEIRO

A contratada prestará os serviços constantes do *caput* desta cláusula sem qualquer exclusividade, desempenhando atividades para terceiros em geral, desde que não haja conflito de interesses com o pactuado no presente contrato.

PARÁGRAFO SEGUNDO

Os serviços serão prestados com total autonomia, liberdade de horário, sem pessoalidade e sem qualquer subordinação ao contratante.

PARÁGRAFO TERCEIRO

Da mesma forma, o contratante poderá contratar outros profissionais ou empresas para prestar os serviços constantes do *caput* desta cláusula sem qualquer exclusividade do contratado, e sem que haja conflito de interesses com o pactuado no presente contrato.

CLÁUSULA SEGUNDA – SERVIÇOS

Os serviços acima mencionados serão prestados pela contratada, através de seus empregados/prepostos, sob sua única e exclusiva responsabilidade, em ..., podendo, se assim entender a contratada (eventualmente serem realizados também na sede do contratante).

CLÁUSULA TERCEIRA – PRAZO

Os serviços ora contratados serão prestados pelo prazo de ... sendo que, findo o prazo, e necessidade de aviso-prévio por escrito considerar-se-á rescindido.

CLÁUSULA QUARTA – REMUNERAÇÃO

Como remuneração pelos serviços a serem prestados, por serem o contratante remunerará a contratada, da seguinte forma: ...

PARÁGRAFO PRIMEIRO

A remuneração pelos serviços contratados inclui todos os encargos trabalhistas, sociais, previdenciários, securitários e outros não nominados, gastos e despesas relativos ao exercício dos serviços contratados, por mais especiais que sejam, nada mais sendo devido pelo contratante à contratada, a qualquer título.

PARÁGRAFO SEGUNDO

Os pagamentos serão efetuados até o dia 05 (cinco) de cada mês, contra-apresentação da competente Nota Fiscal de prestação de serviço.

PARÁGRAFO TERCEIRO

O presente contrato não implica em qualquer vínculo empregatício do contratado pelos serviços prestados ao contratante.

CLÁUSULA QUINTA – OBRIGAÇÕES

Fica estabelecido que o relacionamento entre contratante e contratado, visando resguardar responsabilidades, será normalmente pela forma escrita, através de consultas e respostas.

— São obrigações exclusivas da contratada:

a) Prestar os serviços contratados na forma e modo ajustados, dentro das normas e especificações técnicas aplicáveis à espécie, dando plena e total garantia dos mesmos;

b) Executar os serviços contratados utilizando a melhor técnica e visando sempre atingir o melhor resultado, sob sua exclusiva responsabilidade, sendo-lhe vedada a transferência dos mesmos a terceiros, sem prévia e expressa concordância do contratante;

c) A total responsabilidade pelos atos e/ou omissões praticados por seus empregados/prepostos, bem como pelos danos de qualquer natureza que os mesmos venham a sofrer ou causar para o contratante, e seus clientes ou terceiros em geral, em decorrência da prestação dos serviços prestados neste contrato;

d) O pagamento da remuneração de seus empregados/prepostos, sendo responsável por todos e quaisquer ônus e encargos decorrentes da legislação trabalhista, fiscal e previdenciária, além dos impostos, taxas, obrigações, despesas e afins, que venham a ser reclamados ou tornados obrigatórios em decorrência das obrigações assumidas neste contrato;

e) A responsabilidade única e exclusiva por qualquer espécie de indenização pleiteada por seus empregados/prepostos, principalmente no tocante a reclamações trabalhistas e acidentes do trabalho;

f) O cumprimento de todas as determinações impostas pelas autoridades públicas competentes, relativas aos serviços aqui contratos, bem como o pagamento de todos os tributos federais, estaduais e municipais que incidam ou venham a incidir sobre os mesmos;

g) A total responsabilidade pelas despesas decorrentes dos serviços ora contratados, seja por exigência legal ou em decorrência da necessidade dos serviços, nada podendo ser cobrado ou exigido do contratante, desde que não haja qualquer outra expressa previsão contratual em contrário.

(verificar obrigações específicas da atividades)

— São obrigações exclusivas do contratante:

a) Efetuar o pagamento na forma e modo aprazados.

b) Comunicar a contratada sobre as reclamações feitas contra seus empregados/prepostos, bem como com relação a danos por eles causados.

c) Fornecer ao contratado a documentação solicitada, executar os trabalhos de maneira criteriosa na forma de orientações escritas que serão encaminhadas — colocar à disposição da contratada as necessárias verbas pecuniárias para desenvolver o trabalho — contratar por indicação do contratado os serviços complementares indicados.

CLÁUSULA SEXTA – DISPOSIÇÕES GERAIS

a) os serviços estabelecidos por este instrumento não possuem qualquer vinculação trabalhista com o contratante, sendo de exclusiva responsabilidade da contratada quaisquer relações legais com o pessoal necessário à execução dos serviços, possuindo este contrato um cunho independente e devendo a contratada manter em ordem as obrigações previdenciárias decorrentes da vinculação, assumindo responsabilidade integral e exclusiva quanto aos salários e demais encargos trabalhistas e previdenciários de seus empregados/prepostos, principalmente com relação a possíveis reclamatórias trabalhistas, não existindo solidariedade entre o contratante e a contratada.

b) A responsabilidade trabalhista, individual ou solidária, eventualmente estabelecida, entre contratante e o pessoal do quadro de empregados da contratada, é imputável única e exclusivamente a esta última, que deste modo se obriga a ressarcir civilmente ao contratante nos valores que porventura forem despendidos à verificação de vínculo laboral, judicialmente declarado como existente, inclusive no que pertine a possíveis danos morais.

c) As alterações de valores que venham a ser discutidos e aprovados pelas partes, deverão necessariamente ser objeto de Termo Aditivo.

d) Fica expressamente vedada, no todo ou em parte, a transferência ou cessão dos serviços de que trata o presente instrumento.

e) É expressamente vedado à Contratada a utilização de trabalhadores menores, púberes ou impúberes, para a prestação dos serviços.

CLÁUSULA SÉTIMA – RESCISÃO

Qualquer das partes poderá rescindir unilateralmente, de pleno direito o presente contrato, a qualquer tempo, independente de notificação ou interpelação judicial ou extrajudicial, sem que assista a outra parte qualquer direito a reclamação ou indenização, desde que comunicado por escrito com 30 (trinta) dias de antecedência, ressalvando o pagamento de serviços já prestados.

PARÁGRAFO PRIMEIRO

O presente contrato também será rescindido de pleno direito nos seguintes casos, sem que assista à contratada direito a qualquer tipo de indenização, ressarcimento ou multa, por mais especial que seja:

a) Por insolvência, impetração ou solicitação de concordata ou falência da contratada;

b) O não cumprimento de qualquer obrigação da contratada para com o contratante, sejam obrigações originadas no presente instrumento ou em outras relações comerciais;

c) Inadimplemento contratual.

CLÁUSULA OITAVA – PREJUÍZOS

A contratada responderá por qualquer prejuízo que direta ou indiretamente cause ao contratante, seja por ação ou omissão, sua ou de seus prepostos.

CLÁUSULA NONA – FORO

Elegem as partes o foro da Comarca de ... , para nele serem dirimidas todas e quaisquer dúvidas ou questões oriundas do presente contrato, renunciando as partes a qualquer outro, por mais especial e privilegiado que seja.

E por estarem assim justos e contratados, assinam o presente em três (03) vias de igual teor e forma, na presença de duas testemunhas instrumentárias, obrigando-se por si e seus sucessores, para que produzam todos os efeitos de direito.

São Paulo, ...

CONTRATANTE

CONTRATADO

TESTEMUNHAS:

1. Nome

CPF:

2. Nome

CPF:

5. Contrato de prestação de serviços de captação de publicidade comercial e de patrocínio e outras avenças

Pelo presente instrumento, de um lado ..., inscrita no CNPJ/MF sob o n. ..., sediada a ..., na cidade de..., estado de ..., por seu representante legal infra assinado, doravante denominada CONTRATANTE, e de outro lado ..., sociedade civil inscrita no CNPJ/MF sob o n. ..., e, ..., (nacionalidade), (estado civil), (profissão), portador da Cédula de Identidade RG n. ..., inscrito no CPF sob o n. ..., denominado ANUENTE, ambos com domicílio a ..., cidade ..., estado de ..., doravante denominada simplesmente CONTRATADA, resolvem estabelecer vínculo jurídico civil de prestação de serviços que se regerá pelas cláusulas e disposições a seguir:

1. O presente instrumento tem por objeto a contratação pela CONTRATANTE, dos serviços da CONTRATADA, com a finalidade de promover a intermediação na captação de publicidade comercial e de patrocínio, agenciando propostas ou pedidos e encaminhando-os à primeira.

1.1. Serão, em princípio, objetos da intermediação na venda, toda a publicidade comercial e o patrocínio envolvidos na programação regular da CONTRATADA (opção), podendo, porém, a exclusivo critério desta, e a qualquer momento durante a vigência deste contrato, ocorrer a limitação ou a discriminação dos serviços que passarão a ser objeto da intermediação.

1.2. Os serviços de representação publicitária serão desenvolvidos pela CONTRATADA, sem direito a exclusividade, na área compreendida ... A área de atuação da CONTRATADA poderá ser alterada pela CONTRATANTE, segundo suas necessidades.

2. O vínculo jurídico entre as partes é de natureza exclusivamente civil de prestação de serviços, não havendo qualquer relação de subordinação ou de trabalho, principalmente quanto aos profissionais pertencentes a CONTRATADA e a CONTRATANTE a responsabilidade trabalhista e previdenciária, quando houver, será assumida e suportada integralmente pela CONTRATADA.

2.1. A CONTRATADA é responsável exclusiva pelos encargos e recolhimentos previdenciários, acidentários, bem como salários, horas extras, décimo terceiro salário, FGTS, Imposto de Renda, Imposto sobre Serviços e afins, devidos por qualquer forma ao ANUENTE/CONTRATADA, já que a CONTRATADA é única responsável pelo vínculo laboral, com este e demais empregados seus isentando a CONTRATANTE de qualquer responsabilidade no tocante a tais encargos fiscais e previdenciários.

2.2. Além dos encargos discriminados no parágrafo anterior, é responsabilidade da CONTRATADA ainda, o Seguro de Vida dos empregados que a mesma utilizar na prestação de serviços, bem como efetuar as anotações em carteiras de trabalho e previdência social, consoante as normas da categoria profissional a que pertence os empregados, ficando facultado a CONTRATANTE a fiscalização necessária para a verificação do fiel cumprimento por parte da CONTRATADA desses ônus e obrigações.

2.3. O presente contrato não importa vínculo de ordem trabalhista entre o CONTRATANTE e os administradores, sócios, empregados ou prepostos da CONTRATADA, pois a mesma se considera, irrevogável e irretratavelmente, como prestadora de serviços sem qualquer subordinação ao CONTRATANTE, eis que pactuam ser cível a relação decorrente do presente contrato.

2.4. Caso a existência de vínculo trabalhista venha ser reconhecido, ainda que por decisão judicial obriga-se a CONTRATADA a indenizar o CONTRATANTE de todos os valores dispendidos em decorrência do reconhecimento do vínculo, inclusive custas judiciais e honorários de advogado, obrigando-se este pagamento nas 24 (vinte e quatro) horas seguintes a data em que a CONTRATANTE for notificada para cumprimento desta obrigação, é facultado à CONTRATANTE emitir letra de câmbio para formalizar o crédito que tem contra, a CONTRATADA, e que se reputa imediatamente e integralmente aceita, dispensando a prestação prévia de contas.

2.5. Não quitado o débito do vencimento, ficará o mesmo sujeito a correção monetária estabelecida pelo governo até a sua efetiva e integral liquidação, que se dará acrescida de juros de mora de 1% (um por cento) ao mês, e de multa de 10% (dez por cento) calculado sobre o valor do débito no pagamento e das despesas judiciais e extrajudiciais de cobrança.

2.6. A CONTRATADA responderá pela idoneidade técnica e moral de seus empregados ou prepostos, responsabilizando-se por qualquer dano que ocorrer a CONTRATANTE e/ou a terceiros decorrente da imprudência, negligência destes.

2.7. Os controladores atuais e futuros da CONTRATANTE responderão solidariamente com ela pelas obrigações aqui previstas e seus acréscimos sem benefício de ordem.

2.8. A CONTRATADA responderá ainda pela boa qualidade do serviço prestado, bem como respondendo pelos danos decorrentes de acidentes, ou ...

3. No agenciamento das propostas ou pedidos, a CONTRATANTE poderá exigir da CONTRATADA a apresentação de ficha cadastral ou de documentos relativos à idoneidade do cliente. A concretização do contrato poderá ser condicionada à aprovação, pela CONTRATANTE, da formalidade indicada nesta cláusula.

3.1. Na captação de publicidade comercial a CONTRATADA deverá observar a tabela de preços estabelecida pela CONTRATANTE, sendo vedada a concessão de abatimentos, descontos ou condições especiais sem prévia e expressa autorização desta, ou agir contrariamente às suas instruções.

3.2. A captação de publicidade comercial, ou patrocínio somente será tida por aceita, após a expressa manifestação da CONTRATANTE, aprovando as condições que forem estabelecidas.

4. Além dos deveres definidos neste contrato, constituem-se obrigações da CONTRATADA:

a) Atender no que for necessário as instruções estabelecidas pela CONTRATANTE através de manuais, avisos, cartas, comunicados, circulares, ofícios, propostas e outros mecanismos de informação;

b) Elaborar e encaminhar mensalmente a CONTRATANTE, se necessário, relatório sobre visitas e contatos efetivados com clientes e interessados, juntamente com cópias de correspondências a eles enviadas ou recebidas;

c) Manter em absoluto sigilo as informações técnicas e comerciais recebidas, principalmente as que envolverem negócios e produtos objetos da intermediação, além da reserva sobre as informações de caráter privado transmitidas pelos clientes e dirigidas à CONTRATANTE.

d) A CONTRATADA e o INTERVENIENTE se obrigam a não prestar, a quaisquer veículos de comunicação, declarações sobre assuntos internos da CONTRATANTE de que venham a ter conhecimento em razão do desempenho dos serviços contratados, que violem matéria considerada confidencial pela mesma, que atinja o seu negócio, direta ou indiretamente ou, ainda, que possam ser desabonadoras para a reputação desta última.

5. Constituem em deveres da CONTRATANTE, além das que forem indicadas neste contrato:

a) Fornecer à CONTRATADA os esclarecimentos e instruções necessárias para execução dos serviços de intermediação, captação e patrocínio;

b) Prestar, a seu exclusivo critério, auxílio e assistência na concretização das negociações.

6. Pelos serviços que serão prestados, a CONTRATADA/ANUENTE será remunerada pela CONTRATANTE na forma de percepção de comissões, nos percentuais e condições constantes do Anexo 1 (Exemplo), que faz parte integrante do presente contrato de prestação de serviços.

7. Será de integral responsabilidade da CONTRATADA o pagamento dos tributos e contribuições que incidam ou venham a incidir sobre os serviços prestados e os valores recebidos.

8. Encaminhados os pedidos ou propostas de aquisição de espaços de publicidade comercial ou de patrocínio, devidamente instruídas e observadas as exigências contidas neste contrato, a CONTRATANTE terá o prazo de cinco dias úteis para manifestar sua concordância e formalizar o negócio.

9. São causas de rescisão do contrato pela CONTRATANTE:

a) A prática, pela CONTRATADA ou por seus empregados, prepostos ou terceiros por ela nomeados, das infrações previstas pelo art. 19 da Lei n. 4.886/65, com as alterações da Lei n. 8.420 de 8 de maio de 1992;

b) A ocorrência de qualquer das hipóteses descritas pelo art. 35 da Lei n. 4.886/65, com as alterações da Lei n. 8.420 de 8 de maio de 1992;

c) A insolvência, concordata ou falência da CONTRATADA ou de seus sócios;

d) O descumprimento, pela CONTRATADA, de qualquer das cláusulas contratuais.

10. São causas de rescisão do contrato pela CONTRATADA:

a) A ocorrência de qualquer das hipóteses definidas pelo art. 36 da Lei n. 4.886/65, com as alterações da Lei n. 8.420 de 8 de maio de 1992;

b) Incorrendo a CONTRATANTE em insolvência, concordata ou falência;

c) O descumprimento, pela CONTRATANTE, de qualquer das cláusulas contratuais.

11. Ressalvadas as hipóteses de rescisão previstas pelo art. 35 da Lei n. 4.886/65, com as alterações da Lei n. 8.420 de 8 de maio de 1992, e das situações definidas pela cláusula nona, nas demais a CONTRATADA perceberá indenização correspondente a 1/12 (um doze avos), do total nominal das comissões auferidas durante o período em que exerceu a representação, intermediação, captação e patrocínio.

12. Ocorrendo justo motivo para a rescisão, a CONTRATANTE poderá promover a retenção das comissões devidas, nos termos do art. 37 da Lei n. 4.886/65, com as alterações da Lei n. 8.420 de 8 de maio de 1992.

13. O presente contrato é estabelecido sem a condição de exclusividade na prestação do serviço para a CONTRATANTE dentro da atividade de representação objeto deste contrato. A CONTRATADA poderá exercer a atividade de intermediação de representação a terceiros, desde que esta não se demonstre igual, semelhante, concorrencial ou prejudicial à CONTRATANTE.

14. Excetuadas aquelas expressamente autorizadas e assumidas pela CONTRATANTE, as despesas necessárias com a promoção, intermediação e representação, assim como as do cumprimento das obrigações oriundas deste contrato são de responsabilidade da CONTRATADA.

15. O presente contrato terá por termo inicial de vigência a data ... de ... de ..., com término previsto para ... de ... de ..., ou será por prazo indeterminado podendo ser rescindido por qualquer das partes, mediante aviso de trinta dias. Recebido o aviso de

rescisão, a CONTRATADA não mais poderá desenvolver as atividades de captação, devendo limitar-se a concluir os negócios em desenvolvimento.

16. As situações omissas serão solucionadas pelas partes observadas as disposições da Lei n. 4.886, de 09 de dezembro de 1965, com as alterações da Lei n. 8.420, de 08 de maio de 1992, aplicadas subsidiariamente a este contrato.

17. A CONTRATADA e o INTERVENIENTE se obrigam a não prestar, a quaisquer veículos de comunicação ou pessoas, declarações sobre assuntos internos da CONTRATANTE de que venham a ter conhecimento em razão do desempenho dos serviços contratados, que violem matéria considerada confidencial pela mesma, que atinja o seu negócio, direta ou indiretamente ou, ainda, que possam ser desabonadoras para a reputação desta última.

18. Fica eleito o foro da comarca de ..., para dirimir quaisquer dúvidas resultantes deste contrato, renunciando-se outro, por mais privilegiado que seja.

E, por estarem justos e contratados, firmam o presente em quatro vias, para que possa produzir seus jurídicos efeitos.

Local e data

...

CONTRATANTE

...

CONTRATADA

...

ANUENTE

6. Modelo de contrato empregada doméstica

O presente Contrato é firmado entre [Nome do Empregador], residente e domiciliado na [endereço do empregador], inscrito no CPF sob o número ... (doravante denominado (a) "EMPREGADORA"), e [Nome da Empregada], brasileira, empregada doméstica, residente e domiciliado na [Endereço da Empregada], portador(a) da CTPS n. ... (doravante denominada "EMPREGADA").

As Partes concordam em firmar o presente Contrato de Trabalho ("Contrato"), nos seguintes termos e condições:

1. Duração e Período de Experiência

1.1. O presente contrato é firmado por um período de experiência de ... dias, prorrogável expressa ou tacitamente por mais ... dias [os dois prazos somados não podem ultrapassar 90 dias]. Permanecendo a EMPREGADA a serviço da EMPREGADORA após o término do período de experiência, o presente contrato passará a vigorar por tempo indeterminado e será igualmente regido pelas cláusulas do presente instrumento.

1.2. Sua data de início será [incluir data de início].

2. Condução ao Cargo e Obrigações

2.1. A EMPREGADA deverá desempenhar as obrigações inerentes ao cargo de empregado doméstico e babá, que consistem principalmente, mas não exclusivamente, em tudo que se refere à criança e ao cuidado com a casa, incluindo lavar e passar roupa e fazer comida.

2.2. A EMPREGADA concorda que, durante a vigência do presente contrato, a exclusivo critério da EMPREGADORA, poderá ser requisitado para desempenhar outras atividades em âmbito domiciliar, desde que compatíveis com suas qualificações.

3. Salário

3.1. A EMPREGADORA pagará à EMPREGADA o salário fixo mensal no valor de R$ ..., que será reajustado de acordo com as disposições legais e normas coletivas de trabalho aplicáveis.

3.2 Serão descontados do salário mensal da EMPREGADA o percentual de 6%, caso necessite de vale-transporte a ser utilizado durante o mês para locomoção residência--trabalho — residência, nos termos dos arts. 9º e 11º do Decreto n. 95.247/87 e 8% de contribuição ao INSS, conforme arts. 11, II, e 14, II, da Lei n. 8.213/91 e arts. 12, II, e 15, II, n. 8.212/91 c/c Portaria interministerial MPS/MF N. 15/2013.

4. Local de trabalho

4.1. A EMPREGADA exercerá suas funções no domicílio do empregador situado no endereço indicado no preâmbulo deste Contrato, bem como em outros locais determinados pelo empregador para acompanhamento da criança.

5. Jornada de trabalho

5.1. A EMPREGADA trabalhará de ... a ... [definir se é de segunda a sexta ou segunda a sábado ou algo distinto] tendo a sua jornada início às ... hs e término às ... hs, com intervalo para repouso e refeição de ... hs às ... hs [a jornada deve ser de no máximo 44 horas por semana e no máximo 10 horas em cada dia; o intervalo não poderá ser inferior a uma hora nem superior a duas horas], podendo variar de acordo com a cláusula 5.2 abaixo.

5.2. EMPREGADORA e EMPREGADA concordam que a jornada da EMPREGADA poderá variar em cada semana desde que respeitados os limites de 10 (dez) horas de trabalho por dia e 44 (quarenta e quatro) horas de trabalho por semana, através da compensação de jornadas diárias dentro da mesma semana, de modo que o excesso de jornada em um dia seja compensado com a redução na mesma proporção em outro dia.

5.3 As horas extras deverão ser pagas com acréscimo de 50% sobre o valor da hora normal, salvo quanto àquelas realizadas em dias de repouso, que deverão ser pagas com adicional de 100%, devendo ser considerados para fins de INSS e FGTS, este último quando for regulamentado e se tornar devido. O valor da hora normal será calculado com base no divisor 220.

5.4 A EMPREGADA terá direito ao seu repouso semanal remunerado, que será gozado sempre aos domingos, como também ao gozo dos feriados civis e religiosos;

5.5 Em virtude do grande deslocamento entre sua residência e o local de trabalho e as horas que seriam gastas todos os dias para tanto, a EMPREGADA opta por dormir na residência da EMPREGADORA, ficando estabelecido que todo o período entre as jornadas de trabalho efetivos em um dia e outro será destinado exclusivamente ao seu descanso, não se encontrando nesse caso à disposição ou aguardando ordens da EMPREGADORA, razão pela quel nenhum valor adicional ser-lhe-á devido por esse motivo.

E, estando justas e acordadas, as Partes firmam o presente instrumento em 2 vias de igual teor e forma, perante as testemunhas subscritas abaixo, para os devidos fins de direito.

[Local e Data]

_____

Empregador

Testemunhas:

_____

Nome:

RG:

_____

Empregado

_____

Nome:

RG:

4

eSocial

1. Introdução

Certamente, o e-Social é uma transição de cenário que se faz necessária. O investimento em torno do projeto é de R$ 100 milhões, aplicado predominantemente em tecnologia da informação para o desenvolvimento da plataforma que será desenvolvido por meio de técnicas avançadas de sistemas de informação.

Muito se fala sobre a complexidade do projeto, da quantidade de informações, das dificuldades de envio, entre outros tantos empecilhos que os usuários do sistema têm encontrado. Toda mudança causa impactos, contudo, se olharmos para o cenário anterior ao início da vigência do eSocial vamos nos deparar com métodos obsoletos para a era digital, podemos citar como exemplo o armazenamento de dados que ainda nos dias atuais devem ser guardados, em meios frágeis como o papel, esse armazenamento passará a ser realizado em um ambiente público, seguro e sem custos para as empresas.

Várias obrigações acessórias surgiram em um tempo em que o processamento de dados não era para todos e tinha um valor alto, ou seja, poucas empresas conseguiam realizar os processos, entretanto todas essas mudanças foram de suma importância para chegarmos ao que temos nos dias atuais.

O CAGED foi instituído na década de 1960; em seguida, a RAIS entrou em vigor em 1970, e a DIRF só apareceu na década de 1980, somente a partir de 2000 quando a internet começou a se expandir essas declarações começaram a ser entregues via *web*, o que também foi um processo gradativo. A GFIP que iniciou seu ciclo nos anos 1990, revolucionou a forma de conceder benefícios, hoje o processo para uma pessoa conseguir aposentadoria por tempo de serviço, por exemplo, é rápido, pois as informações chegam de forma mais rápida aos órgãos. Essas declarações são entregues até os dias atuais e deixaram de existir com a entrada do eSocial, pois não acompanham a necessidade da rapidez com que as informações precisam ser transmitidas e se interligarem.

O SPED (Sistema Público de Escrituração Digital), instituído pelo Decreto n. 6022/2007, modernizou a forma de envio das informações fiscais e contábeis, a Nota Fiscal Eletrônica é uma prova disso e agora trabalha para mais um avanço em um de seus módulos.

Para ampliar ainda mais a visão destes dois cenários, vejamos o esquema a seguir:

Figura 1. Mudanças de cenário: saída do modelo atual e entrada do e-Social

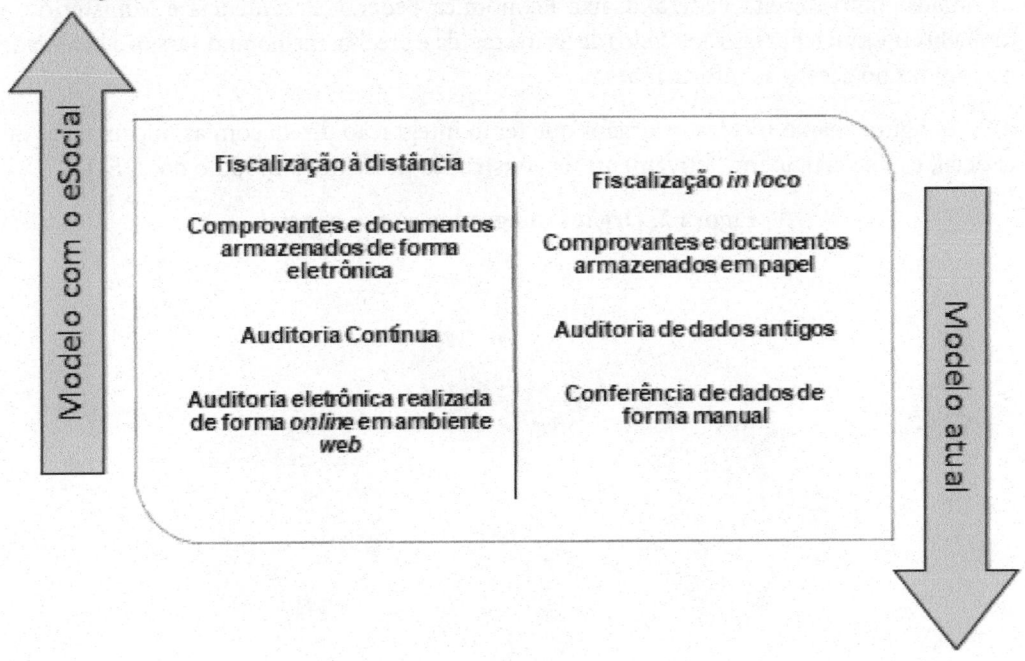

Modelo com o eSocial:
- Fiscalização à distância
- Comprovantes e documentos armazenados de forma eletrônica
- Auditoria Contínua
- Auditoria eletrônica realizada de forma *online* em ambiente web

Modelo atual:
- Fiscalização *in loco*
- Comprovantes e documentos armazenados em papel
- Auditoria de dados antigos
- Conferência de dados de forma manual

Fonte: Esquema elaborado pelos autores.

2. Conhecendo o eSocial

2.1. Conceito de eSocial

O eSocial (Sistema de Escrituração Digital das Obrigações fiscais, previdenciárias e trabalhistas), é uma obrigação acessória instituída pelo Decreto-lei n. 8.373/14, que tem por finalidade realizar a gestão das obrigações trabalhistas, fiscais e previdenciárias de modo unificado.

O eSocial é um grande banco de dados criado com o intuito de agilizar o processo de envio de informações, e tornar a fiscalização mais precisa no âmbito trabalhista.

A definição e composição do eSocial está expressa no art. 2º do Decreto n. 8.373/14:

Art. 2º O eSocial é o instrumento de unificação da prestação das informações referentes à escrituração das obrigações fiscais, previdenciárias e trabalhistas e tem por finalidade padronizar sua transmissão, validação, armazenamento e distribuição, constituindo ambiente nacional composto por:

I – escrituração digital, contendo informações fiscais, previdenciárias e trabalhistas;

II – aplicação para preenchimento, geração, transmissão, recepção, validação e distribuição da escrituração; e

III – repositório nacional, contendo o armazenamento da escrituração.

Considerado um dos braços do SPED (Sistema Público de Escrituração Digital), esse novo projeto do Governo Federal tem como objetivo centralizar as informações para que os órgãos como Receita Federal, Caixa Econômica Federal, Previdência e Ministério do Trabalho, possam ter acesso aos dados de forma rápida e precisa, melhorando assim a qualidade e a rapidez no acesso às informações.

A figura abaixo mostra os órgãos que terão integração direta com as informações do eSocial, e que participam efetivamente da construção desse novo módulo do SPED.

Figura 2. Órgãos integrados com o eSocial

Fonte: Esquema elaborado pelos autores.

Tendo um sistema de informações unificado, não será necessário o preenchimento de outras obrigações acessórias e formulários que atualmente são preenchidas (exemplos GFIP, DIRF, RAIS, CAT). As informações serão prestadas conforme ocorrerem e serão encaminhadas pelo eSocial aos órgãos competentes, com maior segurança.

O eSocial já é uma obrigação para os empregadores domésticos, e com sua vigência será obrigatório para todos os empregadores (pessoas físicas ou jurídicas), isso inclui órgãos públicos e autarquias, empresas que mesmo sem empregados possuam CNPJ ativo, segurados especiais, produtor rural e o MEI (Microempreendedor Individual) que possuir empregados. Conforme define o art. 2º do Decreto n. 8.373/14.

Art.2º (...)

§ 1º A prestação das informações ao eSocial substituirá, na forma disciplinada pelos órgãos ou entidades partícipes, a obrigação de entrega das mesmas informações em outros formulários e declarações a que estão sujeitos:

I – o empregador, inclusive o doméstico, a empresa e os que forem a eles equiparados em lei;

II – o segurado especial, inclusive em relação a trabalhadores que lhe prestem serviço;

III – as pessoas jurídicas de direito público da União, dos Estados, do Distrito Federal e dos Municípios; e

IV – as demais pessoas jurídicas e físicas que pagarem ou creditarem por si rendimentos sobre os quais tenha incidido retenção do Imposto sobre a Renda Retido na Fonte — IRRF, ainda que em um único mês do ano-calendário.

2.2. Objetivos do eSocial

O eSocial atinge três grandes grupos: empregados, empregadores e o governo, para cada um deles essa inovação atingirá de um modo distinto. Vejamos a seguir o objetivo com que este programa atingirá cada um deles.

Empregados e Trabalhadores: Apesar da legislação trabalhista garantir direitos aos empregados e trabalhadores, nem sempre a fiscalização é eficaz ao ponto de realmente assegurar que a mesma está sendo cumprida, por diversos fatores, como por exemplo a quantidade alta do número de empregadores e a forma com que são apurados os dados trabalhistas e previdenciários pelos órgãos competentes. O eSocial dispõe como um de seus objetivos garantir que os direitos trabalhistas sejam cumpridos. Com a fiscalização sendo realizada de forma mais rápida e minuciosa, os empregadores terão precaução na tratativa dos procedimentos relacionados à essa área.

Os empregados e trabalhadores podem aguardar uma mudança na forma de como serão concedidos os benefícios previdenciários, com a integração das informações, adquirir benefícios se tornará mais rápido, assim como a GFIP transformou o modo de conceder esse benefício anos atrás, o eSocial tornará ainda mais prático esse processo.

Empregador: o intuito do eSocial é simplificar os processos para as empresas. Sem dúvidas isso ocorrerá, contudo levará um tempo maior que o esperado para que tudo funcione como esperado, sem questionamentos e com facilidade. Como toda mudança ela causará impactos e mudanças que podem demorar um pouco para ocorrer efetivamente pois lidamos com uma cultura de muitos anos nos ambientes coorporativos.

Será necessário o ajuste dos processos, mudança na infraestrutura de tecnologia e até a contratação de mão obra com especialização no eSocial, já que as obrigações acessórias vigentes permanecerão até 2019. Assim que ajustado, executado e compreendido em todos os seus pontos, com certeza esse objetivo será atingido com sucesso, todavia, alguns anos serão necessários para que esse processo chegue ao patamar esperado.

Governo: o eSocial é um projeto do próprio Governo Federal, por isso é o grupo de maior interesse na implantação do eSocial, pois poderá controlar e reduzir a inadimplência de tributos, a sonegação, a fraude, aumentando consequente as arrecadações de tributos.

2.3. Princípios do eSocial

Os princípios do eSocial estão expressos no art. 3º do Decreto n. 8.373/14:

Art. 3º O eSocial rege-se pelos seguintes princípios:

I – viabilizar a garantia de direitos previdenciários e trabalhistas;

II – racionalizar e simplificar o cumprimento de obrigações;

III – eliminar a redundância nas informações prestadas pelas pessoas físicas e jurídicas;

IV – aprimorar a qualidade de informações das relações de trabalho, previdenciárias e tributárias; e

V – conferir tratamento diferenciado às microempresas e empresas de pequeno porte.

2.4. Acesso ao eSocial

Para conectar-se ao portal do eSocial, basta acessar o endereço: <https://portal.esocial.gov.br/>. Neste portal você poderá encontrar toda a documentação técnica, área de testes, notícias sobre o eSocial, manual do eSocial, legislação, documentação técnica, além de dar acesso ao *link* de acesso para *login* de pessoas jurídicas e físicas, que também pode ser acessado pelo *link* direto: <https://login.esocial.gov.br/login.aspx>.

O acesso ao eSocial deve ser realizado através de certificado digital, pertencente a série "A", podendo ser do tipo A1 ou A3, o mesmo deve ser emitido por Autoridade Certificadora credenciada pela Infraestrutura de Chaves Públicas Brasileira — ICP-Brasil. Todavia alguns empregadores podem utilizar como alternativa gerar um código de acesso ao Portal do eSocial são eles: o MEI (Microempreendedor Individual) com empregado, o segurado especial e o empregado doméstico; a ME (Microempresa) e a EPP (Empresa de Pequeno Porte) optantes pelo Simples Nacional, que possuam até 01 empregado, não incluídos os empregados afastados em razão de aposentadoria por invalidez; e o contribuinte individual equiparado à empresa e o produtor rural pessoa física que possuam até 07 empregados, não incluídos os empregados afastados em razão de aposentadoria por invalidez.

Os certificados serão utilizados em dois momentos no eSocial, antes de ser iniciada a transmissão das informações ao sistema assegurando a segurança do tráfego de informações, e para a assinatura de documentos, no caso de pessoas jurídicas, mesmo que os eventos sejam gerados por qualquer estabelecimento ou pelo procurador o certificado digital deve pertencer a matriz ou ao representante legal desta ou ao procurador/substabelecido, outorgado por meio de procuração eletrônica e não eletrônica. Tratando-se de empregadores pessoas físicas, os eventos deverão ser gerados pelo próprio empregador ou seu procurador ou, ainda, o procurador/substabelecido, outorgado por meio de procuração eletrônica e não eletrônica, assinados, em todos os casos, por meio de certificado digital.

2.5. Legislação eSocial

O eSocial é formado por dois órgãos que são responsáveis pelas regras, manuais, tabelas, leiautes, datas de vigência, Comitê Diretivo Gestor e Comitê Gestor do eSocial.

O Comitê Diretivo do eSocial é composto por secretários executivos de alguns órgãos relacionados ao eSocial, conforme podemos averiguar no art. 4º do Decreto n. 8.373/14:

Art. 4º Fica instituído o Comitê Diretivo do eSocial, composto pelos Secretários-Executivos dos seguintes órgãos:

I – Ministério da Fazenda;

II – Ministério da Previdência Social;

III – Ministério do Trabalho e Emprego; e

IV – Secretaria da Micro e Pequena Empresa da Presidência da República.

O Comitê Diretivo é responsável pelos seguintes procedimentos retratados no art. 4º, § 1º, do Decreto n. 8.373/14:

Art. 4º (...)

§ 1º Ao Comitê Diretivo, com coordenação exercida alternadamente por período de um ano, compete:

I – estabelecer o prazo máximo da substituição de que trata o § 1º do art. 2º.

II – estabelecer diretrizes gerais e formular as políticas referentes ao eSocial;

III – acompanhar e avaliar a implementação das diretrizes gerais e políticas do eSocial;

IV – propor o orçamento e acompanhar a execução das ações referentes ao eSocial e das integrações dele decorrentes;

V – propor ações e parcerias para comunicação, divulgação e aperfeiçoamento do eSocial entre os empregadores e empregados;

VI – propor ajustes nos processos de trabalhos dos órgãos, visando à melhoria da qualidade da informação e dos serviços prestados à sociedade; e

VII – decidir, em última instância administrativa, mediante representação do subcomitê temático específico e após oitiva do Comitê Gestor, sobre proposições não implementadas no âmbito de suas atribuições, discriminadas no § 1º do art. 6º.

Todas as decisões do Comitê Diretivo são tomadas por consenso e devem ser formalizadas por meio de uma resolução (art. 4º, § 2º, do Decreto n. 8.373/14).

O art. 5º do Decreto n. 8.373/14 institui que o Comitê Gestor do eSocial deve ser composto por representantes dos seguintes órgãos:

Art. 5º Fica instituído o Comitê Gestor do eSocial, formado por representantes dos seguintes órgãos:

I – Ministério do Trabalho e Emprego;

II – Ministério da Previdência Social;

III – Secretaria da Receita Federal do Brasil;

IV – Instituto Nacional do Seguro Social — INSS; e

V – Conselho Curador do FGTS, representado pela Caixa Econômica Federal, na qualidade de agente operador do FGTS.

Ainda em seu art. 5º, § 1º, do Decreto n. 8.373/14, são definidas as competências que ficam a cargo do Comitê Gestor do eSocial:

§ 1º Compete ao Comitê Gestor

I – estabelecer diretrizes para o funcionamento e a divulgação do ambiente nacional;

II – especificar, desenvolver, implantar e manter o ambiente nacional;

III – promover a integração com os demais módulos do sistema;

IV – auxiliar e regular o compartilhamento e a utilização das informações armazenadas no ambiente nacional do eSocial; e

V – aprovar o Manual de Orientação do eSocial e suas atualizações.

Toda a legislação relacionada ao eSocial pode ser encontrada no portal do eSocial na aba correspondente ao link Legislação, neste ambiente poderá ser encontrado todas as resoluções, tanto do Comitê Diretivo quanto do Comitê Gestor do eSocial, além de circulares da Caixa e outras leis pertinentes relacionadas ao eSocial.

Para melhor entendimento da complexidade do projeto, listamos abaixo toda a legislação que envolve o eSocial, conforme consta no portal.

2.6. Resoluções do Comitê Diretivo do eSocial

RESOLUÇÃO DO COMITÊ DIRETIVO DO ESOCIAL N. 4, DE 04 DE JULHO DE 2018 — Altera a Resolução do Comitê Diretivo do eSocial n. 2, de 30 de agosto de 2016, que dispõe sobre o Sistema de Escrituração Digital das Obrigações Fiscais, Previdenciárias e Trabalhistas (eSocial).

RESOLUÇÃO DO COMITÊ DIRETIVO DO ESOCIAL N. 3, DE 29 DE NOVEMBRO DE 2017 — Dispõe sobre o Sistema de Escrituração Digital das Obrigações Fiscais, Previdenciárias e Trabalhistas (eSocial).

RESOLUÇÃO DO COMITÊ DIRETIVO DO ESOCIAL N. 2, DE 30 DE AGOSTO DE 2016 — Dispõe sobre o Sistema de Escrituração Digital das Obrigações Fiscais, Previdenciárias e Trabalhistas (eSocial).

RESOLUÇÃO DO COMITÊ DIRETIVO DO ESOCIAL N. 1, DE 24 DE JUNHO DE 2015 — Dispõe sobre o Sistema de Escrituração Digital das Obrigações Fiscais, Previdenciárias e Trabalhistas (eSocial).

2.7. Resoluções do Comitê Gestor do eSocial

RESOLUÇÃO DO COMITÊ GESTOR DO ESOCIAL n. 17, DE 02 DE JULHO DE 2018 — Aprova a versão 2.4.02 do Manual de Orientação do eSocial.

RESOLUÇÃO DO COMITÊ GESTOR DO ESOCIAL n. 16, DE 12 DE JUNHO DE 2018 — Institui o Subcomitê de Atendimento.

RESOLUÇÃO DO COMITÊ GESTOR DO ESOCIAL n. 15, DE 12 DE JUNHO DE 2018 — Regulamenta a forma de divulgação de novas versões corretivas e evolutivas dos leiautes e manuais do eSocial.

RESOLUÇÃO DO COMITÊ GESTOR DO ESOCIAL n. 14, DE 15 DE MAIO DE 2018 — Institui o Subcomitê de Comunicação.

RESOLUÇÃO DO COMITÊ GESTOR DO ESOCIAL n. 13, DE 06 DE MARÇO DE 2018 — Aprova o leiaute 2.4.02 do eSocial.

RESOLUÇÃO DO COMITÊ GESTOR DO ESOCIAL n. 12, DE 12 DE DEZEMBRO DE 2017 — Aprova o leiaute 2.4.01 do eSocial.

RESOLUÇÃO DO COMITÊ GESTOR DO ESOCIAL n. 11, DE 14 DE SETEMBRO DE 2017 — Publicar o leiaute da versão 2.4 do eSocial que incorpora as mudanças de legislação trabalhista.

RESOLUÇÃO DO COMITÊ GESTOR DO ESOCIAL N. 10, DE 05 DE JULHO DE 2017 — Dispõe sobre a aprovação de nova versão dos Leiautes do eSocial.

RESOLUÇÃO DO COMITÊ GESTOR DO ESOCIAL N. 9, DE 21 DE JUNHO DE 2017 — Dispõe sobre o ambiente de produção restrita, que inicia a fase de testes do projeto eSocial para as empresas.

RESOLUÇÃO DO COMITÊ GESTOR DO ESOCIAL N. 8, DE 15 DE MAIO DE 2017 — Dispõe sobre a aprovação de nova versão dos Leiautes do eSocial.

RESOLUÇÃO DO COMITÊ GESTOR DO ESOCIAL N. 7, DE 16 DE MARÇO DE 2017 — Dispõe sobre a aprovação de nova versão dos Leiautes do eSocial.

RESOLUÇÃO DO COMITÊ GESTOR DO ESOCIAL N. 6, DE 28 DE SETEMBRO DE 2016 — Dispõe sobre a aprovação de nova versão do Manual de Orientação do Sistema de Escrituração Digital das Obrigações Fiscais, Previdenciárias e Trabalhistas (eSocial).

RESOLUÇÃO DO COMITÊ GESTOR DO ESOCIAL N. 5, DE 02 DE SETEMBRO DE 2016 — Dispõe sobre a aprovação de nova versão do Leiaute do eSocial – Sistema de Escrituração Digital das Obrigações Fiscais, Previdenciárias e Trabalhistas.

RESOLUÇÃO DO COMITÊ GESTOR DO ESOCIAL N. 4, DE 20 DE AGOSTO DE 2015 — Dispõe sobre a liberação do Módulo Consulta Qualificação Cadastral on-line para atendimento do Sistema de Escrituração Digital das Obrigações Fiscais, Previdenciárias e Trabalhistas (eSocial).

RESOLUÇÃO DO COMITÊ GESTOR DO ESOCIAL N. 3, DE 27 DE JULHO DE 2015 — Dispõe sobre o tratamento diferenciado, simplificado e favorecido a ser dispensado às Microempresas e Empresas de Pequeno Porte no âmbito do Sistema de Escrituração Digital das Obrigações Fiscais, Previdenciárias e Trabalhistas (eSocial).

RESOLUÇÃO DO COMITÊ GESTOR DO ESOCIAL N. 2, DE 03 DE JULHO DE 2015 — Dispõe sobre aprovação de nova versão do Manual de Orientação do eSocial.

RESOLUÇÃO DO COMITÊ GESTOR DO ESOCIAL N. 1, DE 20 DE FEVEREIRO DE 2015 — Dispõe sobre o Sistema de Escrituração Digital das Obrigações Fiscais, Previdenciárias e Trabalhistas (eSocial).

2.8. Circulares da CAIXA

CIRCULAR CAIXA N. 818, DE 30 DE JULHO DE 2018 — Dispõe sobre os procedimentos pertinentes à geração e arrecadação da guia de recolhimento mensal e rescisório do FGTS durante período de adaptação à obrigatoriedade à prestação de informações pelo eSocial.

CIRCULAR CAIXA n. 761, DE 12 DE ABRIL DE 2017 — Aprovar e divulgar o cronograma de implantação do eSocial e o Leiaute eSocial versão 2.2.01.

CIRCULAR CAIXA N.. 760, 30 de MARÇO de 2017 — Estabelece a certificação digital emitida no modelo ICP-Brasil, de acordo com a legislação em vigor, como forma de acesso ao canal eletrônico de relacionamento Conectividade Social.

CIRCULAR CAIXA N. 758, 27 DE MARÇO DE 2017 — Divulga a versão 4 do Manual de Orientação ao Empregador – Recolhimentos Mensais e Rescisórios ao FGTS e das Contribuições Sociais.

CIRCULAR CAIXA N. 757, 27 DE MARÇO DE 2017 — Divulga a versão 2 do Manual de Orientação – Retificação de Dados, Transferência de Contas Vinculadas e Devolução de Valores Recolhidos a Maior, como instrumento disciplinador dos procedimentos pertinentes, junto ao FGTS.

2.9. Outras leis e instrumentos normativos

DECRETO-LEI N. 5.452, DE 1º DE MAIO DE 1943 — Aprova a Consolidação das Leis do Trabalho.

DECRETO N. 8.373, DE 11 DE DEZEMBRO DE 2014 — Institui o Sistema de Escrituração Digital das Obrigações Fiscais, Previdenciárias e Trabalhistas – eSocial e dá outras providências.

LEI N. 8.036, DE 11 DE MAIO DE 1990 — Dispõe sobre o Fundo de Garantia do Tempo de Serviço, e dá outras providências.

LEI N. 8.212, DE 24 DE JULHO DE 1991 — Dispõe sobre a organização da Seguridade Social, institui Plano de Custeio, e dá outras providências.

LEI N. 8.213, DE 24 DE JULHO DE 1991 — Dispõe sobre os Planos de Benefícios da Previdência Social e dá outras providências.

DECRETO No 3.048, DE 6 DE MAIO DE 1999 — Aprova o Regulamento da Previdência Social, e dá outras providências.

LEI COMPLEMENTAR N. 150, DE 1º DE JUNHO DE 2015 — Dispõe sobre o contrato de trabalho doméstico.

EMENDA CONSTITUCIONAL N. 72, DE 2 DE ABRIL DE 2013 — Altera a redação do parágrafo único do art. 7º da Constituição Federal para estabelecer a igualdade de direitos trabalhistas entre os trabalhadores domésticos e os demais trabalhadores urbanos e rurais.

CONSTITUIÇÃO FEDERAL DE 1988 — Constituição Federal de 1988.

RESOLUÇÃO N. 780, DE 24 DE SETEMBRO DE 2015 — Regulamenta a inclusão do empregado doméstico no FGTS na forma da Lei Complementar n. 150, de 1º de junho de 2015.

RESOLUÇÃO CODEFAT N. 754 DE 26.08.2015 — Regulamenta os procedimentos para habilitação e concessão de Seguro-Desemprego para empregados domésticos dispensados sem justa causa na forma do art. 26 da Lei Complementar n. 150, de 1º de junho de 2015.

NOTA EXPLICATIVA SOBRE DESLIGAMENTO — Procedimentos para aplicar na folha de pagamento do eSocial, para realizar os recolhimentos de trabalhadores desligados antes de 8.3.2016.

PORTARIA MF n. 15 – Reajuste INSS e Salário Família 2018.pdf.

O eSocial não altera as leis trabalhistas atuais, apenas o modo de fiscalizá-las. Atualmente, as fiscalizações ocorrem, em sua maioria, por meio de denúncias, visto que, o número de auditores é insuficiente para analisar toda a demanda de obrigações exigidas por lei. Com o eSocial, o cruzamento das informações torna quase que automática a fiscalização, deixando de existir a necessidade de um auditor comparecer a empresa para realizar a auditoria, salvo em alguns casos nos quais a presença física do auditor seja indispensável.

Ainda que o objetivo seja realizar a fiscalização com o cruzamento de dados e de forma automática, trata-se de uma novidade para todos, inclusive para os órgãos envolvidos, assim sendo, fique atento com as informações enviadas e retifique caso haja necessidade, dado que, o prazo para autuação permanece de 5 anos e poderá interferir no envio das novas obrigações acessórias, assunto esse que veremos mais adiante.

2.10. Informações técnicas do eSocial

As informações técnicas do eSocial, apesar de parecerem ser de conhecimento específico para desenvolvedores de *softwares*, acredita-se que no cotidiano de um profissional de departamento pessoal, que vai lidar com o ambiente de testes e o envio do eSocial, é um diferencial saber entender os leiautes dos eventos.

Vale ressaltar que todos os sistemas ainda estão em desenvolvimento para a parametrização do eSocial, e conhecer as informações técnicas auxiliará a saber se o sistema utilizado pela empresa está adaptado aos eventos do eSocial e se está realizando o cruzamento de informações de forma correta.

2.11. Leiautes do eSocial

Cada evento é representado por um leiaute, esse leiaute é padronizado por evento e modela as informações que devem conter em cada campo. Aprender a ler os leiautes do eSocial agiliza o processo de envio dos eventos e possíveis correções de inconsistências, pois fica mais fácil identificar onde está o erro e corrigi-lo.

O leiaute de cada evento é formado por duas tabelas: tabela de resumo dos registros e a tabela que contém o detalhamento dos registros e seus elementos, relacionando campo a campo.

A Tabela de Resumo dos Registros é formada por alguns conceitos principais como exemplifica o Manual do eSocial:

Registro (Reg) – Conjuntos de informações logicamente relacionados, que comportam dados de tipos diferentes: literal, numérico e lógico.

Pai – Identifica o grupo de informações hierarquicamente superior ao qual o campo está vinculado. O registro dependente é o detalhamento das informações do grupo do respectivo pai.

Nível – É a hierarquia a qual pertence cada registro.

Descrição (Desc) – Descreve as informações que farão parte do registro.

Ocorrência (Ocor) – os indicativos desta coluna são compostos por dois numerais separados entre si por um hífen. O numeral da esquerda indica a quantidade mínima de registros e o numeral da direita, a quantidade máxima. Se a quantidade mínima é zero, o empregador/contribuinte somente deverá prestar informação se, de fato, ela existir, caso contrário nada deve ser informado, nem mesmo informação zerada. Se o numeral da direita indicar um valor entre 1 e 99, o limite máximo de registros de informações será 99.

Chave – É o conjunto de um ou mais campos, cujo conteúdo, considerando a sua combinação, nunca se repete e pode ser usado como um índice para os demais campos da tabela do banco de dados.

Condição – refere-se à obrigatoriedade ou não da existência de registro para determinado grupo de informações. As condições podem ser:

- "O" = obrigatoriedade de prestação de informações naquele grupo;
- "N" = não pode ser informado;
- "F" = facultativo;
- "OC" = obrigatório se existir informação.

Em relação à condição, pode haver regras baseadas em informações prestadas em outros campos ou grupos. Por exemplo: "O" se tipo de inscrição for igual a CNPJ, ou seja, somente é obrigatório em determinada situação, sendo não obrigatório nas demais.

2.12. Campos dos leiautes

O nome dos campos será identificado sempre entre o símbolo "chaves". Exemplo: {nmCtt} que significa que naquele campo deve ser inserida o nome do contato do responsável pelas informações da empresa (Registro/ campo da linha 38).

2.13. Linhas dos leiautes

As linhas em negrito, não devem conter informações. São linhas que contém o tipo de informação que deve ser informada na linha seguinte. As linhas em que deve haver o preenchimento das informações são denominadas linhas em branco.

2.14. Regras de validação do eSocial

As regras de validação do eSocial, podem ser encontradas no documento Regras de validação (Anexo II do leiaute). Essas regras devem ser consultadas toda vez que houver alguma inconsistência na validação dos eventos.

2.15. Tabelas de domínio

As tabelas de domínio são tabelas existentes dentro dos eventos do eSocial e não devem ser confundidas com os eventos de tabela que estudaremos mais à frente. As tabelas de domínio possuem dados específicos que ajudam a compor os campos de um evento.

Veja a seguir as tabelas de domínio que compõe os eventos:

Tabela 1. Listagem de Tabelas de domínio do eSocial

TABELA	DESCRIÇÃO
Tabela 1	Categorias de Trabalhadores
Tabela 2	Financiamento da Aposent. Especial e Redução Tempo de Contribuição
Tabela 3	Natureza das Rubricas da Folha de Pagamento
Tabela 4	Códigos e Alíquotas de FPAS/Terceiros

TABELA	DESCRIÇÃO
Tabela 5	Tipos de Inscrição
Tabela 6	Países
Tabela 7	Tipos de Dependentes
Tabela 8	Classificação Tributária
Tabela 9	Tipos de Arquivo do eSocial
Tabela 10	Tipos de Lotação Tributária
Tabela 11	Compatibilidade entre Categoria de Trabalhadores, Classificação Tributária e Tipos de Lotação
Tabela 12	Compatibilidade entre Tipos de Lotação e Classificação Tributária
Tabela 13	Parte do corpo atingida
Tabela 14	Agente causador do Acidente de Trabalho
Tabela 15	Agente Causador/Situação Geradora de Doença Profissional
Tabela 16	Situação Geradora do Acidente de Trabalho
Tabela 17	Descrição da Natureza da Lesão
Tabela 18	Motivos de Afastamento
Tabela 19	Motivos de Desligamento
Tabela 20	Tipos de Logradouros
Tabela 21	Natureza Jurídica
Tabela 22	Compatibilidade entre FPAS e Classificação Tributária
Tabela 23	Fatores de Riscos do Meio Ambiente do Trabalho
Tabela 24	Codificação de Acidente de Trabalho
Tabela 25	Tipos de Benefícios Previdenciários
Tabela 26	Motivos de Cessação de Benefícios Previdenciários
Tabela 27	Procedimentos Diagnósticos
Tabela 28	Atividades Perigosas, Insalubres e/ou Especiais
Tabela 29	Treinamentos, Capacitações e Exercícios Simulados
Tabela 30	Programas, Planos e Documentos

Fonte: Manual do eSocial 2.4.2.

2.16. Sistemas simplificados para MEI

Como vimos, o ambiente do eSocial é muito complexo, fato que começou a preocupar os empresários de menor porte. Pensando nisso, o eSocial terá um ambiente simplificado para essas empresas, conforme determina o art. 1º, § 2º, do Decreto n. 8.373/14:

§ 2º A prestação de informação ao eSocial pelas microempresas e empresas de pequeno porte, conforme a Lei Complementar n. 123, de 15 de dezembro de 2006, e pelo Microempreendedor Individual — MEI será efetuada em sistema simplificado, compatível com as especificidades.

O MEI que não possua empregado não precisa entregar a obrigação acessória referente ao eSocial.

Os MEIs são empresas integrantes do grupo 2 do eSocial, mas terão uma flexibilização para envio das informações, podendo informar até novembro as fases 1 e 2 de implantação do eSocial.

O MEI poderá informar o eSocial de três formas, utilizando a que mais se enquadrar na realidade atual da empresa.

2.17. eSocial Web simplificado MEI

É um sistema que se assemelha ao ambiente eSocial oferecido ao empregador doméstico, funciona de forma *on-line*. Para o empregador MEI que opte por imputar as informações diretamente no sistema, essa é a melhor forma de envio. Não há a necessidade de possuir um certificado digital para obter acesso, que poderá ser realizado por meio do cadastramento de um código.

A ferramenta possibilita:

- Realizar cálculos automáticos;

- Integrar os eventos com a folha (férias, afastamentos, desligamentos etc.);

- facilitar o gerenciamento da folha de pagamento;

- facilitar a geração das guias de recolhimento.

2.18. eSocial módulo geral Web Empresas

Trata-se de um módulo mais avançado do eSocial e poderá ser utilizado por MEI que tiver uma situação jurídica não contemplada no sistema simplificado, é mais indicado para empregadores que possuam certa experiência com folha de pagamento e também não possui a obrigatoriedade do uso de certificado digital.

2.19. eSocial Web service

Sistema padrão de envio das informações ao eSocial, é necessário um sistema que realize a transmissão de informações em arquivos formato xml. Caso a gestão da folha de pagamento seja realizada por um contador, o empregador deverá realizar uma procuração eletrônica.

2.20. eSocial — Esclarecimento de dúvidas

Devido à alta demanda de dúvidas e questionamentos sobre o eSocial, os empregadores agora contam com a disposição de uma central de atendimento para o esclarecimento de dúvidas técnicas.

A central de atendimento está disponível através do número (0800-730-0888).

Horário de funcionamento: de segunda a sexta-feira, das 7h às 19h.

As ligações somente podem ser efetivadas através de um telefone fixo.

Vale lembrar que dúvidas pertinentes à legislação vigente não serão esclarecidas, a central serve unicamente para tirar dúvidas técnicas referentes ao eSocial. Caso o usuário possua dúvidas sobre legislação, a Receita Federal indica que o órgão envolvido na questão seja procurado para obter os esclarecimentos.

2.21. Multas e autuações

Qualquer obrigação acessória que deixe de ser cumprida dentro do prazo está sujeita à penalidade. Por enquanto, não há uma multa específica para o descumprimento do eSocial.

A Resolução n. 01 do Comitê Gestor do eSocial determina em seu art. 3º, § 9º:

§ 9º Aquele que deixar de prestar as informações no prazo fixado ou que a apresentar com incorreções ou omissões ficará sujeito às penalidades previstas na legislação.

O maior risco de multas que o eSocial pode acarretar, não é somente o da falta de envio da obrigação acessória e sim as multas que já existem relacionadas à legislação trabalhista, previdenciária, descumprimento de normas de Saúde e Segurança do Trabalho, recolhimentos indevidos de tributos. Com a facilidade de cruzamento de informações, as fiscalizações ficarão mais rápidas e, consequentemente, as autuações sofridas pela empresa, que poderão ser realizadas de forma praticamente simultânea ao envio, ou em até 5 anos como prevê a legislação vigente. Por isso, adeque seus processos à legislação vigente, antes da vigência do eSocial, evite multas e autuações.

3. Substituição de declarações e documentos no eSocial

Por meio do eSocial os empregadores utilizaram uma única forma de envio dos dados que devem ser comunicados aos órgãos do governo, substituindo 15 (quinze) obrigações como lista o próprio *site* do eSocial:

- **GFIP** – Guia de Recolhimento do FGTS e de Informações à Previdência Social;
- **CAGED** – Cadastro Geral de Empregados e Desempregados para controlar as admissões e demissões de empregados sob o regime da CLT;
- **RAIS** – Relação Anual de Informações Sociais;
- **LRE** – Livro de Registro de Empregados;
- **CAT** – Comunicação de Acidente de Trabalho;
- **CD** – Comunicação de Dispensa;
- **CTPS** – Carteira de Trabalho e Previdência Social;
- **PPP** – Perfil Profissiográfico Previdenciário;
- **DIRF** – Declaração do Imposto de Renda Retido na Fonte;
- **DCTF** – Declaração de Débitos e Créditos Tributários Federais;
- **QHT** – Quadro de Horário de Trabalho;

- **MANAD** – Manual Normativo de Arquivos Digitais;
- **GRF** – Guia de Recolhimento do FGTS;
- **GPS** – Guia da Previdência Social.

As declarações serão substituídas aos poucos e, durante algum tempo, mesmo com a implantação do eSocial, precisam ser entregues simultaneamente. Por se tratar de uma grande mudança ela será gradativa, o eSocial determinará quando essas obrigações deixarão de ser cumpridas, fique atento às notas informativas do Comitê Gestor, através do portal do eSocial.

3.1. Novas obrigações acessórias

O projeto do eSocial, como retratamos anteriormente, é volumoso e integra várias obrigações acessórias que serão extintas e, por esse motivo, junto com o eSocial haverá a entrada de novas obrigações acessórias mais detalhadas que serão instituídas pela RFB (Receita Federal Brasileira), que mudará a forma de como recolher as tributações.

3.2. EFD-Reinf

A EFD-Reinf (Escrituração Fiscal Digital de Retenções e Outras Informações Fiscais) é uma obrigação acessória que será transmitida ao SPED (Sistema Público de Escrituração Digital), sendo instituída pela IN RFB 1701/17, a mesma entrará em vigor quando o envio dos eventos periódicos do eSocial for obrigatório e será utilizada por pessoas jurídicas e físicas, como um complemento ao eSocial. Essa obrigação tem por finalidade gerar informações sobre rendimentos que possuam recolhimento tributário que não seja de empregados e contribuintes individuais (demais pessoas físicas e pessoas jurídicas).

Estão obrigados a prestar informações por meio da EFD-Reinf os seguintes contribuintes:

a) pessoas jurídicas que prestam e/ou que contratam serviços realizados mediante cessão de mão de obra nos termos do art. 31 da Lei n. 8.212, de 24 de julho de 1991;

b) pessoas jurídicas responsáveis pela retenção da Contribuição para o PIS/Pasep, da Contribuição para o Financiamento da Seguridade Social (Cofins) e da Contribuição Social sobre o Lucro Líquido (CSLL);

c) pessoas jurídicas optantes pelo recolhimento da Contribuição Previdenciária sobre a Receita Bruta (CPRB);

d) produtor rural pessoa jurídica e agroindústria quando sujeitos à contribuição previdenciária substitutiva sobre a receita bruta proveniente da comercialização da produção rural nos termos do art. 25 da Lei n. 8.870, de 15 de abril de 1994, na redação dada pela Lei n. 10.256, de 9 de julho de 2001 e do art. 22A da Lei n. 8.212, de 24 de julho de 1991, inserido pela Lei n. 10.256, de 9 de julho de 2001, respectivamente;

e) associações desportivas que mantenham equipe de futebol profissional que tenham recebido valores a título de patrocínio, licenciamento de uso de marcas e símbolos, publicidade, propaganda e transmissão de espetáculos desportivos;

f) empresa ou entidade patrocinadora que tenha destinado recursos à associação desportiva que mantenha equipe de futebol profissional a título de patrocínio, licenciamento de uso de marcas e símbolos, publicidade, propaganda e transmissão de espetáculos desportivos (Fonte: Manual da EFD-Reinf, p. 4, versão1.3).

Essa obrigação acessória possui basicamente a mesma estrutura do eSocial, formada por eventos, tabelas, sendo enviados por meio de um arquivo xml para um ambiente *web*.

A interação entre os setores também será necessária para o envio da EFD-Reinf, como podemos observar no esquema abaixo:

Figura 3 — Setores integrados a EFD-Reinf

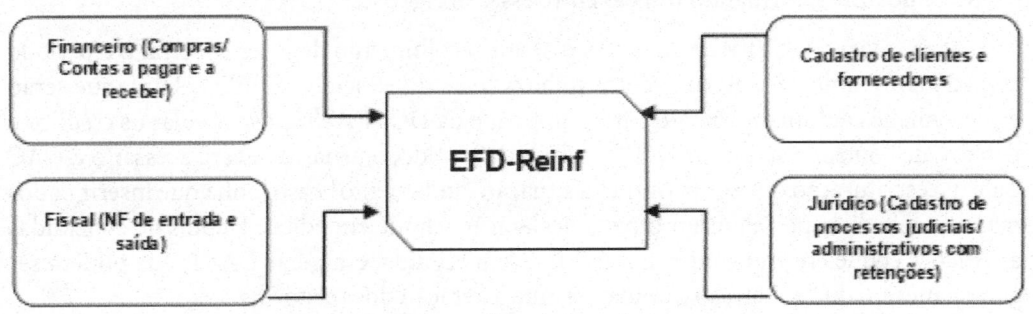

Fonte: Esquema elaborado pelos autores.

O cronograma de implantação da EFD-REINF acompanha as datas conforme a entrada dos eventos periódicos de cada grupo de empresa.

Analisemos abaixo as datas para início da EFD-REINF:

a) Grupo 1: grupo ao qual pertencem as grandes empresas com faturamento acima de 78 milhões em 2016, as quais iniciaram o envio dos eventos relacionados ao eSocial em janeiro de 2018, devem começar a enviar a EFD-REINF a partir de maio de 2018.

b) Grupo 2: grupo ao qual pertencem as demais empresas, exceto as empresas do grupo 3, as quais iniciaram o envio dos eventos relacionados ao eSocial em julho de 2018, devem começar a enviar a EFD-REINF a partir de novembro de 2018.

c) Grupo 3: grupo ao qual pertencem os órgãos públicos, as quais iniciaram o envio dos eventos relacionados ao eSocial em janeiro de 2019, devem começar a enviar a EFD-REINF a partir de maio de 2019.

O envio desta nova obrigação deve ser realizado até o dia 15 do mês subsequente a escrituração, e devido a ter caráter tributário, deve ser encaminhada pelo setor fiscal ou contábil.

3.3. DCTFWeb

A DCTFWEB (Declaração de Débitos e Créditos Tributários Federais e de Outras Entidades e Fundos) é uma obrigação acessória que substituirá a GFIP e o SEFIP. Por meio do envio da DCTFWeb serão geradas as guias de recolhimento da contribuição Previdenciária e Imposto de Renda Retido na Fonte. Por conta disso, seu fechamento será até o dia 15 (quinze) do mês seguinte à ocorrência dos fatos geradores.

Seu acesso deverá ser feito pelo portal e-CAC da Receita Federal do Brasil (RFB). O fator de ser um portal via *web* e não um programa gerador facilita sua integração com os demais sistemas da própria Receita Federal, diminuindo, assim, as divergências de informações, o sistema servirá para que a declaração possa ser editada, transmitida e gerada a documento para efetuar a arrecadação.

Esta declaração recebe e consolida as apurações enviadas pelas escriturações, recebe outros créditos (importados ou inseridos manualmente). É possível, por exemplo, importar informações de compensações, parcelamentos, guias de arrecadação pagas, pagamentos e exclusões, entre outros. A DCTFWEB coletará dados da, EFDREINF, eSocial, da PERD/COMP e do SERO, formando um elo entre essas obrigações.

Para enviar a DCTFWeb e gerar as guias de recolhimento deve ser encerrado o período enviado corretamente com os eventos totalizadores do eSocial e da EFD-Reinf, que serão encaminhados automaticamente para o ambiente da DCTFWeb após vincular os créditos e débitos, dos outros sistemas, a DCTFWeb apura o saldo, o usuário deverá acessar o e-CAC e abrir a escrituração que se encontra na situação "andamento", caso tenha que inserir dados manuais ou editar por algum motivo a declaração, clique em editar. Depois de concluídas as edições clique em transmitir declaração e, em seguida, em gerar DARF, que poderá ser gerada mesmo que em atraso e ainda permite a geração dos relatórios.

3.4. Portal do FGTS

Com a extinção do programa SEFIP que era encarregado de gerar as guias mensais de FGTS, as guias GRF e GRRF deixam de existir dando espaço para duas novas guias: a GRFGTS (Guia de Recolhimento do Fundo de Garantia do Tempo de Serviço) mensal e a GRFGTS rescisória. A GRFGTS foi criada em concordância com a Lei *n. 8.036/90* (lei instituiu o FGTS) para atender as necessidades do projeto do eSocial.

Figura 4. Processo de geração de guia com a implantação do eSocial

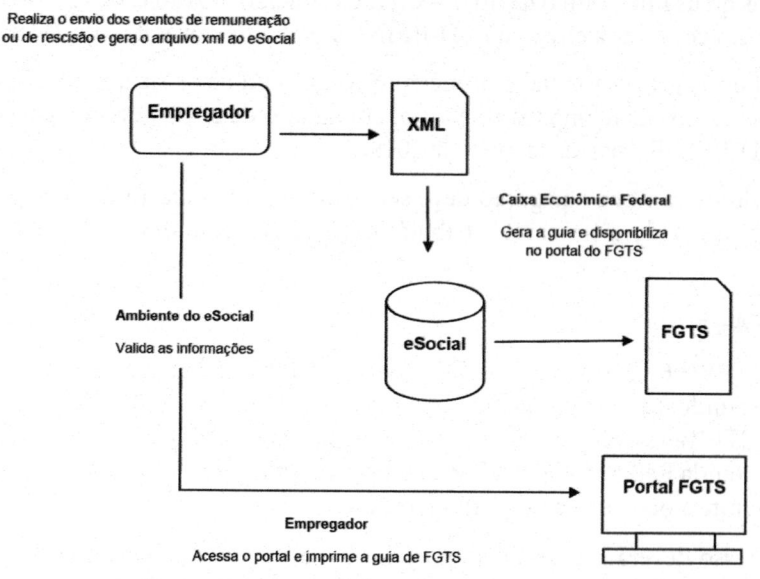

Fonte: Esquema elaborado pelos autores.

A GRFGTS mensal é gerada a partir das informações prestadas, para que isso ocorra o evento S-1200 deve ser encaminhado através do eSocial pelo empregador, esse evento é relativo à remuneração do trabalhador na competência trabalhada e que possuem incidência com o FGTS, para ter acesso à GRFGTS Rescisória, é necessário o envio do evento S-2299 ou S-2399, ambas as guias poderão ser geradas no site da conectividade social da CEF (Caixa Econômica Federal) ou através da plataforma *webservice*.

Mesmo que a folha de pagamento não tenha sido encerrada é possível gerar a guia a partir dos dados já informados no eSocial. O prazo para envio e recolhimento do FGTS segue sendo até o dia 7 de cada mês.

3.5. PER/DCOMP Web

PER/DCOMP – Pedido Eletrônico de Restituição, Ressarcimento ou Reembolso e Declaração de Compensação é uma obrigação acessória já existente que foi adaptada ao eSocial se transformando em PER/DCOMP *Web*. O PER/DCOMP *Web* é uma funcionalidade disponível no Portal e-CAC que permite aos contribuintes, pessoa física (PF) ou jurídica (PJ), realizarem o pedido de restituição e a declaração de compensação de Pagamento Indevido ou a Maior por PF e PJ (inclusive quotas do IRPF) e Contribuição Previdenciária Indevida ou a Maior por PJ, facilitando assim as compensações que antes eram realizadas por outras obrigações acessórias como a GFIP, no caso de compensação previdenciária.

O site da Receita Federal (RFB) cita algumas vantagens, destacando:

- Interface gráfica mais amigável;

- Recuperação automática de informações constantes na base de dados da Secretaria da Receita Federal do Brasil;

- Consulta aos rascunhos e aos documentos transmitidos em qualquer computador com acesso à internet;

- Impressão em PDF da segunda via do PER/DCOMP e do recibo de transmissão;

- Facilidade na retificação e no cancelamento a partir da consulta dos documentos transmitidos;

- Dispensa da instalação e da atualização das tabelas do programa no computador do usuário.

4. Estrutura do eSocial

O eSocial é dividido em dois ambientes: ambiente de produção que é designado para processar e apurar os dados do empregador tendo efeito jurídico e o ambiente de produção restrito destinado para testes, no qual os dados inseridos não são validados e serve apenas para que o empregador realize testes antes de encaminhar o arquivo final que ficará disponível para os órgãos envolvidos no projeto.

O eSocial possui uma arquitetura parecida com o da Nota Fiscal Eletrônica, os arquivos devem ser entregues em formato XML, com os denominados eventos.

4.1. Identificadores no eSocial — Pessoa física e pessoa jurídica

Os empregadores contribuintes/órgãos públicos pessoa jurídica serão identificados apenas pelo Cadastro Nacional da Pessoa Jurídica – CNPJ e os empregadores/contribuintes pessoa física, apenas pelo Cadastro de Pessoas Físicas – CPF, a partir da data de vigência do eSocial.

O Cadastro Específico do INSS (CEI), utilizado pelas pessoas físicas, será substituído pelo Cadastro de Atividades Econômicas da Pessoa Física (CAEPF), um número sequencial que será vinculado ao CPF.

Para as obras de construção o identificador também foi alterado, com a entrada do eSocial será utilizado o Cadastro Nacional de Obras (CNO) que pode ser vinculado a um CNPJ ou CPF, as matrículas CEI existentes passam a compor o CNO.

Os empregados seguem com a identificação obrigatória sendo realizada pelo número de inscrição vinculado a Previdência Social (NIT, PIS, PASEP).

Caso esses dados estejam com inconsistência de cadastro na Caixa Econômica Federal ou na Previdência Social, os arquivos não poderão ser encaminhados, por esse motivo deve se realizar a qualificação cadastral.

4.2. Qualificação cadastral

O eSocial é um grande banco de dados, contudo não adianta somente encaminhar os dados, eles devem ser encaminhados com qualidade e consistência. Pensando nisso, o eSocial lançou em seu portal um link de qualificação cadastral que pode ser acessado pelo endereço <http://consultacadastral.inss.gov.br/Esocial/pages/index.xhtml>.

A qualificação cadastral é uma espécie de avaliação que verifica se os dados de inscrição dos trabalhadores estão consistentes com os da base do CNIS (Cadastro Nacional de Informações Sociais), os dados que constituem essa base cadastral são nome, data de nascimento, PIS/PASEP/NIT e CPF. A consulta pode ser realizada de forma manual por trabalhador ou em lote.

Após inserido esses dados o site apresentará se há ou não inconsistência quanto aos dados informados, caso alguma inconsistência seja encontrada é necessário que o trabalhador procure o respectivo órgão em que consta a divergência e realize a correção dos dados. Esse procedimento é um dos primeiros que deve ser realizados antes mesmo da entrada do eSocial e deve ser realizado todas as vezes que um novo trabalhador entrar na empresa ou alterar um desses dados, um exemplo quando é acrescentado um sobrenome, em geral a pessoa não altera em todos os órgãos necessários, por esse motivo acaba tendo inconsistências que atrapalham o envio das informações.

Vale ressaltar que a qualificação de dados cadastrais não é um procedimento obrigatório, mesmo assim se torna de extrema importância, para que os dados possam ser enviados sem nenhuma divergência posterior, até porque o tempo para correção desses dados pode variar de um órgão para outro, impedindo que ocorra um fechamento de folha de forma assertiva, tendo que posteriormente ter um retrabalho, realizando uma retificação.

4.3. Eventos no eSocial

O termo "evento" no ambiente do eSocial designa qualquer acontecimento dentro da área trabalhista e previdenciária, sendo dividido em três grupos: tabelas, não periódicos e periódicos. Todas as informações que devem ser prestadas ao eSocial. Cada evento possui um tipo de leiaute diferente, esses leiautes são necessários para entender quais as regras de preenchimento dos eventos. Esses leiautes são considerados de extrema importância para o entendimento de ocorrências ou inconsistências durante o processamento dos eventos.

Os eventos são criptógrafos peça letra "S" e uma sequência numérica de quatro dígitos. Exemplo: S-1040 tabela de funções e cargos.

4.4. Registro de eventos Trabalhistas (RET)

Definimos RET como um banco de dados que será alimentado com as informações prestadas pelo empregador/órgão público do registro de eventos trabalhistas. Para obter a validação dos dados encaminhados, os arquivos enviados ao eSocial devem ser validados em conformidade com a base de dados do RET.

Os primeiros eventos a serem encaminhados devem ser referentes ao Cadastramento inicial, conforme a sequência lógica das informações do eSocial. Esses dados passarão por uma validação em um ambiente *on-line*. Futuramente, conforme forem ocorrendo, deverão ser encaminhados os arquivos denominados RET (Registro de Eventos Trabalhistas), arquivos que não tem um período específico para ocorrer. Exemplo: admissão, desligamentos. Quando encaminhados esses eventos serão expedidos protocolos e recibos que comprovem o envio desses arquivos.

O RET também será responsável pelo envio dos eventos periódicos encaminhados mensalmente, como por exemplo, os eventos referentes à folha de pagamento, que tem como prazo para envio o dia 7 de cada mês.

O RET é mais complexo do que parece e também possui uma sequência lógica de envio, por exemplo, a cada admissão o empregador deve encaminhar um arquivo para registrar esse acontecimento, caso o mesmo não seja encaminhado e posteriormente o empregador enviar o evento referente ao desligamento do mesmo empregado, não será permitido o envio, pois gerará inconsistência com o RET e o evento não será validado, visto que, o mesmo empregado não consta como admitido na base de dados. Um outro exemplo, um funcionário somente pode ser reintegrado a empresa se o evento de desligamento tiver sido enviado.

4.5. Lógica de envio dos eventos ao eSocial

O eSocial foi projetado para enviar os eventos de forma agrupada, seguindo uma sequência lógica de envio, de modo que caso essa sequência não seja respeitada para envio das informações, os usuários não conseguirão encaminhar as mensagens de modo que o sistema as reconheça, porque uma informação necessita da outra.

Devido a esse agrupamento de informações, foi possível dividir a implantação do eSocial em fases, o que facilitou o processo para os desenvolvedores de *software* e para os empregadores.

Vejamos abaixo um esquema que demonstra a sequência lógica dos eventos encaminhados ao eSocial:

Figura 5. Sequência lógica de envio de dados ao eSocial

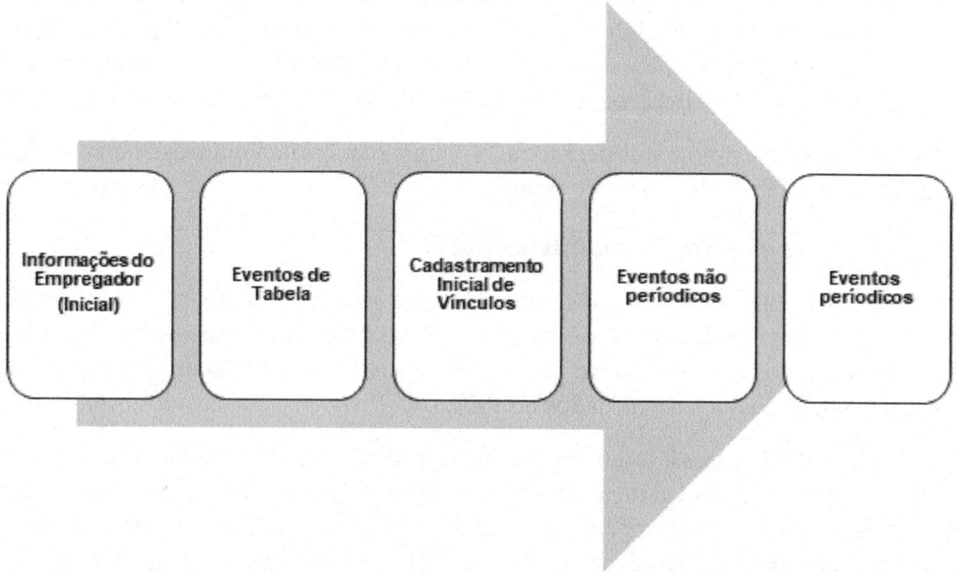

[Informações do Empregador (Inicial)] → [Eventos de Tabela] → [Cadastramento Inicial de Vínculos] → [Eventos não periódicos] → [Eventos periódicos]

Fonte: Esquema elaborado pelos autores.

Essa sequência lógica citada pelo manual do eSocial com o termo "empilhamento", refere-se às informações utilizadas na carga inicial que consequentemente serão utilizadas nas próximas e uma simples alteração que seja em qualquer das fases pode implicar na continuação do processo, por isso recomenda-se atenção ao encaminhar os dados desde a primeira fase, um erro em qualquer das fases pode implicar em erros no fechamento e envio do arquivo do eSocial.

Vamos utilizar um exemplo mais prático de modo a facilitar o entendimento, um usuário contrata um empregado e ao cadastrá-lo percebe que o cargo para qual o mesmo foi contratado não está inserido na tabela referente aos cargos da empresa, devido a correria para fechamento da folha a mesma resolve deixar o cargo em branco. O eSocial, nos eventos finais de fechamento, não permitirá que o arquivo em xml seja emitido devido a falta de informações nas primeiras fases, será necessário que o usuário retome o trabalho para inserir as informações na fase de cadastro de vínculos para que assim possa realizar o fechamento do processo de envio dos eventos. Portanto, para alterar qualquer dado antigo verifique as consequências lógicas de envio, e averigue caso seja necessário a retificação de dados anteriormente encaminhados.

4.6. Comprovantes de envio do eSocial

A cada evento transmitido ao eSocial é gerado um recibo de entrega. Os recibos são armazenados no sistema por tempo indeterminado, contudo é de suma importância que na empresa tenha uma estrutura montada para o armazenamento desses comprovantes por uma questão de segurança, pois caso haja a necessidade de retificação de algum evento será necessário utilizar o número do recibo de entrega do evento que deseja a retificação.

Quando enviado um evento é gerado um protocolo de envio, que indica que o evento foi transmitido e que não há inconsistências, e o recibo retrata o efetivo cumprimento da obrigação.

5. Eventos

O tema eventos, no eSocial, é um assunto tão extenso e de tamanha complexidade que com certeza merece um capítulo destinado apenas para o estudo do tema. Iniciemos esse capítulo, reconsiderando a definição já vista no capítulo anterior do termo "evento" para que possamos explorá-lo detalhadamente. Evento no ambiente do eSocial designa qualquer acontecimento dentro da área trabalhista e previdenciária, sendo dividido em três grupos: tabelas, não periódicos e periódicos.

Os eventos do eSocial podem ser divididos em 4 grandes grupos: Eventos inicias, Tabelas, Eventos não periódicos e Eventos periódicos. Cada um deles é formado com um tipo de grupo de informações, como veremos na figura a seguir:

Figura 6. Classificação dos arquivos de eventos no eSocial

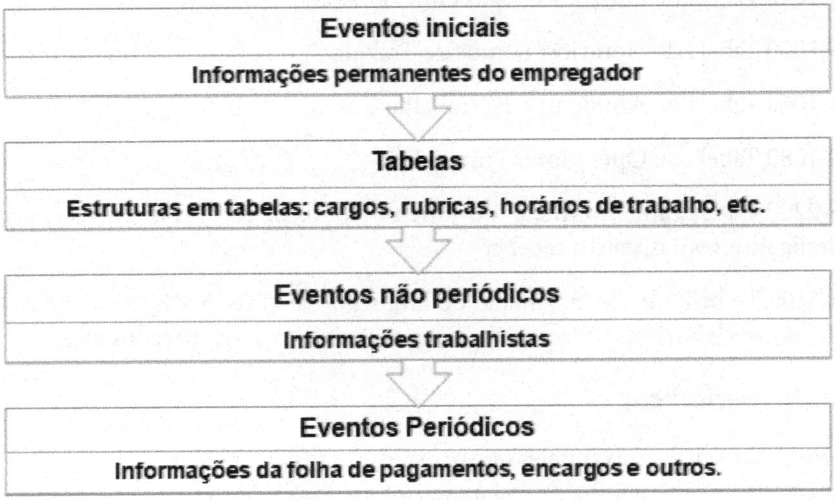

Eventos iniciais
Informações permanentes do empregador

Tabelas
Estruturas em tabelas: cargos, rubricas, horários de trabalho, etc.

Eventos não periódicos
Informações trabalhistas

Eventos Periódicos
Informações da folha de pagamentos, encargos e outros.

Fonte: Esquema elaborado pelos autores.

5.1. Eventos iniciais e de tabela

Os eventos iniciais configuram as informações sobre o empregador e dos vínculos empregatícios. Esses eventos são de grande importância pois mostram o esqueleto da empresa designando a sua estruturação, que são necessárias para validar os eventos periódicos e não periódicos que devem ser inseridos nas próximas fases. Esses eventos não poderão ser excluídos ou alterados, caso haja a necessidade de realizar alguma alteração deverá ser informado a data final da validade do evento e posteriormente enviar um novo evento com a data inicial da validade.

Os eventos de tabela são encaminhados logo após os eventos iniciais, e refletem regras específicas que permitiram validar as informações, todas essas tabelas possuem dados importantes, como tabela de cargos contendo informações como o CBO, tabela de rubricas contendo as incidências tributárias, entre outras.

Listamos abaixo todos os eventos iniciais e de tabela:

- S-1000 Informações do Empregador/Contribuinte/Órgão Público
- S-1070 (*) Tabela de Processos Administrativos/Judiciais
- S-1005 Tabela de Estabelecimentos, Obras de Construção Civil ou Unidades de Órgãos Públicos
- S-1010 Tabela de Rubricas Proventos, Descontos, Bases e Reflexos. A mais complexa.
- S-1020 Tabela de Lotações Tributárias Para fins de atribuição do código FPAS
- S-1030 Tabela de Cargos/Empregos Públicos Obrigatória (CBO, Nome do Cargo, Código Interno)
- S-1035 Tabela de Carreira Públicas Só para Órgãos Públicos
- S-1040 Tabela de Funções/Cargos em Comissão
- S-1050 Tabela de Horários/Turnos de Trabalho
- S-1060 Tabela de Ambientes de Trabalho
- S-1080 Tabela de Operadores Portuários
- S-2200 Cadastramento Inicial do Vínculo Todos os contratos Ativos e Suspensos e desligados com direito a receber
- S-2300 Trabalhador Sem Vínculo de Emprego/Estatutário – Início Outros Trabalhadores (pro laboristas, estagiários, dirigentes sindicais, cooperados etc.)

5.2. Eventos periódicos

Eventos periódicos são aqueles que ocorrem com regularidade, sendo estruturado por informações pertinentes a folha de pagamentos e apuração de tributos. Devem ser enviados até o dia 07 do mês subsequente à ocorrência do fato gerador.

Fazem parte dos eventos periódicos, os seguintes eventos:

- S-1200 Remuneração do Trabalhador – RGPS
- S-1202 Remuneração do Trabalhador – RPPS
- S-1207 Benefícios Previdenciários – RPPS
- S-1210 Pagamentos de Rendimentos do Trabalho
- S-1250 Aquisição de Produção Rural

- S-1260 Comercialização de Produção Rural Pessoa Física
- S-1270 Contratação de Trabalhadores Avulsos Não Portuários
- S-1280 Informações Complementares aos Eventos Periódicos
- S-1295 Solicitação de Totalização para Pagamento em Contingência
- S-1298 Reabertura dos Eventos Periódicos
- S-1299 Fechamento dos Eventos Periódicos
- S-1300 Contribuição Sindical Patronal
- S-5001 Informações das Contribuições Sociais por Trabalhador
- S-5002 Imposto de Renda Retido na Fonte
- S-5011 Informações das contribuições sociais consolidadas por contribuinte
- S-5012 Informações do IRRF consolidadas por contribuinte

5.3. Eventos não-periódicos

São os eventos que não possuem data específica para acontecer, podendo ocorrer em qualquer momento, por exemplo uma admissão, mudança de cargo ou salário etc. Esses eventos influem nos direitos e deveres trabalhistas, previdenciários e fiscais.

A seguir, listamos os eventos que constituem o grupo dos eventos não-periódicos:

- S-2190 Admissão de Trabalhador – Registro Preliminar (não aplicável a servidores públicos estatutários)
- S-2200 Admissão do empregado
- S-2250 Aviso-Prévio
- S-2260 Convocação para o Trabalho Intermitente
- S-2299 Desligamento
- S-2210 Comunicação de Acidente de Trabalho (CAT)
- S-2230 Afastamento Temporário
- S-2205 Alteração de Dados Cadastrais do Trabalhador
- S-2206 Alteração de Contrato de Trabalho
- S-2306 Trabalhador Sem Vínculo de Emprego
- S-2399 Trabalhador Sem Vínculo de Emprego – Término
- S-2298 Reintegração
- S-3000 Exclusão de Evento

- S-2220 Monitoramento de Saúde do Trabalhador (ASO)
- S-1065 Tabela de Equipamentos de Proteção
- S-2240 Condições Ambientais de Trabalho
- S-2245 Treinamentos e Capacitações
- S-2400 Cadastro de Benefícios Previdenciários – RPPS

5.4. Eventos eSocial — Instruções específicas por evento

Conhecemos os eventos, suas denominações, e o grupo do qual fazem parte. Neste tópico vamos abordá-los de uma forma minuciosa, tratando cada um dos eventos que deverão ser enviados pelas empresas, incluindo os órgãos públicos. O envio dos eventos pode variar de acordo com a empresa, por isso é necessário elencar neste tópico informações significativas de cada um deles, para melhor entendimento dos leitores, de modo a facilitar a implantação do eSocial.

S-1000 – Informações do empregador/contribuinte/órgão público

Definição do evento: Evento inicial que oferece toda a estrutura para o eSocial, no qual deve ser enviado as informações cadastrais do empregador/contribuinte/órgão público, contendo dados de classificação tributária, acordos internacionais para isenção de multa, indicativos de desoneração de folha, alíquotas, opção de registro eletrônico de empregados, cadastro dos sistemas de folha de pagamento utilizados pela empresa (pode cadastrar mais de um sistema, caso a empresa utilize um sistema diferente para cada filial), isenções para entidades beneficentes de assistência social, situação da empresa (normal, extinção, fusão, cisão ou incorporação), cooperativas de trabalho, construtoras. Outro dado importante é que deve conter o cadastro de um contato administrativo; este contato não deve ser o mesmo responsável pelas informações do eSocial e sim um responsável pela empresa.

Considerações relevantes: Esse evento deve ser enviado de forma única pela raiz de CNPJ, (deve conter 8 dígitos), com algumas exceções para alguns órgãos públicos federais, e não por estabelecimento como eram realizadas algumas obrigações acessórias como a RAIS e a GFIP. Antes desse evento nenhum outro poderá ser enviado e, caso haja alterações futuras, devem ser atualizadas e reenviadas ao eSocial.

É importante ressaltar a importância desse evento que será responsável por coletar os primeiros elementos para realizar os cálculos necessários para o empregador, é neste evento que estão descritos os dados que influenciaram na apuração dos depósitos de FGTS e das contribuições previdenciárias.

Para que haja assertividade com os dados inseridos, é recomendado que todas as informações sejam checadas pelo setor contábil e fiscal, evitando, assim, possíveis inconsistências ou autuações futuras.

S-1005 – Tabela de estabelecimentos, obras ou unidades de órgão públicos

Descrição do evento: O manual do eSocial define esse evento da seguinte forma:

O evento identifica os estabelecimentos e obras de construção civil da empresa, detalhando as informações de cada estabelecimento (matriz e filiais) do empregador/contribuinte/órgão público, como: informações relativas ao CNAE Preponderante, Fator Acidentário de Prevenção — FAP, alíquota GILRAT, indicativo de substituição da contribuição patronal de obra de construção civil, documento, plano ou programa elaborado pela empresa, dentre outras. As pessoas físicas devem cadastrar neste evento seus "CAEPF — Cadastro de Atividade Econômica da Pessoa Física". As informações prestadas no evento são utilizadas na apuração das contribuições incidentes sobre as remunerações dos trabalhadores dos referidos estabelecimentos, obras e CAEPF. O órgão público informará as suas respectivas unidades, individualizadas por CNPJ, como estabelecimento.

Considerações relevantes: Para que este evento seja cadastrado todas as informações do evento S-1000 devem ser encaminhadas, caso a empresa possua algum processo deve cadastrar também o evento S-1070, caso os processos possuam incidências. Essas informações enviadas serão utilizadas na apuração de incidentes sobre as remunerações de seus trabalhadores em seus estabelecimentos ou em obras, para cálculos de contribuições e, também, para o cadastro de fiscalização.

S-1010 – Tabela de rubricas

Descrição do evento: A tabela mais complexa do eSocial, em razão de constarem todos os proventos e descontos de folha de pagamento e sua devida tributação, com as incidências de IRRF, FGTS e INSS de forma minuciosa. Essas informações são necessárias para a validação do evento de remuneração dos trabalhadores e será correlacionada com a tabela de n. 3 "Natureza das Rubricas da Folha de Pagamento" do eSocial, para que o fechamento possa ser realizado. Recomenda-se que a empresa realize uma análise desta tabela (processo conhecido como de/para) com a tabela de rubricas da empresa.

Considerações relevantes: Ao detalhar as informações, deve-se informar a descrição da rubrica, o código referente à classificação da rubrica e o tipo de rubrica.

Há quatro tipos de rubricas nas quais devem enquadras os lançamentos de folha de pagamento: Vencimentos, proventos ou pensão (valores pagos ao trabalhador, que podem ou não conter incidência de tributação); descontos (valores deduzidos do montante pago ao trabalhador); informativa (valor que não é pago como provento nem é descontado do trabalhador, e que podem fazer parte da base de cálculo da tributação. Exemplo: Salário-maternidade) e informativa dedutora (valor utilizado apenas como base de cálculo para deduções. Exemplo: dedução de dependente na apuração do imposto de renda da pessoa física.

O eSocial não altera em nada a tributação de folha, contudo caso alguma divergência ocorra ao relacionar os eventos concernentes à folha de pagamento com o eSocial, não será possível realizar o fechamento mensal de forma correta. Sabemos que com o eSocial a fiscalização será ainda mais acirrada, e a empresa poderá ser autuada.

Assim que o eSocial entrar em vigor, nesta mesma tabela deverá ser informado o saldo de banco de horas, como rubrica informativa, caso o saldo seja positivo o mesmo será vinculado à natureza 9950 da tabela, se o mesmo for negativo deverá ser informado como rubrica informativa, contudo deverá ser vinculado a natureza 9951 da tabela.

Caso haja mais de uma tabela de rubricas na empresa, isso deve ser informado no evento inicial S-1000 para que abra mais de uma opção neste evento para cadastro.

S-1020 – Tabela de lotações tributárias

Descrição do evento: Evento no qual é identificado a classificação da atividade atrelado ao código FPAS (Fundo da Previdência e Assistência Social), a obra de construção civil, a contratante de serviço ou outra condição diferenciada de tributação. Esses dados são informados na GFIP, mas devem ser revisados antes de serem inseridos no eSocial.

Considerações relevantes: Esta tabela tem finalidade tributária, influenciando nos cálculos da contribuição previdenciária para um grupo específicos de segurados. O evento poderá ser utilizado quando houver a necessidade de inclusão, alteração e exclusão de registros na tabela de Classificação Tributária de Atividades do Trabalhador. Essas informações são necessárias para que outros eventos possam ser validados no ambiente do eSocial, como por exemplo admissão, alterações contratuais e remunerações.

Recomenda-se que a tabela 10 (Tipos de Lotação Tributária), contida no Manual do eSocial, seja consultada para que seja informado de forma correta o código FPAS.

S-1030 – Tabela de cargos/empregos públicos

Descrição do evento: Esse evento pertence aos eventos de tabela do eSocial, no qual será identificado os cargos, sua nomenclatura e o CBO (Classificação Brasileira de Ocupações), e período de validade pertinente a cada cargo. Os cargos devem possuir o número do CBO de acordo com suas atividades realizadas.

Considerações relevantes: A Tabela de Classificação Brasileira de Ocupações (CBO), deve ser utilizada como base para a elaboração da tabela de cargos da empresa para envio ao eSocial. Para consultar o CBO deve ser acessado o *site* oficial do Ministério do Trabalho pelo endereço: <www.mtecbo.gov.br>. Essa tabela é de envio obrigatório, e tem ligação com diversos outros eventos pertinentes aos dados do trabalhador, deve ser usado toda vez que houver a criação de um novo cargo ou alteração nos cargos existentes.

S-1035 – Tabela de carreiras públicas

Descrição do evento: É uma tabela obrigatória apenas para os órgãos públicos que tem cargos estruturados em carreiras, contendo informações básicas sobre as carreiras existentes. Os cargos independem do tipo de regime previdenciário (RGPS — Regime Geral da Previdência Social ou RPPS — Regime Próprio da Previdência Social).

Considerações relevantes: A existência desta tabela não serve para validação do plano de cargos, carreiras e salários dos órgãos público. Caso o órgão público não possua cargos estruturados em carreiras, a utilização deste evento torna-se opcional.

S-1040 – Tabela de funções/cargos de comissão

Descrição do evento: É um evento não obrigatório e só deve ser enviada a empregadores/órgãos públicos que tenham funções comissionadas ou de confiança, com informações referentes à função e validade do período do cargo.

Considerações relevantes: A função gratificada ou de confiança deve estar moldada nos padrões da legislação trabalhista, estatutária ou legislação própria do ente federativo, para que seja devidamente enquadrada nesta tabela.

S-1050 – Tabela de horários/turnos de trabalho

Descrição do evento: Tabela destinada aos dados de identificação do horário contratual do trabalhador, cada horário deve ser cadastrado com um código diferente e deve estar relacionado com o cadastro do trabalhador. Deve ser informado os horários de entrada, intervalo e saída, caso o colaborador possua um horário flexível, essa informação também deve ser comunicada. Essa tabela é importante para que a fiscalização consiga averiguar a jornada de trabalho e as horas extras.

Considerações relevantes: As informações consolidadas desta tabela são utilizadas para a validação dos eventos do eSocial.

No quadro de horários deve constar todas as possibilidades de horário dos trabalhadores, inclusive dos intervalos; se houver intervalos variáveis é necessário apenas informar a duração do intervalo concedido.

Essa tabela será vinculada diretamente com o evento S-2220 (Cadastramento Inicial e Admissão/ Ingresso de Trabalhador), sendo vinculados aos dados contratuais.

S-1060 – Tabela de ambientes de trabalho

Descrição do evento: Evento que inclui os dados registrados na Tabela de Ambientes de Trabalho e os fatores de riscos conforme constam as informações da Tabela 23 do manual do eSocial. Todos os ambientes da empresa precisam ser retratados nesse evento, independente de possuírem ou não fatores de riscos, podendo ser da empresa ou de terceiros, caso o trabalho seja realizado de forma externa, com o detalhamento dos fatores de risco. Deve ser utilizado toda vez que houver inclusão, alteração e exclusão de registros relacionados aos ambientes de trabalho.

Considerações relevantes: Essa informação é importante para a elaboração do PPP (Perfil Profissiográfico Previdenciário) e será utilizado pela gestão de SST. Neste evento, devem ser informados os riscos ergonômicos de acordo com as orientações que constam na tabela apresentada no evento S-2240.

S-1065 – Tabela de equipamentos de proteção

Descrição do evento: Tabela destinada ao cadastro de Equipamentos de Proteção Coletiva (EPCs) instalados e os Equipamentos de Proteção Individual (EPIs) utilizados pelos trabalhadores.

Aspectos principais: O cadastro dessa tabela é necessário para a validação dos eventos de Condições Ambientais do Trabalho (evento S-2240). O empregador deve descrever o equipamento de proteção de forma sucinta e objetiva, informando a data de início conforme a obrigatoriedade de prestação das informações de SST no eSocial.

S-1070 – Tabela de processos administrativos/judiciais

Descrição do evento: Os processos da empresa devem ser averiguados juntamente ao departamento jurídico, para o levantamento dos processos que possuem incidências de INSS, FGTS e IRRF (somente processos ativos), não devem ser cadastrados processos trabalhistas, apenas aqueles que algumas das rubricas de folha ou arquivos acessórios. Caso a empresa não possua nenhum processo desse tipo ativo, não há necessidade de cadastrar o evento.

Considerações relevantes: Este evento deve ser enviado até o dia 7 do mês subsequente, ou antes do envio do evento de remuneração que venha a ser afetado pela decisão.

S-1080 – Tabela de operadores portuários

Descrição do evento: Esse evento é utilizado pelo OGMO (Órgão Gestor de Mão de Obra) para realizar inclusão, alteração e exclusão de registros na tabela de Operadores Portuários, conforme determinação das Leis ns. 9.719/98 e 12.815/2013 (Lei dos Portos).

Considerações relevantes: A obrigatoriedade de envio dessa tabela é apenas para empresas que façam uso desse tipo de mão de obra. Os dados dessa tabela são utilizados para apurar contribuições incidentes sobre a remuneração de trabalhadores avulsos para o financeiro dos benefícios previdenciários relacionados ao grau de incapacidade laborativa decorrente dos riscos ambientais do trabalho.

S-1200 – Remuneração de trabalhador vinculado ao Regime Geral de Previdência Social

Descrição do evento: Evento no qual devem ser encaminhadas todas as informações de remuneração dos trabalhadores vinculados ao RGPS (Regime Geral Previdência Social) de forma mensal periódica.

Considerações relevantes: Todas as rubricas devem ser enviadas podendo ser de caráter remuneratório (proventos e descontos) ou apenas informativa (informativa ou informativa dedutora). Dados referentes a remuneração de períodos anteriores devem ser informados nesse evento, como por exemplo, remuneração de períodos anteriores por acordo, dissídio, CPP ou Convenção.

S-1202 – Remuneração de servidor vinculado a Regime Próprio de Previdência Social – RPPS

Descrição do evento: Esse evento realiza o envio das informações referentes à Remuneração do Trabalhador — RPPS (Regime Próprio de Previdência Social) pertencentes as categorias 301, 303 (*sub judice* no STF para parlamentares estaduais), 305 (desde que seja servidor público efetivo oriundo de ente que possua RPPS) e 307 (Militar) da Tabela 1 – "Categorias de Trabalhadores" no mês de referência.

Considerações relevantes: o evento deve ser encaminhado até o dia 7 do mês subsequente ao do mês de referência da remuneração.

S-1207 – Benefícios previdenciários – RPPS

Descrição do evento: Evento no qual devem ser informados todos os benefícios previdenciários — RPPS, como por exemplo pensões, aposentadorias e demais benefícios do segurado.

Considerações relevantes: Todos os órgãos públicos devem efetuar o envio deste evento, mesmo que não mantenham mais RPPS, transmitindo o evento até o dia 7 do mês subsequente ao do mês de referência informado no evento.

S-1210 – Pagamentos de rendimentos do trabalho

Descrição do evento: Esse evento envia as informações do pagamento de rendimentos dos trabalhadores com ou sem vínculo empregatício, assim como o pagamento de PLR (Participação nos Lucros ou Resultados) retenções, pagamentos de férias, pensões, entre outros.

Considerações relevantes: As informações deste evento serão utilizadas para composição das retenções de Imposto de Renda Retido na Fonte.

S-1250 – Aquisição de produção rural

Descrição do evento: Evento referente às informações que devem ser enviadas sobre a compra de produção rural, podendo ser de origem vegetal ou animal, decorrente de responsabilidade tributária por substituição a que se submete a empresa, em decorrência da lei, a pessoa física (o intermediário), a empresa adquirente, consumidora ou consignatária, ou a cooperativa.

Considerações relevantes: Há a obrigatoriedade de prestação dessas informações nas seguintes situações, conforme consta no manual do eSocial:

- Pessoas jurídicas em geral que adquiram produtos rurais de pessoa física ou de segurado especial;
- Pessoa física (intermediário) que adquire produção de produtor rural pessoa física ou de segurado especial para venda no varejo a consumidor final;

- Entidade inscrita no Programa de Aquisição de Alimentos (PAA) quando a mesma efetuar a aquisição de produtos rurais no âmbito do PAA, de produtor rural pessoa física ou pessoa jurídica;

- A cooperativa adquirente de produto rural;

- A Companhia Nacional de Abastecimento (CONAB), quando adquirir produtos do produtor rural pessoa física ou do produtor rural pessoa jurídica, destinados ao Programa de Aquisição de Alimentos, instituído pelo art. 19 da Lei n. 10.696/2003.

Essas informações devem ser agrupadas por tipo de aquisição e identificação do produtor rural. O detalhamento das notas fiscais é obrigatório, caso a aquisição seja realizada por produtor rural pessoa jurídica, essas informações devem ser examinadas junto ao setor fiscal da empresa, departamento que nas empresas em geral é detentor dessas informações.

S-1260 – Comercialização de produção rural pessoa física

Descrição do evento: Este evento informa a comercialização rural prestada pelo produtor rural, pessoa física e pelo segurado especial.

Considerações relevantes: Devem ser informados os valores referentes à receita bruta da comercialização rural própria e dos subprodutos e resíduos, se houver, quando comercializar com: adquirente domiciliado no exterior (exportação), consumidor pessoa física, no varejo, outro produtor rural pessoa física, outro segurado especial, pessoa jurídica, na qualidade de adquirente, consumidora ou consignatária e pessoa física não produtor rural, quando adquire produção para venda, no varejo ou a consumidor pessoa física.

Essas informações, assim como no evento S-1250, devem ser checadas com o setor fiscal ou contábil detentor desses dados, pois eles serão importantes para o recolhimento de algumas retenções e serão alvos dos órgãos competentes para fiscalização, usando o cruzamento dessas informações enviadas, com as informações prestadas pelas outras empresas envolvidas nas transações comerciais referente à produção rural.

S-1270 – Contratação de trabalhadores avulsos não-portuários

Descrição do evento: Evento no qual devem ser encaminhadas as informações dos trabalhadores avulsos não-portuários e prestada exclusivamente pelos tomadores de serviços de trabalhadores avulsos não-portuários.

Considerações relevantes: Esse tipo de contratação pode ser de natureza urbana ou rural por trabalhadores que prestam serviços, contudo não possuem vínculo empregatício, sendo desta forma intermediado de modo obrigatório pelo sindicato da categoria.

S-1280 – Informações complementares aos eventos periódicos

Descrição do evento: Evento destinado à prestação de informações que afetam evento utilizado para prestar informações que afetam o cálculo da contribuição previdenciária patronal sobre as remunerações pagas, devidas ou creditadas por empregadores/contribuintes, em função da desoneração de folha de pagamento e atividades concomitantes dos optantes do Simples Nacional com tributação previdenciária substituída e não substituída.

Considerações relevantes: Esse evento é muito importante para a tributação da folha de pagamento, pois contém informações de desoneração da folha impactando o cálculo da contribuição previdenciária patrimonial, ressaltando que a Desoneração da Folha possui regras específicas publicadas pela RFB (IN RFB 1.436/13). Fique atento na hora de inserção dessas informações.

S-1295 – Solicitação de totalização para pagamento em contingência

Descrição do evento: Esse evento totaliza as contribuições sociais e de IRRF, na hipótese de insucesso ao tentar encerrar o período da folha de pagamento, não é um evento obrigatório.

Considerações relevantes: Evento importante no momento inicial do eSocial, no qual as empresas ainda estão se adaptando ao novo modo de envio das informações trabalhistas e previdenciárias. No caso de a empresa não realizar o fechamento com o evento S-1299, por alguma inconsistência, esse evento totaliza os eventos encaminhados e validados, para que o pagamento da tributação possa ser realizado dentro do prazo, mesmo que o saldo não seja o correto.

Posteriormente será necessário o envio do evento S-1299 para fechamento, pois o envio do evento S-1295 não caracteriza o cumprimento da obrigação acessória. Um outro fato relevante é que, ao realizar o fechamento com o evento S-1299, ele informará o saldo integral de pagamento, caso a empresa já tenha realizado o pagamento dos tributos, deverá realizar a compensação, para realizar o pagamento apenas da diferença do valor.

S-1298 – Reabertura dos eventos periódicos

Descrição do evento: Para reabrir o movimento que foi encerrado, permitindo que ocorra o processo de retificação (quando necessário) ou a inserção de novos eventos, este evento deve ser enviado.

Considerações relevantes: Esse evento somente poderá ser utilizado caso o período tenha sido encerrado com o evento S-1299, podendo ser reaberto em qualquer período.

S-1299 – Fechamento dos eventos periódicos

Descrição do evento: Este evento realiza o encerramento da transmissão dos eventos periódicos referentes ao período de apuração. Sendo consolidada todas as informações para recolhimento, inseridas dos eventos S-1200 a S-1280.

Considerações relevantes: Ao ser enviado e validado, este evento totaliza as bases de cálculo para a tributação, tendo como base a remuneração dos trabalhadores assim como as demais informações de fatos geradores de contribuições sociais previdenciárias e as devidas à outras entidades e fundos. Por meio desse evento será possível a integração e envio dos dados para a DCTFWeb, obrigação acessória responsável pela apuração de débitos e gerará o documento para arrecadação da tributação, denominado DARF.

Caso a empresa não tenha movimentação em um determinado fato gerador, deve ser indicado a opção "situação sem movimento", e depois enviado o evento.

Qualquer informação que seja necessária a retificação, deve ser corrigida dentro do ambiente do eSocial. Realizar somente a reabertura dos eventos para correção não modificará os valores enviados ao DCTFWeb, é necessário realizar novamente o fechamento para que os dados sejam reprocessados e, assim, alterados.

S-1300 – Contribuição sindical patronal

Descrição do evento: Evento que deve conter o valor a ser pago relativo às contribuições sindicais e a identificação das entidades sindicais para os quais o empregador/contribuinte/ órgão público efetuará as respectivas contribuições.

Considerações relevantes: Este evento deve ser enviado pelo empregador/contribuinte/órgão público que optar por recolher contribuição sindical patronal prevista nos arts. 579 e 580 da CLT e no Decreto-lei n. 1.166, de 15 de abril de 1971.

S-2190 – Admissão de trabalhador — Registro Preliminar

Descrição do evento: Este evento pode ser usado para retratar a admissão do trabalhador com apenas alguns dados, utilizando apenas informações de CPF, data de nascimento e data de admissão, o mesmo é opcional e deve ser utilizado quando ainda faltar algum dado para inserir no evento de cadastro inicial. É necessário o envio deste evento no mínimo 24h antes da admissão do empregado.

Considerações relevantes: Diante da contratação de trabalhadores sem vínculo de emprego contratados com natureza permanente (avulsos, diretores não empregados, cooperados, estagiários, etc.) este evento não deve ser utilizado. Há um evento específico "S-2300 – Trabalhador Sem Vínculo Emprego/Estatutário – Início" no qual esses dados devem ser inseridos.

Se as informações enviadas estiverem incorretas, o evento deve ser excluído e enviado novamente, pois o mesmo não tem a opção de retificação.

S-2200 – Cadastramento inicial do vínculo e admissão/Ingresso do trabalhador

Descrição do evento: Este evento registra informações pertinentes a admissão de empregado ou o ingresso de servidores estatutários, a partir da implantação do eSocial.

Considerações relevantes: Evento no qual devem ser inseridos os dados iniciais do trabalhador na implantação do eSocial, realizando os cadastros dos empregados considerados ativos na empresa ou que estejam afastados por algum motivo, mas que ainda possuem vínculo empregatício. É necessário a inserção de todos os dados cadastrais e de contrato. Antes de inseridos alguns dados devem passar pela qualificação cadastral que está disponível para análise na página principal do *site* do eSocial, de modo que as informações como nome, CPF, PIS, data de nascimento devem ser averiguadas e, caso o sistema verifique alguma inconsistência, o empregado deve ir até o órgão informado para regularizar a situação, sugere-se que alguns meses antes de iniciar o *input* desses dados essas informações sejam averiguadas, para evitar inconsistências futuras no cadastramento e consequentemente no fechamento.

S-2205 – Alteração de dados cadastrais do trabalhador

Descrição do evento: As alterações realizadas nos eventos S-2200 e S-2300 que são vinculados ao cadastro do trabalhador devem ser alteradas por este evento, como alteração de endereço, telefone, escolaridade, entre outros dados pessoais.

Considerações relevantes: Para alteração de informações relativas ao vínculo de trabalho, tais como: remuneração, jornada de trabalho, etc., devem ser encaminhadas por meio do evento S-2306 – "Trabalhador Sem Vínculo de Emprego/Estatutário – Alteração Contratual".

S-2206 – Alteração de contrato de trabalho

Descrição do evento: Todas as alterações realizadas no contrato de trabalho relacionadas ao evento S-2200 serão registradas nesse evento. Por exemplo: alteração de cargo, salário, cláusula contratual, remuneração e periodicidade de pagamento, jornada de trabalho, entre outros.

Considerações relevantes: Esse evento apenas altera as informações do contrato e não retifica informações incorretas informadas no cadastro de admissão do trabalhador. Caso isso ocorra, deve ser enviado arquivo retificador do próprio evento de admissão.

S-2210 – Comunicação de acidente de trabalho

Descrição do evento: A comunicação dos acidentes de trabalho (CAT) deve ser inserida por esse evento e não mais pelo portal *on-line* como anteriormente, mesmo que não seja necessário o afastamento do empregado de suas atividades.

Considerações relevantes: O prazo para registrar a comunicação do acidente de trabalho é até o primeiro dia útil seguinte ao da ocorrência e, em caso de morte, de imediato. No eSocial, o envio da CAT pode ser enviado apenas pelo empregador, contudo, se ele não informar o acidente de trabalho, o acidentado pode fazer o cadastro pelo portal do CAT*Web*, assim como o médico, seus dependentes, o órgão sindical ou qualquer autoridade pública.

S-2220 – Monitoramento da saúde do trabalhador e exame toxicológico

Descrição do evento: Esse evento informa de forma detalhada os dados relativos ao monitoramento da saúde do trabalhador.

Considerações relevantes: Os exames e avaliações clínicas devem ser realizados por trabalhador, no curso do vínculo ou do estágio, bem como os exames complementares aos quais foi submetido com respectivas datas e conclusões, conhecidos como ASO (Atestado de Saúde Ocupacional) que devem ser realizados antes da admissão, demissão, periódico, ocupacional, retorno às atividades e acidente de trabalho.

Aos trabalhadores que exercem a função de motorista, é exigido o exame toxicológico.

Esse evento monitora os exames exigidos pela NR-07 e pelo PCMSO.

Não deve ser informado afastamentos nesse evento, mesmo que ocorra por acidente ou doença.

S-2230 – Afastamento temporário

Descrição do evento: Todos os afastamentos realizados de forma temporária devem ser enviados por este evento (conforme tabela 18 "Motivos de Afastamento" do MOS), assim como possíveis alterações e prorrogações.

Considerações relevantes: O Manual do eSocial detalha os prazos para cada caso de afastamento temporário, conforme veremos a seguir:

a) Afastamento temporário ocasionado por acidente de trabalho ou doença decorrente do trabalho com duração não superior a 15 (quinze) dias, deve ser enviado até o dia 7 (sete) do mês subsequente da sua ocorrência.

b) Afastamento temporário ocasionado por acidente de qualquer natureza ou doença não relacionada ao trabalho, com duração entre 3 (três) e 15 (quinze) dias, deve ser enviado até o dia 7 (sete) do mês subsequente da sua ocorrência.

c) Afastamento temporário ocasionado por acidente de trabalho, acidente de qualquer natureza, ou doença com duração superior a 15 (quinze) dias deve ser enviado até o 16º dia da sua ocorrência, caso não tenham transcorrido os prazos previstos nos itens 'a' e 'b'.

d) Afastamentos temporários ocasionados pelo mesmo acidente ou doença, que ocorrerem dentro do prazo de 60 (sessenta) dias e totalizar, na somatória dos tempos, duração superior a 15 (quinze) dias, independentemente da duração individual de cada afastamento, devem ser enviados, isoladamente, até o 16º dia do afastamento caso não tenham transcorrido os prazos previstos nos itens 'a', 'b' e 'c'.

e) Demais afastamentos devem ser enviados até o dia 7 (sete) do mês subsequente ao da sua ocorrência ou até o envio dos eventos mensais de remuneração a que se relacionem.

f) Alteração e término de afastamento devem ser enviados até o dia 07 (sete) do mês subsequente à competência em que ocorreu a alteração ou até o envio do evento "S-1299 – Fechamento dos Eventos Periódicos", o que ocorrer primeiro.

g) Para servidores de regime jurídico estatutário vinculados ao RPPS deverão ser observados os prazos previstos na legislação específica.

h) Quando se tratar de trabalhador avulso afastado pelo código 34 da Tabela 18 (Inatividade do trabalhador avulso (portuário ou não-portuário) por período superior a 90 dias), o evento deve ser enviado a partir do 91º dia de inatividade.

S-2240 – Condições ambientais do trabalho — Fatores de risco

Descrição do evento: Evento em que será descrito as condições ambientais de trabalho oferecidas empregador/contribuinte/órgão público, ao trabalhador ou estagiário durante sua prestação de serviços, enfatizando a exposição aos fatores de risco descritos na Tabela 23 – fatores de risco ambientais e o exercício de atividades enquadradas na legislação como insalubres, perigosas ou especiais descritas na Tabela 28 – Atividades Insalubres, Perigosas e/ou Especiais.

Considerações relevantes: Por meio dos laudos de SST, como por exemplo o LTCAT (Laudo Técnico das Condições do Ambiente de Trabalho), é possível averiguar detalhadamente os trabalhadores que prestam serviços expostos aos fatores de riscos e que devem, por consequência a essa exposição, ter direito ao pagamento de insalubridade e periculosidade e a aposentadoria especial. O nome do responsável pelo laudo também deve ser informado.

As informações detalhadas nesse evento servirão para que a fiscalização averigue se a empresa realiza de forma correta o pagamento de adicionais como o de periculosidade e insalubridade.

O fornecimento de EPI (Equipamento de Proteção Individual) também deve ser mencionado nesse evento, em consonância a NR-06 (Equipamentos de Proteção Individual — EPI) e NR-09 (Programa de Prevenção de Riscos Ambientais — PPRA).

S-2245 – Treinamentos e capacitações

Descrição do evento: Evento utilizado para inserção de informações sobre os treinamentos, capacitações, exercícios simulados realizados, bem como informações aos trabalhadores relativas à segurança e saúde no trabalho.

Considerações relevantes: A área de saúde e segurança do trabalho deve realizar treinamentos, capacitações e exercícios simulados obrigatórios de acordo com as NRs, conforme consta na Tabela 29 do manual do eSocial, além de outros que possam ser exigidos de acordo com o segmento da empresa.

Em seu cadastro inicial deverá ser inserido os treinamentos que já tenham sido realizados ou ainda estejam sendo realizados na data de início da obrigatoriedade.

S-2250 – Aviso-prévio

Descrição do evento: Esse evento tem a finalidade de informar as comunicações de aviso-prévio, ou o cancelamento do mesmo. Ocorrerá todas as vezes que houver uma rescisão sem justa causa.

Considerações relevantes: o empregador deve informar esse evento sempre que ocorrer a comunicação da rescisão do contrato de trabalho sem justa causa e pode ser enviado em até 10 (dez) dias da comunicação.

O aviso indenizado não deve ser informado neste evento, esse dado deverá ser informado apenas no envio do evento S-2299 Desligamento.

Este evento deve ser utilizado apenas quando houver o cumprimento do aviso-prévio, e será identificado por quem informou o desligamento:

a) Aviso-prévio trabalhado dado pelo empregador ao empregado que optou pela redução de duas horas diárias (*caput* do art. 488 da CLT);

b) Aviso-prévio trabalhado dado pelo empregador ao empregado que optou pela redução de dias corridos (parágrafo único do art. 488 da CLT);

c) Aviso-prévio dado pelo empregado (pedido de demissão), não dispensado de seu cumprimento, sob pena de desconto, pelo empregador, dos salários correspondentes ao prazo respectivo (§ 2º do art. 487 da CLT);

d) Aviso-prévio trabalhado dado pelo empregador rural ao empregado, com redução de um dia por semana (art. 15 da Lei n. 5.889/73).

S-2260 – Convocação para trabalho intermitente

Descrição do evento: Evento que registra e formaliza ao ambiente do eSocial a convocação para prestação de serviço do empregado com contrato de trabalho intermitente.

Considerações relevantes: Tem como finalidade informar ao eSocial os termos pré-pactuados de cada convocação para a prestação de serviços, contendo as seguintes informações: identificação do trabalhador convocado, código da convocação (atribuído pelo empregador), data do início e do fim da prestação do serviço intermitente, jornada de trabalho a ser cumprida e local da prestação dos serviços.

Essas informações não são referentes ao contrato do empregado e sim sobre a convocação. As informações da contratação do trabalho intermitente devem estar atualizadas de acordo com a reforma trabalhista, sendo encaminhas antes do dia da prestação de serviço, se houver prorrogação o mesmo deverá ser novamente enviado.

S-2298 – Reintegração

Descrição do evento: O eSocial restabelece o vínculo tornando sem efeito o desligamento empregado, a partir do informativo deste evento, que pode ocorrer, por exemplo, quando um empregado é desligado e por decisão judicial ou administrativa, tiver que ser reintegrado ao quadro de funcionários.

Considerações relevantes: É o único evento do eSocial que pode ser enviado com data posterior a data do evento de desligamento e a partir do envio do evento.

S-2299 – Desligamento

Descrição: Evento que tem por finalidade o envio das informações destinadas a registrar o desligamento do trabalhador da empresa/órgão público.

Aspectos Principais: Para informar o fim do vínculo empregatício no eSocial o empregador deverá encaminhar as informações em até 10 dias da comunicação do desligamento e antes do fechamento da folha de pagamento no eSocial.

As informações referentes às verbas rescisórias devem ser informadas nesse evento de forma individualizada, e devem estar de acordo com a tabela de rubricas, o cruzamento dessas informações será necessário para a validação e envio do evento.

S-2300 – Trabalhador sem vínculo de emprego/estatutário — Início

Descrição do evento: Evento utilizado no eSocial para prestar informações cadastrais dos trabalhadores que não possuem vínculo empregatício com o empregador/órgão público/órgão gestor de mão de obra, como: dirigente sindical, diretor que não é empregado, cooperado, estagiário, trabalhadores avulsos, autônomos e servidores público indicado pelo conselho ou órgão administrativo.

Considerações relevantes: Esse evento deverá ser enviado pelo empregador/órgão público/órgão gestor de mão de obra, o sindicato de trabalhadores avulsos não portuários e a cooperativa, quando utilizarem mão de obra dos seguintes trabalhadores, sem vínculo de emprego ou estatutário: Trabalhador Avulso Portuário, Trabalhador Avulso Não-Portuário, Dirigente Sindical – informação prestada pelo Sindicato, Trabalhador cedido – informação prestada pelo Cessionário, Contribuinte individual – Diretor não empregado, com FGTS, Contribuinte individual – Diretor não empregado, sem FGTS, Contribuinte individual – empresários, sócios e membro de conselho de administração ou fiscal, Contribuinte individual – Cooperado que presta serviços por intermédio de Cooperativa de Trabalho, Contribuinte individual – Transportador Cooperado que presta serviços por intermédio de cooperativa de trabalho, Contribuinte individual – Cooperado filiado à Cooperativa de Produção, Contribuinte individual – Associado eleito para direção de Cooperativa, associação ou entidade de classe de qualquer natureza ou finalidade, bem como o síndico ou administrador eleito para exercer atividade de direção condominial, desde que recebam remuneração, Contribuinte individual – Membro de conselho tutelar, nos termos da Lei n. 8.069, de 13 de julho de 1990, Estagiário, Médico Residente.

S-2306 – Trabalhador sem vínculo de emprego/estatutário — Alteração contratual

Descrição do evento: Qualquer informação referente ao contrato de trabalho que seja requerido alteração dos trabalhadores sem vínculo empregatício devem ser informadas neste evento.

Considerações relevantes: Esse evento não deve ser utilizado para realizar qualquer alteração pertinente a dados pessoais do colaborador.

S-2399 – Trabalhador sem vínculo de emprego/estatutário — Término

Descrição do evento: Esse evento deve ser encaminhado ao ser finalizado o contrato ou prestação de serviço com o trabalhador sem vínculo empregatício.

Considerações relevantes: As verbas rescisórias referentes ao término de contrato do Trabalhador sem Vínculo de Emprego/Estatutário devem ser informadas nesse evento.

S-2400 – Cadastro de benefícios previdenciários

Descrição do evento: Neste evento são encaminhadas as informações dos benefícios previdenciários pagos pelos entes federativos, diretamente ou por RPPS (Regimes Próprios de Previdência Social). Se houver, também devem ser apontados as complementações de benefícios do RGPS (Regime Geral de Previdência Social).

Considerações relevantes: O evento em questão deve ser enviado antes do evento "S-1207 – Benefícios Previdenciários – RPPS", para que as informações prestadas sirvam como base.

S-3000 – Exclusão de eventos

Descrição do evento: Após enviado um evento de forma errônea o mesmo poderá ser anulado por meio deste evento e, em seguida, deverá ser encaminhado o evento com a informação correta.

Considerações relevantes: Para executar a exclusão de um evento deve-se informar o número de seu recibo de entrega.

Esse evento pode ser enviado quantas vezes forem necessárias ao eSocial e não anula os efeitos dos eventos S-1299 – Fechamento dos Eventos Periódicos e S-1298 – Reabertura dos Eventos Periódicos.

S-5001 – Informações das contribuições sociais por trabalhador

Descrição do evento: Evento totalizador das contribuições sociais por trabalhador, para devida conferencia e fechamento. Diferente dos outros, esse evento é recebido e não enviado ao eSocial.

Considerações relevantes: Os eventos de remuneração (S-1200 ou S-2299 ou S-2399) formam um evento totalizador no qual constará a totalização da base de cálculo (Salário de Contribuição) da contribuição previdenciária de cada trabalhador (CPF), e o cálculo do valor da contribuição devida pelo segurado ao Regime Geral de Previdência Social — RGPS. Retorna também o valor da contribuição efetivamente descontada pelo empregador, conforme informado em rubrica específica no evento de remuneração. O retorno desse evento ocorre na medida em que os eventos de remuneração são enviados.

S-5002 – Imposto de Renda Retido na Fonte

Descrição do evento: Evento totalizador do eSocial, no qual constará a totalização dos rendimentos tributáveis e não tributáveis, o Imposto de Renda Retido na Fonte, as deduções do rendimento tributável bruto, isenções, demandas judiciais e suspensão de incidência em função de decisões judiciais, para devida conferência e fechamento. Esse evento é considerado um evento de retorno do ambiente do eSocial enviado ao empregador.

Considerações relevantes: Esse evento não depende do fechamento dos eventos periódicos, e será encaminhado ao empregador na medida em que os eventos referentes a pagamentos são enviados e validados ao eSocial.

S-5011 – Informações das contribuições sociais consolidadas por contribuinte

Descrição do evento: Evento de retorno do eSocial, para o evento de fechamento de eventos periódicos, S-1299, ou para o S-1295 – Solicitação de Totalização para Pagamento em Contingência, que permitirão, a partir dessas informações, a apuração dos créditos previdenciários e os devidos à outras entidades e fundos.

Considerações relevantes: Esse evento é muito importante para o fechamento e conferencia dos valores da contribuição previdenciário, pois o arquivo de retorno mostra ao declarante, com base nas informações transmitidas nos eventos iniciais, de tabelas e periódicos, o total da base de cálculo por categoria de trabalhador, por lotação tributária e por estabelecimento.

O retorno ocorre na medida em que os eventos S-1299 ou S-1295 forem processados e validados pela DCTFWeb.

S-5012 – Informações do IRRF consolidadas por contribuinte

Descrição do evento: Evento de retorno do eSocial, gerado após o envio do evento de fechamento, S-1299, totalizador do IRRF (Imposto de Renda Retido na Fonte) consolidadas por contribuinte, para devida conferência e fechamento.

Considerações relevantes: Os valores não são especificados por contribuinte, e sim pelo Código de Receita que foram informados para cada trabalhador no evento S-5002.

Este evento deverá alimentar a DCTFWeb relativamente aos valores que devem ser recolhidos a título de Imposto de Renda Retido na Fonte, contudo, esse processo ainda será adaptado, pois inicialmente a DCTFWeb receberá apenas informações previdenciárias. Por se tratarem de novos sistemas, há procedimentos que serão desenvolvidos durante e após a implantação do eSocial.

6. Auditoria trabalhista, previdenciária e de SST com foco no eSocial

Antes de iniciar o processo de implantação do eSocial, é recomendado que se realize uma auditoria interna com foco nos processos relacionados às áreas trabalhista, previdência e Saúde e Segurança do Trabalho. É sabido que os maiores conflitos que ocorrem durante a implantação do eSocial é referente a falta de conhecimento da legislação que norteia esses setores, contudo, enviar as informações apenas para cumprir a nova obrigação acessória pode levar a empresa a ter complicações futuras.

Para exemplificar, observemos a figura a seguir:

Figura 7. As Consequências da falta de conhecimento da Legislação e o impacto na entrega do eSocial.

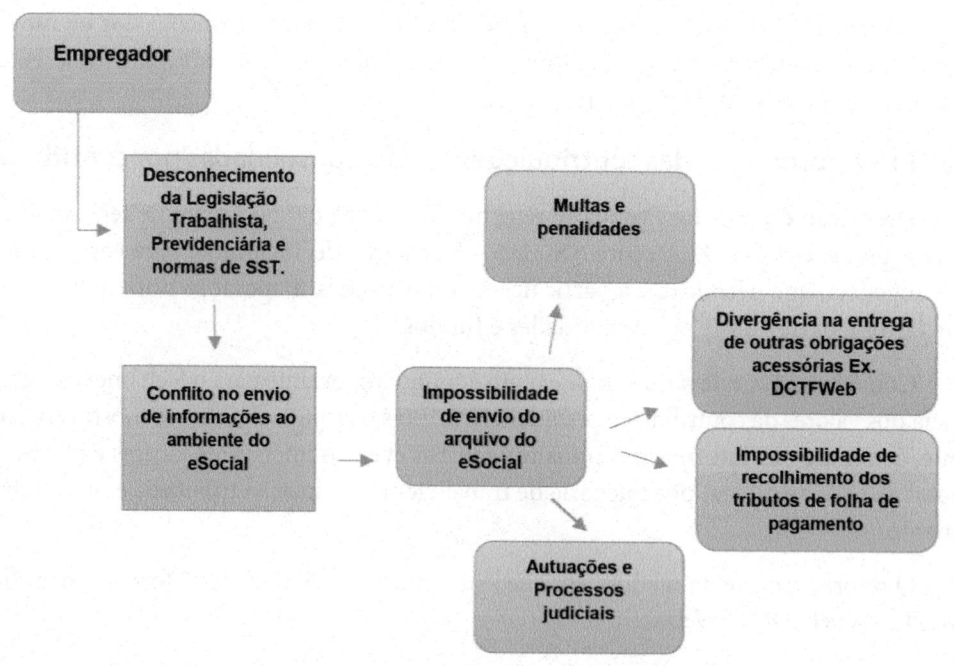

```
                    Empregador
                        |
                        v
            Desconhecimento
            da Legislação
            Trabalhista,              Multas e
            Previdenciária e          penalidades
            normas de SST.
                    |                      ^
                    v                      |
            Conflito no envio      Impossibilidade      Divergência na entrega
            de informações ao  ->  de envio do      ->  de outras obrigações
            ambiente do            arquivo do           acessórias Ex.
            eSocial                eSocial              DCTFWeb

                                                        Impossibilidade de
                                                        recolhimento dos
                                                        tributos de folha de
                                                        pagamento

                                   Autuações e
                                   Processos
                                   judiciais
```

Fonte: Esquema elaborado pelos autores

Como vimos, não entregar o eSocial pode resultar em diversas consequências com impactos em diversos setores da empresa. Por isso a necessidade de uma auditoria interna realizada por um gestor da própria empresa que possa estar vinculado diretamente com o projeto do eSocial, agregar conhecimento e conhecer cada processo ligado ao eSocial.

Depois de conhecer todas as regras do eSocial e os prazos determinados, a empresa deve revisar os processos trabalhistas e previdenciários, de modo a averiguar se todos os processos e rotinas da empresa estão adaptados à legislação vigente e ao eSocial, lembrando que o eSocial não altera a legislação trabalhista e previdenciária, contudo deixará a fiscalização mais precisa e ágil, exigindo maior atenção no envio dessas informações.

6.1. Principais processos de auditoria para o eSocial

Alguns processos merecem destaque nessa auditoria, vamos estudá-los a seguir:

6.1.1. Tabela de rubricas

Um ponto muito importante a ser avaliado na auditoria é a revisão na tabela de rubricas, será que a sua empresa realiza todos os recolhimentos tributários de forma correta?

Este é um processo que exige atenção e conhecimento para que possam ser identificados erros nos recolhimentos, recomenda-se que seja realizado por um colaborador detentor de conhecimento de todas as incidências de folha de pagamento.

Revise a tabela de rubricas, junto à companhia do *software* da folha de pagamento utilizado pela empresa e realize um comparativo para averiguar se tudo está sendo recolhido devidamente.

Evite ter que realizar processos de retificação referente aos recolhimentos de folha de pagamento, assim como possíveis multas.

6.1.2. Contratos, CBOS e cotas

Os contratos dos empregados também devem ser revisados, cargos de confiança por exemplo terão que ser caracterizados no eSocial, devido a tributação, sendo enviados em evento específico. Os CBOS devem estar adequados de acordo com suas atividades, grau de escolaridade e função, é muito importante ter esse número alinhado de acordo com a legislação. Um exemplo no qual podemos averiguar a importância desse processo é a assinatura do supervisor direto do estagiário que devem ter a mesma formação de estudo do estagiário, a lei não permite que o superior responsável seja de uma área diferente ou não tenha a mesma formação, pois entende-se que o mesmo não poderá passar o conhecimento necessário ao estagiário.

6.1.3. Cotas de aprendizes e PCD

Os empregadores devem estar atentos à legislação que rege as cotas de aprendizes e PCD, de modo que as quantidades dos mesmos possam ser revisadas e cumpridas conforme exigência da legislação.

O art. 429 da CLT descreve a porcentagem de jovem aprendiz que as empresas devem contratar:

> Art. 429. Os estabelecimentos de qualquer natureza são obrigados a empregar e matricular nos cursos dos Serviços Nacionais de Aprendizagem número de aprendizes equivalente a cinco por cento, no mínimo, e quinze por cento, no máximo, dos trabalhadores existentes em cada estabelecimento, cujas funções demandem formação profissional.

A Lei n. 8.213/91, regulamenta a contração de Pessoas com Deficiência (PCD), e define a porcentagem de contratação de funcionários conforme a quantidade de funcionário, como consta no art. 93 da mesma lei.

> Art. 93 – a empresa com 100 ou mais funcionários está obrigada a preencher de dois a cinco por cento dos seus cargos com beneficiários reabilitados, ou pessoas portadoras de deficiência, na seguinte proporção:
>
> — até 200 funcionários ... 2%
>
> — de 201 a 500 funcionários ... 3%
>
> — de 501 a 1000 funcionários ... 4%
>
> — de 1001 em diante funcionários ... 5%

As cotas devem ser adequadas antes do eSocial entrar em vigor, é um ponto de suma importância nesse processo de auditoria, pois caso a quantidade de funcionários esteja abaixo do indicado, o departamento de recursos humanos deverá realizar uma ação para a contratação desses funcionários, que não é tão fácil de ser preenchida, esse processo exige tempo e deve ser adaptado o mais rápido possível.

6.1.4. Fechamento de ponto

Como abordamos anteriormente, o eSocial não muda a legislação que determina que a apuração do sistema de ponto seja ele manual, eletrônico, ou de outra forma, deve ser apurado do dia 1 a 31 de cada mês. Sabemos que a maioria das empresas não segue essa regra por questão da gestão de tempo para realizar os fechamentos de folha de pagamento, a quantidade de funcionários etc.

Vale ressaltar esse ponto para uma devida auditoria para o eSocial, mesmo que o sistema de ponto não seja integrado ao eSocial. Algumas informações poderão interferir, caso a fiscalização verifique a questão de jornada de trabalho, quantidade de horas extras, banco de horas, há que ficar atento pois há um limite referente à quantidade de horas extras e a empresa em algum momento pode ser autuada. O correto é tentar adequar uma forma de realizar esse processo como a legislação exige, pensando em um planejamento específico para o fechamento do ponto.

6.1.5. Qualificação cadastral

Esse tema já foi abordado anteriormente nesta obra, contudo, vale ressaltar a importância da qualidade das informações enviadas ao eSocial, o dado de um colaborador divergente ou irregular em algum dos órgãos envolvidos no eSocial pode resultar na inconsistência do arquivo xml que deve ser enviado ao eSocial, por isso esse processo merece destaque nessa auditoria e deve ser realizado antes do início da primeira fase de implantação, sempre que houver alteração de dados do trabalhador ou for realizada uma admissão.

Faça uma planilha contendo os nomes dos funcionários, setor, dados divergentes e o órgão competente que o trabalhador precisa ser encaminhado, determine uma data para revisar o processo e averiguar com os funcionários se o procedimento de correção foi realizado, caso já tenha sido realizado, consulte a qualificação cadastral no *site* do eSocial novamente para se certificar que todos os dados estão certos, para que sejam encaminhados posteriormente.

6.1.6. Identificar processos retroativos

O eSocial vai trabalhar praticamente em tempo real, e alguns processos realizados de forma retroativa devem ser banidos do cotidiano, faça um levantamento desses processos, que podem envolver outros setores da empresa também para que sejam ajustados de forma que isso não impacte a rotina do eSocial.

6.1.7. Levantamentos dos erros, falhas e pontos a melhorar

Após levantar os erros, falhas e pontos a melhorar com a auditoria, realize um planejamento listando todos esses processos, reúna sua equipe e faça um plano de ação para as mudanças, estipule um prazo para que as mesmas estejam adequadas antes mesmo do início do eSocial.

6.1.8. RAT, CNAE e FAP

Apesar desses dados já serem identificados na GFIP, é importante realizar uma auditoria nessas informações, de modo que possa identificar se a tributação está sendo realizada de forma correta.

CNAE

CNAE é a sigla correspondente à Classificação Nacional da Atividade Econômica e refere-se à atividade na qual o empregador possui o maior número de empregados em um determinado mês. Para empregadores que possuem mais de uma atividade, é importante sempre fazer a conferência desse código, pois pode haver períodos sazonais em que a atividade detentora de um número maior de empregados não seja a mesma indicada no mês anterior, os empregadores enquadrados nessa realidade devem manter um controle específico para verificação desses períodos e da quantidade de empregados mês a mês.

Para os que possuem apenas uma atividade-fim, o CNAE será sempre igual ao número do CNAE que consta no cadastro do CNPJ.

RAT

A alíquota RAT (Riscos Ambientais de Trabalho) é determinada por meio do cadastro do CNAE, podendo variar entre 1%, 2% ou 3%, essa alíquota deve ser indicada por estabelecimento, por isso a auditoria deve avaliar matriz e as filiais correspondentes à empresa.

FAP

O Fator Acidentário de Prevenção (FAP) trata-se de um multiplicador calculado por estabelecimento, que varia de 0,5000 a 2,0000, a ser aplicado sobre as alíquotas de 1%, 2% ou 3% do CNAE e varia anualmente. Em geral, é alterado no mês de janeiro.

Quanto maior o número de acidentes ou doenças ocupacionais registradas nas empresas, mais se paga, e quanto menor, se obtém uma redução de 50% da alíquota.

O FAP não é obrigatório para todos os empregadores e pode ser consultado pelo FAP*Web* pelo endereço: <https://www2.dataprev.gov.br/FapWeb/pages/login.xhtml>. (Acesso em: 28 ago. 2018).

6.2. Auditoria e seus benefícios na implantação do eSocial

Uma auditoria realizada com processos bem definidos e com foco nas informações que o empregador deve enviar ao eSocial, além de evitar as consequências já citadas, acarretará também em benefícios, vejamos alguns deles:

6.2.1. Identificação de prioridades

A auditoria interna possibilita uma visão ampla das falhas que, ao serem analisadas pelos gestores ligados ao projeto do eSocial, definem os pontos que devem ser priorizados para andamento da implantação. Essas prioridades podem ser adaptadas conforme o cronograma de implantação do eSocial, de modo que os processos sejam realizados com efetividade conforme será exigido no envio das informações.

6.2.2. Plano de ação

A auditoria interna possibilita o levantamento, a análise e a forma como são executados os processos que envolvem o eSocial, com isso é possível corrigir falhas e adaptar a execução das atividades, assim como promover a interação entre os setores envolvidos no eSocial.

Após esse levantamento ações podem ser desenvolvidas para melhorar a prática dos processos, organizando-os e evitando contratempos na rotina dos profissionais, que terão que se adaptar à nova realidade.

6.2.3. Criação de boas práticas

A instituição de novas ferramentas e práticas para executar os procedimentos relacionados ao eSocial, resultará em uma nova cultura organizacional. O eSocial traz a necessidade dessa mudança que resultará na assertividade no desempenho dos processos e beneficiará a empresa.

6.2.4. Redução da aplicação de multas e autuações

Com a facilidade da obtenção das informações por meio do eSocial, estima-se um aumento na aplicação de multas por não cumprimento da legislação. A auditoria identifica as falhas e aponta as correções que serão necessárias para que a empresa se enquadre à nova realidade, se antecipando a fiscalização dos órgãos como Receita Federal, Previdência e Ministério do Trabalho, com isso o risco de multas será reduzido.

É notório que o eSocial vem de encontro ao desejo da Receita Federal do Brasil (RFB), de combater a sonegação de imposto e, consequentemente, obter o aumento na arrecadação tributária, os profissionais envolvidos com o eSocial poderão saber exatamente os pontos que devem ser revistos e nos quais deverão ter maior atenção.

6.2.5. Imagem da empresa

Reduzir as autuações, realizar os pagamentos de forma correta e ter procedimentos bem desenhados, ajudam a reter os profissionais e mantê-los engajados com o processo de implantação do eSocial. Isso reflete diretamente na imagem da empresa para com seus colaboradores, que se sentem seguros em trabalhar em uma organização que respeita e cumpre os direitos dos trabalhadores, reduzindo o índice de *turnover*.

6.2.6. Programas e laudos atualizados

Realizar a gestão de SST requer muita organização e um controle rígido das informações, e, por este motivo, a auditoria deve envolver os processos de gestão de SST.

Antes do início de vigência da última fase de implantação do eSocial, todos os laudos e programas devem ser revistos e adequados de acordo com as Normas Regulamentadoras (NRs), Legislação Trabalhista e Previdenciária, que é extensa e de interesse de vários órgãos.

A gestão de SST, deve, além de garantir que a empresa possua os devidos laudos e inserção dos programas com objetivo na redução de riscos e garantia da saúde e segurança do trabalhador, assegurar que os mesmos estejam sempre atualizados. Mesmo que um laudo tenha validade de um ano por exemplo, qualquer alteração no ambiente de trabalho ou na atividade exercida pelos trabalhadores, deve ser reavaliada e, consequentemente, essa nova informação deve ser inserida nos laudos e atualizadas no ambiente do eSocial.

6.2.7. Gestão de exames médicos

Na maioria das empresas, a realização dos exames, sejam eles periódicos, admissionais ou de outro caráter, em sua grande parte, não são realizados dentro do prazo. Não é raro um empregado ser admitido e iniciar suas atividades na empresa sem realizar o exame admissional, porém é sabido que estas informações agora serão encaminhadas ao eSocial, o que facilita a fiscalização. Por esta razão, se faz necessário ficar atento aos prazos e rever a forma de realizar os procedimentos.

Para os exames periódicos, uma sugestão é a de realizar uma planilha de controle dessas informações, detalhando os prazos de acordo com os exames realizados por cada funcionário, porque alguns exames têm validade diferente de outros.

Quanto aos exames admissionais, é necessário criar uma política interna para que os trabalhadores não iniciem o exercício de suas atividades sem que toda a documentação esteja em ordem, inclusive o exame admissional e os exames complementares que se fizerem necessários, de acordo com a função a ser exercida.

6.2.8. Administração dos EPCs e EPIs

O uso de EPCs (Equipamentos de Proteção Coletiva) e EPIs (Equipamento de Proteção Individual) é indispensável para preservar a saúde do trabalhador. A maior parte das empresas fornecem os equipamentos de proteção, contudo, não possuem um controle específico sobre os mesmos. Na tabela S-1065 (tabela de equipamentos de proteção), será necessário encaminhar todas as informações sobre os equipamentos, tipo, duração, descrição. Todos esses dados passarão por fiscalização e devem estar adequados ao tipo de atividade exercida pelo trabalhador.

O gestor responsável por esse processo deve ter total ciência dos laudos técnicos como o PPRA, que contém as informações de fatores de riscos e os equipamentos necessários, para realizar o controle relativo à datas de validade do produto para assegurar que a empresa está adquirindo equipamentos certificados e fornecendo adequadamente os equipamentos para os trabalhadores, de acordo com a função exercida.

6.2.9. Treinamentos de SST

As empresas que, apenas com a entrada do eSocial, se alertaram quanto à obrigatoriedade da legislação e normas regulamentadores diretamente ligadas ao âmbito de SST, terão mais essa preocupação na hora de implementar as normas de higiene, saúde e segurança do trabalho. Não basta apenas realizar os laudos e enviar as informações, os trabalhadores deverão ser capacitados para o cumprimento das regras.

Os treinamentos e conscientização dos trabalhadores quanto aos processos de SST garantem a qualidade, a segurança e a eficiência das atividades desenvolvidas, sendo assim devem ser realizados de forma periódica pelos profissionais da área e pelos gestores da empresa, abrangendo todos os funcionários do quadro, atentos quanto à data dos treinamentos e os profissionais que estes treinamentos devem abranger, afinal essas informações também serão cobradas pelos órgãos competentes e fiscalizados pelo eSocial.

7. Implantação do eSocial

Segundo o MOS (Manual de Orientação do eSocial), a Resolução do Comitê Diretivo do eSocial n. 2, de 30 de agosto de 2016, na redação dada pela Resolução CD n. 03, de 29 de novembro de 2017, estabeleceu a implementação progressiva do eSocial pelo envio de informações em fases sucessivas.

7.1. Grupos para implantação do eSocial

Para ter uma implementação progressiva, o eSocial dividiu os empregados em 3 grupos:

a) Grupo 1: Formado pelas empresas que no ano de 2016 tenham obtido faturamento acima de R$ 78.000.000,00 (setenta e oito milhões de reais);

b) Grupo 2: Formado pelos demais empregadores e contribuintes, com exceção dos integrantes do Grupo 3;

c) Grupo 3: Formado pelos órgãos públicos.

7.2. Cronograma de implantação

O portal do eSocial notificou em julho de 2018 que os empregadores e contribuintes pessoa jurídica ingressarão no eSocial a partir de janeiro de 2019, contudo, o Comitê Gestor do eSocial afirma que os empregadores domésticos não serão afetados, pois os mesmos fazem parte do eSocial desde outubro de 2015 e, pelo menos por hora, não haverá mudanças.

Cada um desses grupos possui um calendário específico para sua implementação, que é dividida em quatro fases. Vejamos a seguir os cronogramas de envio de cada fase até a data de fechamento deste livro (26/08/2018), considerando que possíveis alterações ainda possam acontecer.

As microempresas, pequenas empresas e microempreendedor individual podem postergar até novembro para enviar as os dados da primeira e segunda fase, contudo, devido ao volume de dados não é recomendado que deixem sua entrega para novembro junto aos dados de folha de pagamento.

Cronograma de Implantação — eSocial

Tabela 2. Cronograma de Implantação

Fases de Implantação	Informações que devem ser enviadas	Grandes Empresas	Demais Empresas	Órgãos públicos
1º Fase	Cadastro do Trabalhador e Tabelas	Janeiro 2018	Julho 2018	Janeiro 2019
2º Fase	Dados dos Trabalhadores e seus vínculos com as empresas (eventos periódicos)	Março 2018	Setembro 2018	Março 2019
3º Fase	Folha de Pagamento	Maio 2018	Novembro 2018	Maio 2019
4º Fase	Substituição da GFIP (Guia de Informações a Previdência Social)	Julho 2018	Janeiro 2019	Julho 2019
5º Fase	Dados de Saúde e Segurança do Trabalho	Janeiro 2019	Janeiro 2019	Julho 2019

Fonte: Tabela elaborada pelos autores com base nos dados de divulgação de implantação do Comitê Gestor do eSocial.

7.3. Eventos e o "faseamento" do eSocial

Em cada fase da implantação do eSocial um grupo de informações formados por vários eventos devem ser encaminhados, para somente depois seguir para a fase seguinte, que é o que denominamos de "faseamento" no eSocial.

7.3.1. Fase 1 – Envio de eventos do empregador

Na primeira fase devem ser encaminhados os eventos relacionados às informações da empresa/órgão público.

Tabela 3. Eventos da 1ª fase do eSocial

Fase 1 – Empregador	
Código do Evento	Descrição do Evento
S-1000	Cadastro do Empregador
S-1070	Processos
S-1005	Tabela de Estabelecimentos
S-1020	Lotações Tributárias
S-1030	Cargos/ Empregos públicos
S-1040	Funções/ Cargos de Comissão
S-1050	Horários
S-1010	Tabela de Rubricas
S-1080	Operadores Portuários
S-1035	Carreiras Públicas

Fonte: Tabela elaborada pelos autores.

A tabela lista os eventos que devem ser encaminhados na primeira fase, contudo averigue os eventos que não se enquadrem aos parâmetros da sua empresa, exemplo o evento S-1035 que só deve ser enviado por órgãos públicos, fique atento para não cometer equívocos.

7.3.2. Fase 2 – Envio de eventos do trabalhador

Tabela 4. Eventos da 2ª fase do eSocial

Fase 2 – Trabalhador	
Código do Evento	Descrição do Evento
S-2190 e S-2200	Cadastro do Empregado
S-2300	Cadastro do TSVE (Trabalhador sem vínculo empregatício)
S-2205, S-2206 e S-2399	Alterações
S-2230	Afastamentos
S-2298	Reintegração
S-2150	Aviso-prévio
S-3000	Exclusão
S-2299 e S-2399	Desligamentos
S-1207	Benefícios RPPS
S-2260	Convocação para Trabalho intermitente
S-2231	Afastamentos (órgãos públicos)
S-2400 e S-2405	Cadastro beneficiários (órgãos públicos)
S-2410, S-2416 e S-2420	Cadastro de benefícios (órgãos públicos)
S-3000	Exclusão

Fonte: Tabela elaborada pelos autores.

A tabela acima lista os eventos referentes ao trabalhador, que serão inseridos ao ambiente do eSocial na segunda fase de implantação.

7.3.3. Fase 3 – Envio de eventos de folha de pagamento

Na fase 3, deverão ser enviados todos os eventos referentes à folha de pagamento, que possibilitará a geração das guias para pagamento da tributação e o envio de outras obrigações acessórias efetivamente ligadas ao eSocial.

Tabela 5. Eventos da 3ª fase do eSocial

Fase 3 – Folha de Pagamento	
Código do Evento	Descrição do Evento
S-1200 e S-1202	Remuneração no RGPS e RPPS
S-1210	Pagamentos (Caixa-IRRF)
S-1299 e S-1298	Fechamento e Reabertura
S-1280	Informações Complementares

S-1270	Pagamento Avulsos NP
S-2400	Benefícios RPPS
S-1250 e S-1260	Aquisição e Comercialização – Rural
S-5001, S-5002, S-5011 e S-5012	Totalizadores Retorno
S-1207	Benefícios (órgãos públicos)
S-1295	Totalizadores para pagamento
S-1299 e S-1298	Fechamento e Reabertura
S-1300	Sindical Patronal

Fonte: Tabela elaborada pelos autores.

7.3.4. Fase 4 – Substituição da GFIP e entrada da DCTFWeb

A fase 4, marca a entrada da DCTFWeb e o fim da GFIP, portanto não são inseridos novos eventos e sim encaminhados os eventos existentes periódicos mensais para a execução do fechamento de folha e envio das informações para o eSocial, em formato de arquivo xml para validação e consistência dos dados.

Após esse processo os dados são encaminhados do eSocial para o ambiente da DCTFWeb, para que o empregador/órgão público possa gerar a DARF de recolhimento previdenciário e, posteriormente, do imposto de renda (IRRF).

7.3.5. Fase 5 – Envio de eventos de saúde e segurança do trabalho

O envio dos eventos referentes à área de Saúde e Segurança do Trabalho faz parte da última fase de implantação do eSocial devido à complexidade dos dados e ao fator de grande parte das empresas não estarem adequadas às normas instituídas pela legislação vigente.

Tabela 6. Eventos da 5ª fase do eSocial

Fase 5 – Saúde e Segurança do Trabalho	
Código do Evento	Descrição do Evento
S-1060	Tabela de Ambientes de Trabalho
S-2210	CAT
S-2220	Monitoramento da Saúde do Trabalhador (ASO)
S-2240	Fatores de Risco: Insalubridade, Periculosidade e Aposentadoria Especial
S-1065	Equipamento de Proteção
S-2245	Treinamentos e Capacitações

Fonte: Tabela elaborada pelos autores.

6.4. Planejamento de implantação do eSocial

O eSocial está longe de ser apenas mais uma obrigação acessória, é, realmente, um sistema que veio para revolucionar e modernizar, e, pela sua complexidade e a quantidade de dados, há que ter muita atenção com sua implantação, pois, além das mudanças evidentes, o eSocial trará uma mudança ainda mais complicada de implantar: a mudança de cultura organizacional. Por esse motivo a implantação deve ser realizada por meio de um planejamento bem realizado e monitorado.

Deve ser realizado um plano de ação por empresa, no caso de uma contabilidade, cada cliente deve ter seu próprio plano de ação. Portanto, não dá para deixar esse processo para cima da hora, tudo deve ser bem estruturado para que realmente venha facilitar os processos do empregador.

7.4.1. Primeiro passo: eleger equipe do eSocial

O primeiro passo é eleger um responsável pelo projeto do eSocial. Essa pessoa, além de ter o conhecimento sobre o sistema, ficará responsável pela supervisão do projeto que envolve vários profissionais, não só da área de Recursos Humanos, mas também de outros setores. Esse profissional ficará responsável por monitorar os processos e os profissionais que estarão envolvidos no processo.

7.4.2. Segundo passo: análise técnica da documentação do eSocial

Não há como estar envolvido com um projeto como o eSocial sem conhecê-lo integralmente. Conhecer o eSocial vai além de saber para que serve; é necessário entender sua importância, sua grandiosidade e conhecer a fundo tudo o que cerca esse projeto, somente dessa forma será possível a sua implantação.

Para compreender o eSocial é essencial obter o conhecimento sobre ele para evitar problemas futuros. Esse conhecimento pode ser adquirido pela documentação do eSocial, imprima e leia toda a documentação técnica, pois é importante conhecer cada detalhe. Vejamos a seguir quais são os documentos necessários para estudo:

Manual de Orientação do eSocial (MOS)

No manual do eSocial podemos averiguar todas as regras a serem seguidas, assim como as explicações de todos os eventos, disponibilizado na própria página do sistema.

Anexo I – Leiautes do eSocial

Os Leiautes do eSocial são utilizados para analisar os dados obrigatórios e não obrigatórios do eSocial. Ler os leiautes é importante para que se possa entender as estruturas dos eventos para realizar o fechamento e poder questionar a empresa responsável pelo *software* utilizado, caso ocorra alguma ocorrência. Uma invalidação de um evento, pode ser resolvida com uma simples leitura no leiaute.

Anexo II – Regras de Validação

Essa tabela disponibilizada no *site* do eSocial tem, em média, 100 (cem) regras que precisam ser analisadas, pois realizarão a validação das informações prestadas pelas empresas.

Para que ocorra a validação dos dados, deve-se averiguar a validade do certificado digital ou da senha de acesso, depois as informações enviadas ao eSocial serão cruzadas pelos órgãos participantes do eSocial.

Anexo III – Tabelas do eSocial

As tabelas do eSocial contém as informações de cadastros do eSocial, é necessário ler essas tabelas para realizar auditoria nos dados antes de encaminhar os primeiros dados que darão início a esse processo de implantação, muitos desses dados interferem diretamente na tributação da folha.

O profissional escolhido no primeiro passo deve estar ciente que precisa ter conhecimento em toda a documentação do eSocial, apesar de extensa é de extrema importância que o profissional domine essa parte, pois isso facilitará o andamento do projeto.

Após conhecer o eSocial de forma mais abrangente, realize alguns procedimentos para obter o levantamento de algumas informações:

- Conheça os *softwares* envolvidos no eSocial (incluindo módulos não integrados ao departamento pessoal, como por exemplo, o fiscal e o contábil;
- Realize testes no ambiente de testes do eSocial, de modo a averiguar a compatibilidade dos eventos a serem enviados;
- Analise o leiaute dos eventos com possíveis inconsistências;
- Identifique as informações que deverão ser enviadas por outros setores;
- Verifique as informações irrelevantes e as que estão ausentes nos *softwares*;

Esse levantamento realizado servirá de base para que a integração entre os *softwares* ocorra de forma bem-sucedida, assim como a integração dos setores e dos módulos em que as informações serão compartilhadas.

7.4.3. Terceiro passo: crie uma engrenagem para o eSocial: processos, pessoas e tecnologia

Para que o eSocial seja implantado com sucesso, precisa contar com a integração contínua de três aliados: os processos, a tecnologia e as pessoas.

Cabe ao responsável pelo projeto garantir que essa tríade funcione com êxito.

Figura 8: Engrenagem com os principais aspectos de integração do eSocial

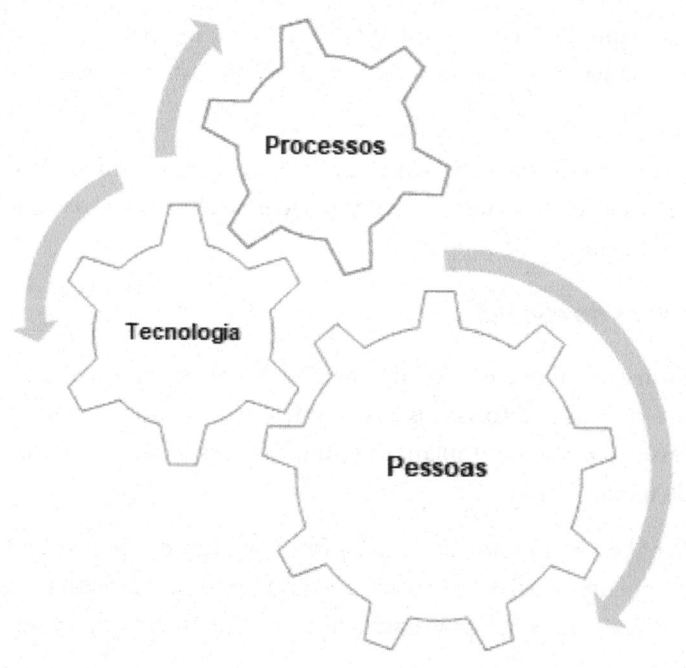

Fonte: Elaborada pelos autores

Todas as organizações são dependentes de seus processos, de pessoas e da tecnologia. Para o eSocial, contamos com a integração de sucesso dessa tríade para montar uma engrenagem que possa dar suporte ao projeto. Iniciar a implantação do eSocial sem uma engrenagem forte e interligada é o primeiro passo para haver falha na implantação. Para que isso não ocorra, vamos entender melhor cada peça dessa engrenagem.

Uma boa estrutura de tecnologia não envolve somente o sistema integrado ou a folha de pagamento, há de se investir em infraestrutura para garantir que o eSocial funcione devidamente. O programa eliminará arquivos armazenados em papel para a forma digital, e seus arquivos xml devem ser bem guardados para análises, correções futuras ou para a fiscalização. É necessário que esses dados estejam bem armazenados e que, periodicamente, seja realizado *backups* nos sistemas, para evitar que os arquivos possam ser perdidos. Atualmente, há empresas que oferecem o serviço de *backup* e armazenamento em nuvem, por um preço acessível, vale a pena pesquisar e adaptar a empresa, afinal, esse processo não servirá somente para o projeto do eSocial, o investimento estará interligado à outras áreas que também precisam da segurança de dados.

Verifique se o sistema de folha de pagamento utilizado pelas empresas e filiais está se desenvolvendo e sendo adaptado para o eSocial, entre em contato com a prestadora de serviço e mantenha-se informado sobre a atualização dos processos, realize treinamentos com o *software*, afinal, são os dados do seu sistema que formaram o arquivo xml do eSocial. Conte com a empresa prestadora de serviço como mais uma parceira na implantação.

Os profissionais, sem sombra de dúvidas, são a base para que o eSocial aconteça e venha ser um projeto vitorioso. Nesse momento, não há ninguém com experiência em eSocial. Gera-se, então, a dúvida: "Qual tipo de profissional é necessário para estar à frente desse projeto?". E a resposta é simples, profissionais engajados que tenham o essencial: o conhecimento.

Ter e buscar manter em seu quadro de colaboradores profissionais com conhecimento em eSocial, engajados em realizar os processos e "colocar a mão na massa", vão ser o diferencial. O eSocial é um sistema volumoso e requer uma conferência de dados e auditoria interna que exige cuidado, atenção e, principalmente, tempo.

O empregador deve entender a grandiosidade do processo e avaliar a rotina de trabalho existente na empresa, se a demanda for alta recomenda-se ter um profissional qualificado que possa lidar apenas com os processos do eSocial, alguém que possa realizar um plano de ação, promover uma auditoria interna com os gestores dos setores envolvidos, realizar testes utilizando a área de ambientes de testes do eSocial, capacitar os funcionários envolvidos, estar sempre antenado nas mudanças providas pelo Comitê Gestor e nas notas das instituições envolvidas. Com tantas atividades a desenvolver, é mais do que necessário ter bons profissionais. Limitar o quadro de colaboradores e não engajar os profissionais da empresa no projeto nesse momento pode causar prejuízos maiores em um futuro próximo.

Capacite sua equipe, quanto mais treinamento menos problemas terão em desenvolver os processos e, consequentemente, se sentirão mais envolvidos e seguros para implantar o eSocial. Mantenha os profissionais cientes de suas responsabilidades e importância da interação de uma boa equipe perante essa inovação na vida organizacional, principalmente na rotina do departamento pessoal.

Caso não possua dentro da empresa um colaborador que possa realizar essa capacitação para os funcionários da organização, uma opção é contratar empresas de consultoria ou de treinamento que oferecem esse tipo de capacitação e podem realizar treinamentos na empresa ou por EAD (ensino à distância).

Com a mão de obra certa nos setores envolvidos e os profissionais engajados, podemos partir para outro ponto de destaque na implantação: os processos.

Os processos devem ser mapeados para que possa ser executado o planejamento de implantação, nele devem estar envolvidos não só os profissionais de departamento pessoal, mas também a liderança e os outros setores que participem direta ou indiretamente desse processo.

Uma dica é realizar o mapeamento dos processos depois de uma auditoria interna, (assunto que abordaremos posteriormente em um outro capítulo), pois não basta apenas entender o que precisa ser feito para enviar o eSocial, é necessário compreender que os processos devem estar funcionando de forma correta, de forma consciente e assertiva dentro da legislação vigente pelos profissionais envolvidos. Esses processos devem estar claramente desenhados para a execução de cada um dos funcionários.

Com essa tríade adaptada com certeza a engrenagem do projeto do eSocial estará pronta para ser implantada.

7.4.4. Quarto passo: comunicação com o público alvo

Será que seus *stakeholders* (clientes, diretores ou colaboradores) estão cientes da importância e das mudanças que o eSocial irá trazer para o cotidiano da empresa? E dos investimentos que devem ser realizados? Trabalhe com a conscientização de todos os seus *stakeholders*.

Liste quem são os seus *stakeholders*, aqueles com quem deve procurar estabelecer uma boa comunicação para o bom andamento do projeto. Assim que identificar o público alvo comece a pensar qual a forma de comunicação será mais efetiva para aquele nicho específico, assim a comunicação poderá ser desenvolvida conforme o perfil dos *stakeholders*.

Antes de iniciar o projeto, preocupe-se com a conscientização da alta gestão. Para a implantação de um projeto da amplitude do eSocial, primeiro é necessário contar com o envolvimento da alta gestão, para obter investimento e apoio durante a implantação. Fazer enxergá-los um cenário amplo, as mudanças organizacionais necessárias e, principalmente, os riscos, fará com que esse projeto seja visto de uma forma mais cautelosa.

A gerência e diretoria acima dos departamentos devem estar envolvidas no projeto, para que estejam conscientes que o bom funcionamento do eSocial não depende unicamente de um departamento, mas de um conjunto de informações que deverão ser fornecidas por outros setores. Desse modo, serão melhor definidos os objetivos e as responsabilidades, de modo que a cobrança para o bom funcionamento do processo possa ser realizado também por níveis hierárquicos mais altos.

É importante agendar reuniões, visitar clientes (principalmente os escritórios contábeis que possuem uma cartela de clientes para atender), encaminhar *slides* explicativos dos passos que precisão ser tomados, das ações que estão sendo desenvolvidas, os investimentos que estão sendo feitos, as adaptações de processos, todos devem estar cientes da importância desse novo projeto, para que tenhamos uma equipe engajada.

7.4.5. Quinto passo: adequação dos processos com a legislação vigente

Adaptar os processos de acordo com a legislação vigente é um dos procedimentos mais trabalhosos e minuciosos da implantação do eSocial. Aconselha-se que esse processo seja realizado junto ao departamento jurídico, para averiguar se a organização está cumprindo em conformidade com a legislação em vigor.

O empregador rever com foco na legislação os seguintes processos:

- Jornada de trabalho;
- Tabela de rubricas;
- Cálculos de folha de pagamento e rescisórios;
- Políticas de benefícios;
- Eventos de remuneração e suas incidências;
- Processos judiciais ativos;

- Eventos rescisórios;
- Adicionais de periculosidade, insalubridade;
- Benefícios concedidos ao trabalhador;
- Revisar CBOs.

Se a empresa realizou a auditoria conforme sugerido nesta obra, seguramente foi levantado processos que podem ser enquadrados nessa revisão dos processos.

7.4.6. Sexto passo: plano de ação

Após realizada a auditoria de forma minuciosa e precisa, poderemos dar andamento ao planejamento de Implantação do eSocial. Com os processos mapeados se torna mais fácil realizar um novo mapeamento dos processos, de modo que as informações possam ser enviadas em tempo hábil, sem que haja atrasos nos processos. Podemos utilizar ferramentas de planejamento de projetos como o 5W2H e adaptá-las ao eSocial, esse planejamento deve ser realizado pelo responsável da empresa pelo eSocial e repassado aos demais gestores e profissionais envolvidos.

A ferramenta 5W2H tem essa denominação pela soma das inicias de seus processos, é muito conhecida e utilizada nos processos de planejamento, no eSocial é uma das mais utilizadas porque compreende todos os pontos necessários do projeto, fazendo um *checklist* importante para a ação do eSocial e para a revisão dos processos.

Figura 9: Ciclo 5WH2

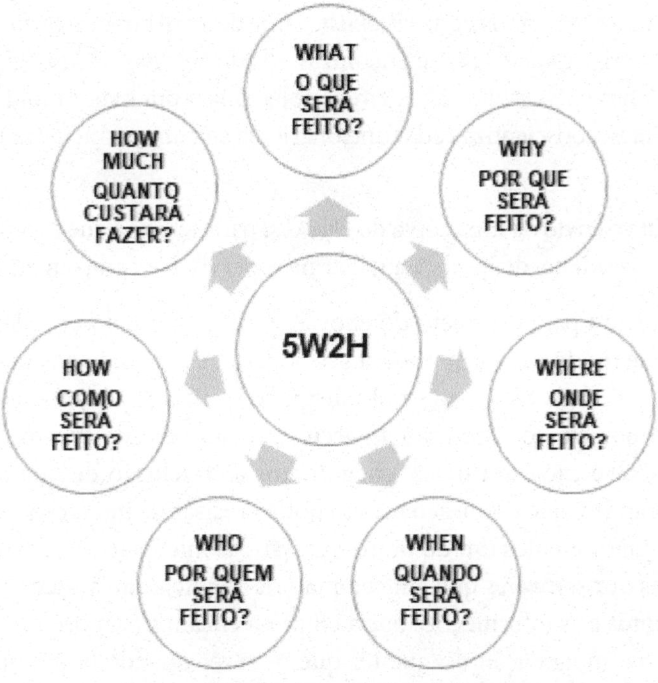

Fonte: Esquema elaborada pela autora.

Faça uma tabela com os pontos da ferramenta 5W2H, deste modo terá à sua disposição um *checklist*. Liste nessa tabela os processos a serem alterados que foram levantados pela auditoria, levantando todos os eventos do eSocial, e defina por meio da ferramenta 5W2H os seguintes pontos:

Vamos analisar essa ferramenta de uma forma mais prática, exemplificando sua utilização no eSocial.

Tabela 7: Exemplo de aplicação da ferramenta 5W2H

O que será feito?	Envio da EFD- Reinf
Por quem será realizado?	Analista fiscal Pleno
Onde será feito?	Setor Fiscal
Quando será feito?	Todo dia 15 do mês ou dia anterior, caso a data não seja um dia útil
Por que será feito?	Obrigação acessória de envio obrigatório à Receita Federal
Como será feito?	Através do ambiente da EFD- Reinf
Quanto irá custar?	R$ 800,00 para compra da ferramenta de diagnóstico fornecida pelo *software* utilizado no setor fiscal.

Fonte: Esquema elaborado pela autora.

O responsável pela implantação do eSocial deve fazer uso dessa ferramenta para todos os processos levantados pela auditoria, em seguida dividi-los por setores.

A conscientização e interação das pessoas faz a diferença nesse projeto, reúna os membros de cada setor e mostre o *checklist*, afim de realizar um *Brainstorming* (ferramenta utilizada para captar ideias) e encontrar a solução mais adequada para a melhoria do processo levantado pela auditoria. Além de solucionar com maior rapidez e facilidade os problemas evidentes, conscientiza cada funcionário da sua importância em um determinado processo.

É importante o envio de uma cópia do *checklist* para a pessoa que executará o processo e para seu superior imediato, de modo a auxiliar na supervisão e cumprimento da tarefa.

O recomendado para o projeto do eSocial é que seja criado um plano de ação para cada evento, desse modo cada um poderá ser avaliado e adaptado aos processos que precisarão de ajustes. Pode parecer exagerado de início realizar um plano de ação por evento, contudo se levarmos em consideração as peculiaridades de cada evento, os leiautes, a legislação que envolve cada um deles, chegaremos à conclusão de que a quantidade de informações é grande e que um único evento pode precisar da interação de vários setores e de adaptações bem diferentes um do outro. Apesar das informações serem informatizadas e compartilhadas por *softwares* que em sua maioria se integram, ainda assim é trabalhoso averiguar os eventos e as informações que a empresa encaminha, porém é melhor reavaliar esses processos na implantação do que ter que os rever quando houver uma notificação, uma multa, uma autuação por parte de algum dos órgãos fiscalizadores.

7.4.7. Sétimo passo: mudança cultural

Idalberto Chiavenato define a cultura organizacional, ou corporativa, como o "conjunto de hábitos e crenças estabelecidos através de normas, valores, atitudes e expectativas compartilhadas por todos os membros da organização". Ou seja, a cultura organizacional determina a forma de trabalho e as diretrizes utilizadas pelos setores e pela empresa.

Alterar a forma de execução dos procedimentos na teoria é fácil, mas sabemos que na prática não é tão simples assim, ainda mais quando estamos falando de processos executados por profissionais que estão no mercado há anos executando durante muito tempo os processos de uma determinada forma.

O departamento pessoal pode exemplificar muito bem esse quadro porque a legislação sempre existiu, contudo, os processos nem sempre eram cumpridos à risca.

O eSocial impactará a mudança organizacional de forma rápida, são muitos processos e setores envolvidos no projeto.

A mudança cultural nas empresas é um dos maiores desafios que o eSocial nos propõe. Mas, como mudar esse cenário?

Não existe uma fórmula mágica para mudar uma cultura organizacional, mas algumas ações podem ajudar nessa transição que, sem dúvidas, exigirá tempo, pois há muita resistência às mudanças por parte dos colaboradores, o eSocial é prova disso, muitos profissionais optariam por continuar encaminhando as informações nas obrigações acessórias já existentes do que implantar o eSocial.

Algumas ações são de extrema importância para que ocorra as mudanças culturais, detalhamos, a seguir, algumas delas.

Visão clara de objetivos

Quando realizamos o *checklist* por meio da ferramenta 5W2H, deixamos claro os objetivos específicos da mudança que é necessária, contudo, é preciso ampliar a visão dos envolvidos no projeto demonstrando a abrangência do processo e as consequências. Vamos utilizar uma situação bem comum na rotina trabalhista de uma organização que visa a produção rápida de um produto; devido ao aumento de vendas, o supervisor da área de produção resolve admitir dois colaboradores ao setor, e devido à alta demanda esquece de avisar ao departamento pessoal a contratação do funcionário de imediato, realizando o comunicado uma semana depois da admissão. Com o eSocial, o cadastro de admissão deve ser encaminhado com a antecedência de um dia ao do início do trabalho, fato que se não ocorrer deixará a empresa vulnerável à multas. Visto essa falha, realizado o plano de ação e comunicado ao supervisor de produção em questão do novo procedimento, é preciso ampliar a visão do mesmo para que ele enxergue a complexidade de uma falha de comunicação nesse processo.

Demonstre o novo cenário com treinamentos, exemplifique os casos e aponte as consequências da resistência à mudança, esse processo é trabalhoso e demorado, mas com o tempo faz toda a diferença no âmbito organizacional.

Estabeleça metas

Estabeleça meta para as mudanças almejadas de curto, médio e longo prazo, compartilhe com a equipe e realize *feedback* para informar as metas alcançadas e os pontos que ainda precisam ser trabalhados.

No caso do eSocial, utilize as cinco fases do eSocial, para o estabelecimento das metas, compartilhe com os envolvidos os acertos e os erros, de modo a corrigir e melhorar os processos dos quais o projeto precisa para ser executado de forma assertiva.

Gestão de tempo

Trabalhe a gestão de tempo, comunique prazos à equipe e acompanhe os procedimentos executados durante o processo. Uma mudança cultural exige tempo e paciência, porém, como a maioria das organizações começaram a preparação para implantação do eSocial próximo a sua entrada em vigor, há pouco tempo para a adequação dessa cultura e será necessário correr contra o tempo. Realize uma supervisão mais rigorosa quanto aos procedimentos que envolvem o eSocial, e mantenha os profissionais engajados e envolvidos no projeto, essa será a única forma de compensar a espera de maturação da cultura organizacional.

7.4.8. Oitavo passo: acompanhamento e revisão dos processos do eSocial

Após o mapeamento dos processos, capacitação da equipe, e plano de ação é necessário acompanhar a execução e revisar os processos finalizados. Na própria tabela do *checklist* pode ser inserido um campo constando o prazo de execução do processo e a assinatura do responsável por realizá-lo. Desse modo, a supervisão sobre o plano de ação pode ser feita por meio de um cronograma referenciando as datas limites de execução da tarefa, contudo não deve ser realizada somente a revisão do procedimento na data de entrega ou posteriormente, é de suma importância que durante o andamento da tarefa haja o acompanhamento, eliminando, assim, possíveis dúvidas e falhas que possam atrapalhar o cumprimento do objetivo final.

7.5. Principais erros na implantação do eSocial

O eSocial, por ser um sistema novo, inclusive para os órgãos participantes, que também fazem parte desse período de implantação, será alvo de muitos erros e falhas, contudo enumeramos a seguir uma lista com os principais erros que não se deve cometer ao começar o processo de implantação.

1. Deixar para se capacitar e capacitar a equipe quando a implantação iniciar

O primeiro passo para implantação, como veremos a seguir, é conhecer o eSocial, o sistema de folha que integrará o eSocial, as modificações que ocorreram nele e, o principal, conhecer a legislação vigente. Atuar com o eSocial é lidar com regras, normas de Saúde e Segurança do Trabalho e leis trabalhistas e previdências.

Com tantas informações, não se pode deixar a implantação iniciar para se capacitar. E se no seu caso a implantação já tiver começado, será necessário correr atrás do tempo perdido e buscar as informações pertinentes.

2. Implantar o eSocial sem cumprir o faseamento

Já presenciei casos de empregadores que fizeram isso e tiveram diversos problemas, tendo que começar a implantação novamente do zero e utilizando o "faseamento". O comitê gestor criou o "faseamento" para adaptar os empregadores à nova obrigação e organizar o projeto. Se existe uma sequência lógica de envio dos eventos, por que não os seguir? Seguir um outro caminho que não seja o proposto é a certeza de que isso vai acarretar mais problemas. Siga as instruções e datas do cronograma de implantação, e será mais fácil, inclusive, sanar as dúvidas que possam surgir em cada fase, pois todos os empregadores do seu grupo estarão implantando em um mesmo período.

3. Acreditar que o eSocial não precisa de investimentos

Os investimentos serão necessários, pois terão de que haver mudanças nas estruturas de TI, em mão de obra, em comunicação com os clientes, em capacitação de profissionais. Não investir agora, pode refletir em prejuízos futuros.

4. Realizar processos retroativos

Um processo considerado cultural nos departamentos de pessoal deverá ser banido antes mesmo da implantação do eSocial. Realizar férias, desligamentos e admissões retroativas mesmo após a entrada do eSocial implicará em questões legais abordadas no tema de auditoria desta obra.

5. Não atualizar cadastro dos empregados e dependentes

Atualize todos os cadastros de empregados e de seus dependentes antes do início da vigência do eSocial, de modo a evitar a inconsistência dos dados ao começar a implantação.

6. Não realizar auditoria interna

Acreditar que todos os procedimentos são realizados de forma eficaz e que o sistema de folha de pagamento resolverá todos os problemas para o envio do eSocial é um grande erro, pois há sempre um ajuste a ser realizado que pode melhorar o andamento do projeto. Mais à frente teremos um tópico falando sobre a auditoria mais detalhadamente, contudo, vale ressaltar a necessidade do levantamento de possíveis falhas e a execução de um plano de ação para a melhoria dos mesmos. Não realizar essa auditoria pode te fazer enxergar as falhas apenas quando começarem a ocorrer os problemas e, consequentemente, a empresa começar a ser autuada por algum motivo.

7. Não comunicar a alta direção sobre o projeto

Como já exemplificamos, o projeto precisará de investimentos, de comunicação com clientes, aumento da mão de obra, etc. Como realizar esses processos sem o respaldo e conscientização dos diretores da empresa? Deixar nas mãos da equipe existente na empresa sem comunicar hierarquias mais altas pode acabar tendo consequências maiores. Informe a grandiosidade do projeto, as necessidades, deixe-os cientes dos riscos a que empresa está exposta. Com a interação de todos, a implantação se tornará mais fácil.

8. Não conhecer a legislação específica para o segmento de atuação da empresa

Cada segmento de empresa possui aspectos específicos em sua legislação que devem ser conhecidos e dominados pela equipe do eSocial. Muitas são as particularidades em determinados seguimentos, um exemplo é o âmbito rural que possui uma legislação específica para o empregador rural e também normas específicas de saúde e segurança do trabalho, que precisam ser adaptadas no dia a dia do trabalhador.

9. Não realizar parcerias com empresas de Gestão de SST

Se a empresa não possui um SESMT, deve buscar a parceria de uma empresa especializada em SST para realizar a elaboração dos laudos que serão necessários ao envio das informações contidas nos mesmos para o eSocial. Busque boas parcerias, isso trará reflexos positivos na implantação. (Voltaremos a abordar este ponto em um capítulo específico dessa obra).

10. Resistência à mudanças

O eSocial não é um inimigo do departamento pessoal, nem está sendo implantado apenas para gerar multas nas empresas, é uma modernização necessária. Em meio a tecnologia que vivemos, por que continuarmos ligados com processos passados? As mudanças podem assustar, mas se fazem necessárias, as obrigações trabalhistas estão obsoletas para os avanços que já existem e, acreditem, o eSocial ainda vai facilitar muito a vida do profissional de departamento pessoal e do próprio trabalhador que, mais à frente, pelo escopo do projeto do eSocial, terá acesso às suas informações no eSocial, assim como o empregador.

8. Folha de pagamento no eSocial

Constitui obrigação do empregador/contribuinte/órgão público "preparar folha de pagamento da remuneração paga, devida ou creditada a todos os segurados a seu serviço, devendo manter, em cada estabelecimento, uma via da respectiva folha e recibos de pagamentos" (Art. 225 do Regulamento da Previdência Social — RPS do Decreto n. 3.048/1999).

Podemos denotar por meio dessa regulamentação que todo empregador tem por obrigação realizar a folha de pagamento de forma mensal, para remunerar seus empregados, de forma coletiva, por estabelecimento do empregador/contribuinte/órgão público, por obra de construção civil e por tomador de serviços, com a correspondente totalização.

A folha de pagamento deve manter a seguinte disposição de informações:

• Nome dos segurados, cargo, função, serviço prestado;

• Agrupamento dos segurados por categorias;

• Em gozo de salario-maternidade destacar o nome das seguradas;

- Indicar descontos legais, destacar parcelas integrantes ou não da remuneração;
- O salário-família deve ser indicado pelo número de cotas para cada segurado;
- Indicar o número de horas extras prestadas por trabalhador e informar a porcentagem utilizada;
- Indicar a quantidade de horas noturnas laboradas e o percentual para cálculo do adicional noturno.

O eSocial é uma obrigação acessória que possibilita o envio das informações de folha de pagamento por meio do evento S-1200 – Remuneração do trabalhador vinculado ao RPS (Regime Geral da Previdência Social) ou do S-1202 – Remuneração do servidor vinculado ao RPPS (Regime Próprio de Previdência Social). Ambos eventos retém as informações de remuneração e realizam a interação entre os eventos não periódicos que influem no cálculo de remuneração como o S-2200 – Admissão de Trabalhador, S-2206 – Alteração de Contrato de Trabalho, ou mesmo o S-2230 – Afastamento Temporário.

O prazo para envio dos eventos de folha de pagamento no eSocial segue o prazo da GFIP, devendo ser entregue até o dia 7 do mês subsequente ao do período de apuração, antecipando-se o vencimento para o dia útil imediatamente anterior, em caso de não haver expediente bancário.

A folha de pagamento deve ser elabora de forma individualizada por trabalhador.

O eSocial entende a abertura da folha de pagamento com o envio do evento S-1200 – Remuneração do Trabalhador vinculado ao RGPS ou S-1202 – Remuneração do servidor vinculado a RPPS, e deve ser finalizado com o envio do S-1299 – Fechamento dos Eventos Periódicos. O sistema do eSocial só realizará o fechamento da folha quando o evento S-1299 for enviado, pois é por meio dele que o sistema entende o fechamento, valida as informações e cálculos de folha e contabiliza os recolhimentos de FGTS e previdenciário.

Existem três formas de realizar a folha de pagamento:
- Manual;
- Informatizado de forma interna (realizado pelo próprio empregador);
- Informatizado de forma externa (realizado por terceiros, em geral por escritórios de contabilidade).

Apesar da maioria ser informatizado, há muitos cálculos que são configurados pelo próprio empregador para atender necessidades de alguma particularidade salarial, a maior parte deles não utilizam as rubricas na hora de configurá-los.

Por isso, antes de encaminhar os eventos do eSocial, mesmo tendo um sistema informatizado, fique atento à essas configurações que não serão reconhecidas pelo eSocial no cruzamento de informações.

Elencamos, a seguir, os principais processos para realização do fechamento da folha, por meio do modelo de sistema informatizado interno:
- Conferência dos processos admissionais, rescisórios e férias que ocorreram no mês (averiguando se constam todas as movimentações no período);

- Conferência de alterações cadastrais que possam influenciar nos pagamentos. Exemplo: alterações salarias;

- Fechamento do ponto dos colaboradores;

- Realizar lançamentos específicos de descontos e de salário, se o ponto não for integrado à folha de pagamento realizar o *imput* de dados apurados no ponto como faltas, atrasos, banco de horas e horas extras;

- Certifique-se de que todas as verbas (até as automatizadas) estão lançadas;

- Realize o processamento da folha;

- Efetue a conferência das incidências (IRRF, FGTS e INSS);

- Faça a emissão dos relatórios de folha e holerites.

Ao realizar esses procedimentos, o arquivo xml do eSocial poderá ser emitido e preparado para envio.

Quando encaminhado o arquivo xml, para o ambiente *web* do eSocial, automaticamente haverá um cruzamento de dados da remuneração do funcionário em cada lançamento realizado no sistema de folha de pagamento.

Existe um termo muito comum para quem atua na área de departamento pessoal que é a "de/para", essa expressão indica um comparativo realizado entre os lançamentos de proventos ou descontos da folha de pagamento do empregador, ou seja a estrutura do lançamento com a base da estrutura do eSocial.

Vamos entender melhor exemplificando:

Figura 10. Tabela de "de/para"

Folha de Pagamento				eSocial		
COD (21) Hora Extra				Evento (S-1003)		
Incidências	SIM	NÃO		Incidências	SIM	NÃO
FGTS	x			FGTS	x	
INSS		x		INSS	x	
IRFF	x			IRFF	x	

Fonte: Esquema elaborado pelos autores.

No esquema elaborado, observamos a estrutura de um lançamento de hora extra no primeiro quadro, que exemplifica o lançamento dentro da folha de pagamento; verificamos as incidências que serão calculadas e pagas sobre a verba, em comparativo com o quadro da direita que demonstra o evento S-1003 e as incidências que recaem sobre o pagamento da hora extra dentro do ambiente do eSocial. Averiguamos que as tributações estão diferentes. A esse comparativo realizado, é o que denominados "de/para".

É importante realizar esse comparativo (vamos abordá-lo mais à frente) porque, quando houver o cruzamento das informações, ocorrerá invalidações e os cálculos de incidência, nesse caso em específico, sofrerá uma diferença nos recolhimentos previdenciários.

A transmissão do evento "S-1299 – Fechamento dos Eventos Periódicos" pelo eSocial, após processadas as devidas validações, conclui a totalização das bases de cálculo contempladas naquela folha de pagamento, possibilita a constituição do crédito e os recolhimentos das respectivas contribuições previdenciárias e FGTS.

8.1. Remuneração e Pagamento no eSocial

O pagamento no eSocial é configurado pelo evento S-1210 — Pagamentos de Rendimentos do Trabalho, no qual será indicada a data de pagamento efetiva ao trabalhador. Neste evento constarão as informações declaradas em folha de pagamento ao eSocial, servindo como base para os cálculos da Contribuição Previdenciária e FGTS e, posteriormente, de IRRF. Essas informações seguiram as regras das rubricas de remuneração da folha – regime de competência, o "S-1200 – Remuneração do Trabalhador vinculado ao RGPS" ou "S-1202 – Remuneração do servidor vinculado ao RPPS".

9. Gestão de SST com foco no eSocial

As empresas, até a entrada do eSocial, estavam habituadas a encaminhar aos órgãos do Governo informações pertinentes à área previdenciária e trabalhista, contudo, as informações referentes à área de Saúde e Segurança do Trabalho não eram enviadas, por este motivo não havia por parte das empresas (principalmente as de menor porte) preocupação com esse âmbito. Atualmente, toda a empresa que contrate mão de obra deve desenvolver e implantar programas de saúde e segurança do trabalho.

Segundo dados do Ministério do Trabalho divulgados em seu *site* em junho de 2018, já foram aplicadas 37.336 multas por acidente de trabalho em todo o país. Com a entrada do eSocial esse número de multas deve aumentar ainda mais, pois a área de Saúde e Segurança do Trabalho ainda é novidade para muitos empregadores.

As normas relativas à segurança e medicina do trabalho são de observância obrigatória pelas empresas privadas e públicas e pelos órgãos públicos da administração direta e indireta, bem como pelos órgãos dos Poderes Legislativo e Judiciário que possuam empregados contratados sob o regime de CLT (Norma Regulamentadora 01 do Ministério do Trabalho). Por meio desta NR podemos analisar que essa regra atinge todos os tipos de empresa, tanto as de grande porte como por exemplo as indústrias quanto as empresas que possuam apenas um colaborador em seu quadro.

Com a entrada do eSocial e a obrigatoriedade da transmissão dessas informações, as empresas necessitam se adequar à nova realidade e olhar de uma forma diferente para esta área, implantando programas que se adequem e atendam às exigências das normas regulamentadoras de saúde e segurança do trabalho, contratando equipes e consultorias especializadas no assunto.

Se por um lado os profissionais desta área serão mais valorizados e procurados, uma vez que a demanda de trabalho aumentará, por outro lado, vale destacar, os mesmos serão mais cobrados devido à exigência da qualidade das informações que deverão ser prestadas, evitando autuações e multas futuras.

Este capítulo tem por finalidade compactuar ideias de como realizar de forma eficaz a gestão dos processos relacionados à SST que serão informados ao eSocial. Sabemos que na fase de implantação do eSocial, essa será a última fase a ser informada, contudo, não é motivo para que as adequações sejam deixadas para a última hora no processo de implantação.

9.1. Interação dos setores com a área de SST

Nas grandes empresas, a gestão de SST é realizada pelo SESMT (Serviço Especializado de Segurança e Medicina do Trabalho), porém, nas empresas de menor porte, em geral, a gestão dessas informações é realizada pelo setor contábil ou departamento pessoal, por intermédio de uma empresa terceirizada.

Para os escritórios contábeis detentores de vários clientes de diferentes segmentos, será um grande desafio realizar, além da gestão das informações, o envio das mesmas para o eSocial. Será necessário um conhecimento maior sobre o cliente, os ambientes de trabalho, as atividades desenvolvidas pelos colaboradores e parcerias com as empresas de saúde e segurança do trabalho que realizem esse tipo de controle sobre a periodicidade dos exames, afastamentos e laudos com uma comunicação constante e eficaz.

9.2. Programas e laudos

As empresas são responsáveis pelos trabalhadores que exercem atividades dentro de seu ambiente, independentemente do tipo de contrato do empregado, portanto, a empresa deve realizar os laudos que definem os riscos pelos quais os trabalhadores passam no ambiente e as implementações dos programas que assegurarão a segurança e a saúde do trabalhador.

As empresas são responsáveis pelos trabalhadores que exercem atividades dentro do seu ambiente, não importa se este trabalhador é terceirizado ou autônomo, cabe a própria contratante avaliar os riscos de seu ambiente de trabalho e promover ações preventivas e de controle desses riscos, quando são encontrados agentes ou fatores de risco.

Os laudos também devem ser realizados para que benefícios trabalhistas e previdenciários possam ser concedidos aos trabalhadores, como por exemplo, insalubridade, periculosidade e aposentadoria especial. Esses laudos necessitam que suas informações sejam registradas e controladas com bastante rigor, para evitar multas e possíveis ações judiciais.

Elencamos na figura abaixo os principais laudos e documentos que serão utilizados pela área responsável da gestão de SST para levantamento das informações que serão enviadas ao eSocial:

Figura 11: Principais laudos para levantamento de informações para o eSocial

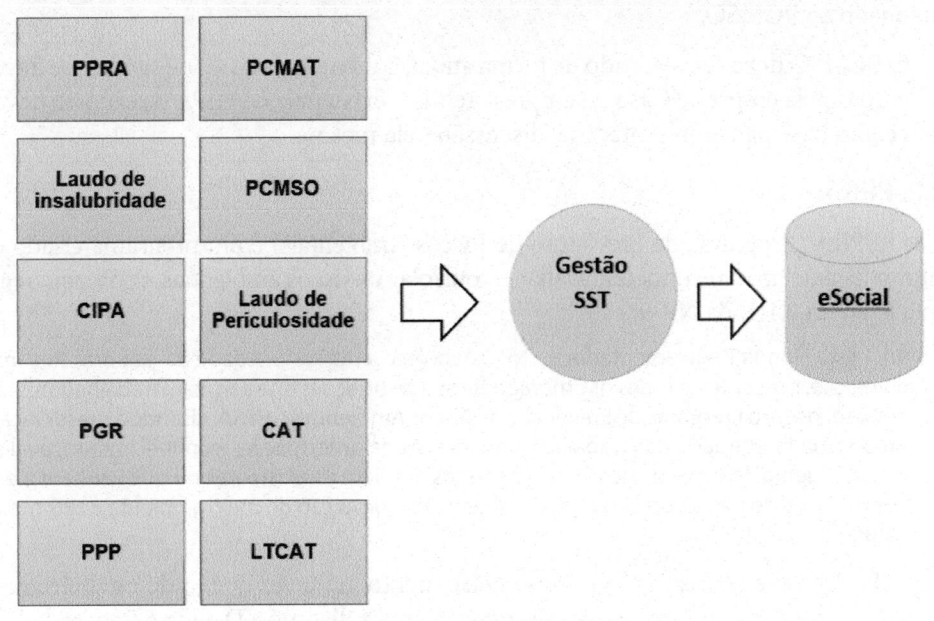

```
PPRA          PCMAT

Laudo de      PCMSO
insalubridade
                              Gestão
CIPA          Laudo de    ⇨    SST     ⇨    eSocial
              Periculosidade

PGR           CAT

PPP           LTCAT
```

Fonte: Esquema elaborado pelos autores.

9.2.1. PCMSO

O PCMSO (Programa de Controle de Medicina e Saúde Ocupacional), juntamente com o PPRA, auxiliam no cumprimento das normas regulamentadoras. É um programa que deve ser elaborado pelo Médico do Trabalho, com base no risco à saúde dos trabalhadores, tendo como finalidade prevenir, rastrear e diagnosticar de forma precoce possíveis agravos à saúde dos trabalhadores, conforme consta no item 7.2.3 da NR-7:

> 7.2.3 O PCMSO deverá ter caráter de prevenção, rastreamento e diagnóstico precoce dos agravos à saúde relacionados ao trabalho, inclusive de natureza subclínica, além da constatação da existência de casos de doenças profissionais ou danos irreversíveis à saúde dos trabalhadores.

O PCMSO precisa incluir a prática de forma obrigatória dos seguintes exames médicos, conforme designa o item 7.4.1 da NR-7:

a) admissional;

b) periódico;

c) de retorno ao trabalho;

d) de mudança de função;

e) demissional.

Esses exames devem abranger anamnese ocupacional, avaliação clínica, exame físico e mental, exames complementares de acordo com as exigências de cada função.

O empregador deve garantir a elaboração e efetiva implementação do PCMSO e custear sem nenhum tipo de cobrança deste caráter ao empregado, qualquer que seja o procedimento relacionado ao PCMSO.

O PCMSO deve ser realizado de forma anual, contendo as ações de saúde que deverão ser seguidas pela empresa. Caso na empresa tenha a existência da CIPA o relatório deve ser usado como base para apresentação e discussão pela mesma.

9.2.2. PPRA

O PPRA (Programa de Prevenção de Riscos Ambientais) é um programa criado com o intuito de antecipar, reconhecer, avaliar e controlar os riscos ambientais, conforme regulamenta a o item 9.1.1. da NR-9:

> 9.1.1 Esta Norma Regulamentadora – NR estabelece a obrigatoriedade da elaboração e implementação, por parte de todos os empregadores e instituições que admitam trabalhadores como empregados, do Programa de Prevenção de Riscos Ambientais – PPRA, visando à preservação da saúde e da integridade dos trabalhadores, através da antecipação, reconhecimento, avaliação e consequente controle da ocorrência de riscos ambientais existentes ou que venham a existir no ambiente de trabalho, tendo em consideração a proteção do meio ambiente e dos recursos naturais.

O PPRA deve ser realizado por estabelecimento, uma vez que, cada estabelecimento possui ambientes e cargos expostos a riscos ambientais distintos. Devido a isso, cada PPRA contém sua estrutura, contudo, todos devem conter uma estrutura mínima como consta no item 9.2.1 da NR-9.

> 9.2.1 O Programa de Prevenção de Riscos Ambientais deverá conter, no mínimo, a seguinte estrutura: a) planejamento anual com estabelecimento de metas, prioridades e cronograma; b) estratégia e metodologia de ação; c) forma do registro, manutenção e divulgação dos dados; d) periodicidade e forma de avaliação do desenvolvimento do PPRA.

9.2.3. PPP – Perfil Profissiográfico Previdenciário

PPP (Perfil Profissiográfico Previdenciário) é um documento no qual são contidos dados do histórico laboral do trabalhador e deve ser entregue quando houver rescisão de contrato ou necessidade de apresentação do mesmo para aposentadoria especial.

Com o eSocial, este documento será extinto, conforme abordamos no primeiro capítulo desta obra. A informatização desse processo evita que ocorra demora nos processos de concessão de aposentadorias e documentos gerados sem nenhum documento de validade comprobatório, a maior parte das empresas que atuam a muitos anos no mercado, quando são solicitados para redigir esse documento não tem parâmetro para inserir as informações, o que acaba levando a empresa a processos judiciais.

Com as informações inseridas nos eventos de SST, o eSocial vai gerar automaticamente o documento que ficará disponível para o acesso da Previdência Social, facilitando a concessão do benefício de aposentadoria especial, evitando que esses dados, com o tempo, acabem se perdendo.

9.2.4. LTCAT – Laudo Técnico das Condições Ambientais de Trabalho

O LTCAT (Laudo Técnico das Condições Ambientais de Trabalho) é um documento que serve como comprovação de que o trabalhador esteve exposto a agentes prejudiciais à sua saúde, diferente do PCMSO, que define um plano de ação para que a empresa implemente e minimize os riscos. O LTCAT apenas aponta esses agentes que possam vir a ser prejudiciais à saúde ou à integridade do trabalhador. Por meio deste documento é definida a necessidade ou não da aposentadoria especial, concedida pelo INSS, conforme define o art. 58 da Lei n. 8.213/91:

> Art. 58. A relação dos agentes nocivos químicos, físicos e biológicos ou associação de agentes prejudiciais à saúde ou à integridade física considerados para fins de concessão da aposentadoria especial de que trata o artigo anterior será definida pelo Poder Executivo. (Redação dada pela Lei n. 9.528, de 1997).

O LTCAT deve ser emitido pelo médico do trabalho ou engenheiro de segurança do trabalho.

9.2.5. CAT – Comunicado de Acidente de Trabalho

Consta no art. 19 da Lei n. 8.213/91 a definição de acidente de trabalho:

> Art. 19. Acidente do trabalho é o que ocorre pelo exercício do trabalho a serviço de empresa ou de empregador doméstico ou pelo exercício do trabalho dos segurados referidos no inciso VII do art. 11 desta Lei, provocando lesão corporal ou perturbação funcional que cause a morte ou a perda ou redução, permanente ou temporária, da capacidade para o trabalho. (Redação dada pela Lei Complementar n. 150, de 2015)

O CAT (Comunicado de Acidentes de Trabalho) é um documento que deve ser emitido para comunicar um acidente de trabalho mesmo que não seja necessário o afastamento do funcionário. Atualmente essa informação é enviada diretamente à previdência social, e com o eSocial essa informação passa a ser prestada por meio do evento S-2210 (Comunicado de Acidentes de Trabalho), o qual possui informações que devem estar adequadas com os demais laudos e informações prestadas. Vamos pensar em um exemplo prático, a empresa envia o evento S-1060, que contém a Tabela de Ambientes de Trabalho, relatando que em determinado ambiente há agentes químicos prejudiciais à saúde e, quando encaminha a CAT no evento S-2210, informa que o mesmo não possui agentes nocivos à saúde, essas informações divergentes podem causar uma autuação e até mesmo um futuro processo trabalhista.

9.2.6. Laudo ergonômico

O laudo ergonômico é um documento que tem por finalidade a análise de atividades desempenhadas pelos trabalhadores para atestar condições ergonômicas, de modo que possam ser adaptadas melhores condições que minimizem os riscos de doenças ocupacionais.

É um laudo que vem sendo muito discutido pelas empresas por conta da entrada do eSocial, a maioria dos escritórios não consideram que possuam ambientes que possam causar riscos ao trabalhador, contudo sabemos que cresce cada vez mais doenças como tendinite (devido à quantidade de tempo de digitação nos computadores), problemas na coluna (relativo à má postura ao sentar e às cadeiras utilizadas) e há, sim, riscos que precisam ser neutralizados. A grande preocupação é como os órgãos competentes vão lidar com a fiscalização quanto a este âmbito.

As mudanças que o eSocial traz são, principalmente, de cultura, a forma como o empregador deve olhar para os processos existentes na empresa e para a legislação que rege tanto a área trabalhista e previdenciária, quanto a de Saúde e Segurança do Trabalho, deste modo é recomendado que este laudo seja realizado pela empresa e que os programas preventivos sejam implantados, afinal, a legislação pertinente a este tipo de exigência já existe, então cabe as empresas se adequarem e evitarem possíveis transtornos futuros, tanto com a fiscalização quanto com processos trabalhistas.

9.2.7. Laudos de Insalubridade e Periculosidade

Apesar de tratarem de questões distintas, muito se confunde esses dois termos. Por isso, vamos abordar o significado de cada um deles a seguir.

Segundo a art. 189 da CLT, "serão consideradas atividades ou operações insalubres aquelas que, por sua natureza, condições ou métodos de trabalho, exponham os empregados a agentes nocivos à saúde, acima dos limites de tolerância fixados em razão da natureza e da intensidade do agente e do tempo de exposição aos seus efeitos".

Os agentes citados neste artigo podem ser encontrados nas tabelas da NR-15, nas quais estão dispostos todas as atividades e agentes que possam tornar um trabalho insalubre.

> Consideram-se atividades ou operações perigosas, na forma da regulamentação aprovada pelo Ministério do Trabalho, aquelas que, por sua natureza ou métodos de trabalho, impliquem o contato permanente com inflamáveis ou explosivos em condições de risco acentuado. (art. 193 da CLT).

As atividades consideradas periculosas devem ser enquadradas conforme orientações contidas na NR-16.

Ambos os laudos devem ser realizados por médico do trabalho ou engenheiro de saúde e segurança do trabalho. É importante que estes laudos sejam realizados não somente para que suas informações sejam encaminhadas nos eventos de SST, pois os mesmos terão reflexos na folha de pagamento.

O grau do adicional de insalubridade utiliza como base de cálculo o valor do salário mínimo, podendo variar entre grau mínimo 10% (dez por cento), médio 20% (vinte por cento), e máximo 40% (quarenta por cento), de acordo com o risco a qual o trabalhador é exposto, já o adicional de periculosidade tem como base de cálculo o salário contratual do empregado com um adicional de 30% (trinta por cento).

A CF, em seu art. 7º, XXIII, relata o direito do trabalhador ao adicional de remuneração para as atividades penosas, insalubres ou perigosas, na forma da lei. Por terem caráter de pagamento, essas verbas possuem incidências que devem ser inseridas na tabela de rubricas, que deve ser inserida nas primeiras fases do eSocial.

Por esse motivo não se deve deixar para realizar esses laudos apenas quando for obrigatória a inserção dos dados de SST no eSocial, pois trata-se de uma análise que influencia nas informações que devem ser encaminhadas em outros eventos, por exemplo os eventos de remuneração e folha de pagamento.

9.2.8. PCTMAT

O Programa de Condições e Meio Ambiente de Trabalho na Indústria da Construção, conhecido como PCMAT, é um dos laudos mais importantes para construtoras com 20 ou mais trabalhadores por obra ou estabelecimento. Conforme consta na NR-9 do MTE;

> III – PCMAT, que é obrigatório para estabelecimentos que desenvolvam atividades relacionadas à indústria da construção, identificados no grupo 45 da tabela de CNAE, com 20 (vinte) trabalhadores ou mais por estabelecimento ou obra, e visa a implementar medidas de controle e sistemas preventivos de segurança nos processos, nas condições e no meio ambiente de trabalho, nos termos da NR-18, substituindo o PPRA quando contemplar todas as exigências contidas na NR-9, ambas do MTE;

O PCMAT tem por objetivo garantir a integridade física e a saúde do trabalhador que exerce suas atividades em obras de construções. Esse laudo antecipa os riscos e elabora um plano de ação para que a empresa possa implementar. É um dos documentos mais solicitados pelos fiscais do trabalho no ramo de construções.

9.2.9. PGR

Laudo denominado Programa de Gerenciamento de Riscos, substitui o PPRA nas empresas do ramo de mineração, sendo regularizado pela NR-22, do MTE:

> II – Programa de Gerenciamento de Riscos (PGR), que é obrigatório para as atividades relacionadas à mineração e substitui o PPRA para essas atividades, devendo ser elaborado e implementado pela empresa ou pelo permissionário de lavra garimpeira, nos termos da NR-22, do MTE;

9.3. Eventos relacionados à área de SST

Todos os laudos e documentos citados são de extrema importância para que possam ser encaminhados os eventos ligados à área de SST, pois as informações neles contidos darão base para as informações descritas nos eventos. Foram detalhados no capítulo anterior, destinado aos eventos do eSocial, cada um dos eventos que fazem parte dessa fase de implantação, por esse motivo, vamos abordá-los de forma sucinta, somente ressaltando alguns pontos. A figura a seguir demonstra os eventos que fazem parte da gestão de SST e que devem ser encaminhados ao eSocial na última de implantação.

Figura 12: Eventos com dados de SST

Eventos com dados de SST

- S-1600 Tabela de Ambientes de Trabalho
- S-2210 Comunicação de Acidente de Trabalho (CAT)
- S-2220 Monitoramento da Saúde do Trabalhador (ASO)
- S-2240 Condições Ambientais de Trabalho – Fatores de Risco
- S-1065 Tabela de Equipamento de Proteção
- S-2245 Treinamentos e Capacitações

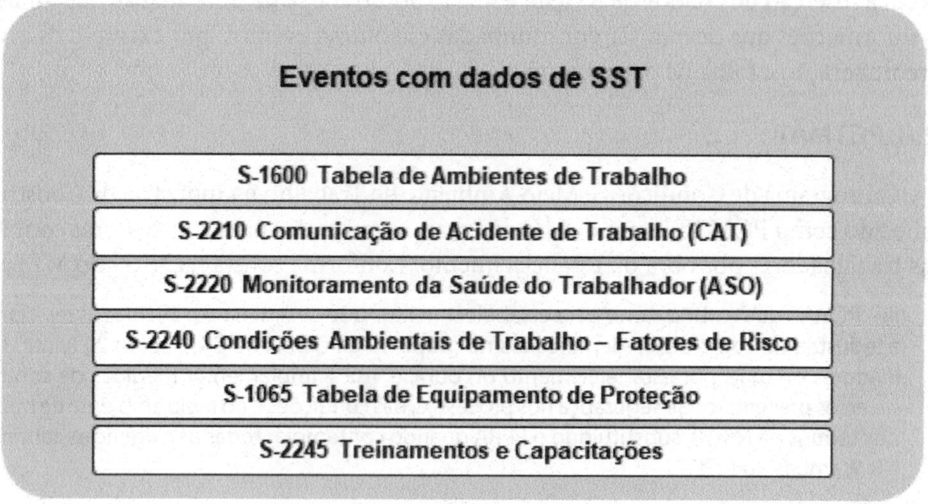

Fonte: esquema elaborado pelos autores.

9.4. Treinamentos e capacitações (S-2245)

O eSocial, no evento S-2245 – Treinamentos e Capacitações, exige que as informações sobre os treinamentos e capacitações realizados pela área de SST sejam inseridos e enviados ao ambiente do eSocial. Devem ser preenchidos os campos de data, duração e modalidade do treinamento. Essa é uma exigência já existente pelas normas regulamentadores, mas pouco cumprida pelas empresas, principalmente as de menor porte.

Os treinamentos variam de acordo com as atividades desenvolvidas pelo trabalhador e o segmento da empresa.

A grande parte das normas regulamentadoras (NR) exige um tipo de treinamento. A seguir, abordaremos os principais, de acordo com as normas regulamentadoras.

- Comissão Interna de Prevenção de Acidentes – Treinamento exigido pela NR-5. Público alvo: Membros eleitos das empresas que são obrigadas a constituir CIPA.

- EPI (Equipamento de Proteção Individual) – Treinamento exigido pela NR-6. Público alvo: Trabalhadores que fazem uso dos EPIs em suas atividades de trabalho.

- PPRA (Programa de Prevenção de Riscos Ambientais) – Treinamento exigido pela NR-9. Público alvo: Todos os trabalhadores que prestem serviço devem receber treinamento de acordo com ambiente no qual executam seu trabalho.

- Segurança em Instalações e Serviços em Eletricidade – Treinamento exigido pela NR-10. Público alvo: Trabalhadores que lidam direta ou indiretamente com rede elétrica independente do grau de tensão.

- Transporte, Movimentação, Armazenagem e Manuseio de Materiais – Treinamento exigido pela NR-11. Público alvo: Operadores de equipamentos de transporte que possuam força motriz própria.

- Segurança no Trabalho em Máquinas e Equipamentos – Treinamento exigido pela NR-12. Público alvo: Operadores de máquinas e equipamentos que devem ter preparação para que possam executar o trabalho com segurança.

- Caldeiras, Vasos de Pressão e Tubulação – Treinamento exigido pela NR-13. Público alvo: Operadores de qualquer um dos equipamentos.

- Atividades e Operações Insalubres – Treinamento exigido pela NR-15. Público alvo: Trabalhadores que tenham suas atividades desempenhadas em locais insalubres.

- Atividades e Operações Perigosas – Treinamento exigido pela NR-16. Público alvo: Empregados expostos à redes de eletricidade de alta tensão.

- Ergonomia – Treinamento exigido pela NR-17. Público alvo: Trabalhadores expostos a riscos ergonômicos.

- Condições e Meio Ambiente de Trabalho na Indústria da Construção – Treinamento exigido pela NR-18. Público alvo: Construção Trabalhadores do ramo de construção civil.

- Explosivos – Treinamento exigido pela NR-19. Público alvo: Empresas que manipulam ou fazem uso de explosivos.

- Segurança e Saúde no Trabalho com Inflamáveis e Combustíveis – Treinamento exigido pela NR-20. Público alvo: Qualquer trabalhador que realize manuseio desses materiais.

- Segurança e Saúde Ocupacional na Mineração – Treinamento exigido pela NR-22. Público alvo: Profissionais da área de mineração.

- Norma Regulamentadora de Segurança e Saúde no Trabalho Portuário – Treinamento exigido pela NR-29. Público alvo: Profissionais que realizem trabalho portuário.

- Segurança e Saúde no Trabalho Aquaviário – Treinamento exigido pela NR-30. Público alvo: Trabalhadores que atuem no trabalho aquaviário.

- Segurança e Saúde no Trabalho em Agricultura, Pecuária, Silvicultura, Exploração Florestal e Aquicultura – Treinamento exigido pela NR-31. Público alvo: Profissionais que exerçam atividades nas áreas da agricultura, pecuária, silvicultura, exploração florestal e aquicultura.

- Segurança e Saúde no Trabalho em Serviços de Saúde – Treinamento exigido pela NR-32. Público alvo: Profissionais da área da Saúde.

- Segurança e Saúde no Trabalho em Espaços Confinados – Treinamento exigido pela NR-33. Público alvo: Trabalhadores que exerçam suas atividades nesse tipo de espaço.

- Condições e Meio Ambiente de Trabalho na Indústria da Construção, Reparação e Desmonte Naval – Treinamento exigido pela NR-34. Público alvo: Trabalhadores do setor Naval que atuem no ramo da indústria, construção, reparação ou desmonte.

- Trabalho em altura – Treinamento exigido pela NR-35. Público alvo: Trabalhadores que realizem atividades em altura.

- Segurança e Saúde no Trabalho em Empresas de Abate e Processamento de Carnes e Derivados – Treinamento exigido pela NR-36. Público alvo: Trabalhadores envolvidos nas atividades de abate e processamento de carnes e derivados.

Para melhor conhecer as normas regulamentadoras, acesse o *site* oficial do governo, nesta página você encontrará todas as normas regulamentadoras e se certificar dos treinamentos exigidos, laudos, documentos e programas relacionados à área de SST. Disponível em: <http://trabalho.gov.br/seguranca-e-saude-no-trabalho/normatizacao/normas-regulamentadoras>. Acesso em: 27 ago. 2018.

Outros treinamentos podem ser exigidos de acordo com as funções e condições dos ambientes de trabalho, mantenha os laudos LTCAT, PPRA e PCMSO atualizados e realize conforme solicitado neles, para que possa informá-los no ambiente do eSocial e manter sua empresa dentro dos parâmetros de segurança necessários para manter a integridade física e psicológica dos trabalhadores.

9.5. Integração de sucesso: empresas e assessorias de SST

A maior parte das empresas não possuem um departamento específico de SST, deixando a gestão dessas informações ao departamento de pessoal ou aos escritórios contábeis.

Para realizar uma boa gestão de SST, não basta apenas tomar as medidas já expostas nesta obra, escolher os parceiros de trabalho sejam consultorias, assessorias ou, ainda, empresas de terceirização, requer cuidado e bastante atenção. Com a entrada do eSocial e o consequente aumento da demanda de trabalho, algumas empresas têm realizado trabalhos com profissionais não adequados aos procedimentos. É relevante ressaltarmos que alguns laudos somente podem ser realizados por médicos do trabalho ou engenheiros de saúde e segurança do trabalho, certifique-se nas normas regulamentadoras o profissional que está habilitado a realizar o serviço, e verifique se é o mesmo que a empresa contratada está utilizando para realizar as avaliações e assinar os laudos. Essa simples observação, caso não analisada e cumprida pela assessoria contratada, pode gerar à empresa multas futuras por laudos e programas realizados de forma incorreta ou assinados por profissionais não adequados.

Fique atento! Ter uma assessoria de confiança e com boa integração pode custar um pouco mais caro, contudo, a diferença de valor do serviço pode custar caro para o empregador posteriormente.

10. Impacto do eSocial nas organizações

O eSocial, a princípio, pode parecer um processo que impactará apenas o departamento pessoal, porém, ele é muito mais amplo e acabará interferindo nos processos de outros setores.

10.1. Setores afetados pelo eSocial

A princípio pode parecer que o eSocial afetará apenas o setor de departamento de pessoal, pois é um sistema voltado à obrigações trabalhistas, contudo, outros setores devem estar integrados a este processo, vejamos quais são eles:

Figura 13: Estrutura Organizacional e setores afetados pelo eSocial

[Diagrama com eSocial ao centro conectado a: Financeiro, Departamento Pessoal, Recursos Humanos, TI, Saúde e Medicina do Trabalho, Fiscal, Contábil, Jurídico]

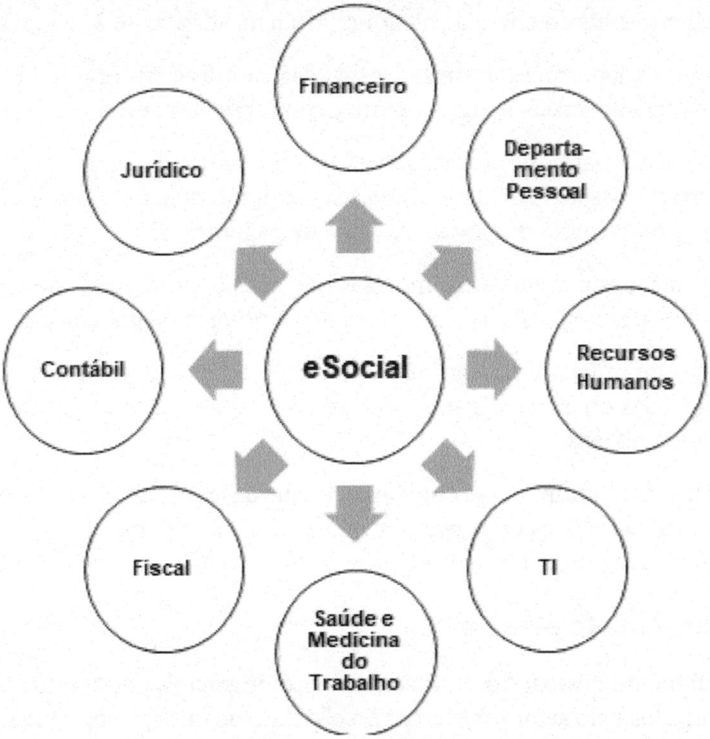

Fonte: Elaborada pela autora

10.1.1. Setor financeiro

O setor financeiro deve estar envolvido com o eSocial para entender, avaliar e disponibilizar investimentos necessários para a implantação do projeto como contratação de mão de obra, tecnologia e infraestrutura, treinamentos, auxílio de empresas de consultorias.

Além disso, deverá ser informado sobre o novo processo de geração de guias, as novas nomenclaturas, as guias extintas para que os tributos continuem sendo pagos adequadamente.

10.1.2. Contábil

O setor contábil deverá realizar o levantamento dos dados, para a auditoria trabalhista, previdenciária e tributária.

Em algumas empresas que não possuem departamento pessoal, as responsabilidades referentes à folha de pagamento ficam a cargo das contabilidades. Portanto, podemos considerar que o setor contábil sofrerá também os impactos sofridos pelo departamento pessoal.

O setor contábil deve realizar um planejamento para a entrega do eSocial e também das novas obrigações acessórias que serão instituídas em conjunto com o eSocial, elegendo os responsáveis e designando a quem ficará a incumbência de entrega da DCTFWeb.

10.1.3. Tecnologia

A área de tecnologia da informação é uma das primeiras a sofrer impacto com o eSocial, pois precisará, antes do envio de qualquer arquivo, adaptar-se ao eSocial.

As primeiras adaptações devem ser realizadas na infraestrutura de TI, para realizar o armazenamento de informações, arquivos xml e comprovantes de envio, enviados ao eSocial.

Se avaliarmos a parte de *softwares*, o eSocial necessita de adequações para o uso de arquivos xml, transmissão de dados via *web*, assinatura digital, adequação dos *softwares* da empresa, como por exemplo o *software* de folha de pagamento.

Essas adequações podem ser mínimas ou de grande porte, isso vai de acordo com a infraestrutura que a empresa já possui na área de tecnologia da informação.

Cada *software* utilizado na empresa está sendo adaptado por desenvolvedores para atender as exigências do eSocial, cabe a área de TI estar atenta para realizar atualizações e sanar possíveis problemas.

A segurança das informações é outro aspecto que deve ser realinhado com a substituição das obrigações acessórias; os comprovantes, recibos e arquivos xml devem ser armazenados de forma segura, para posteriores consultas.

10.1.4. Departamento pessoal

O departamento pessoal é o setor com maiores impactos, pois, praticamente todos os processos realizados pelo setor interferem no eSocial e as informações que serão prestadas serão enviadas por esse setor.

Recomenda-se que a empresa tenha um profissional ou até mesmo uma equipe para a implantação do eSocial e que o mesmo esteja diretamente ligado à essa área. Nada impede que profissionais de outras áreas possam realizar essa implantação se detêm o conhecimento necessário, contudo, os profissionais dessa área já sabem como fazer todos os processos ligados à rotina do setor e, desse modo, saberão adaptar as mudanças com maior facilidade.

Dependendo do porte da empresa será necessário ter uma equipe com mais de um colaborador especializado em eSocial, pois, quanto maior a empresa, mais processos devem ser mapeados.

O departamento pessoal deve realizar a análise de todas as normas legais e as tarefas executadas para parametrizar as informações. A gestão de informações do eSocial deve ser realizada também pelo departamento pessoal, o que exige uma integração ainda maior desse setor com os demais setores envolvidos.

Listando os impactos diretos no setor de departamento pessoal, averiguamos um aumento na demanda de trabalho, o que implicará diretamente em uma sobrecarga de trabalho que, provavelmente, implicará na contratação de mão de obra. É necessário também um mapeamento dos processos por meio de cronogramas para que sejam executados dentro dos prazos exigidos pela legislação, para envio dessa nova obrigação acessória.

10.1.5. Recursos humanos

A área de recursos humanos será impactada pelo aumento de demanda de trabalho com a entrada do eSocial, terá um aumento considerável sobre a demanda de Treinamentos e Contratação de mão de obra especializada para trabalhar no projeto de implantação do eSocial.

Contratar profissionais qualificados é um desafio nessa fase inicial do eSocial, pois não há profissionais com experiência em eSocial, apenas com conhecimento, o que afunila a possibilidade de encontrar um profissional qualificado.

Treinamentos deverão ser constantemente realizados para que o colaborador entenda as mudanças e qual o seu papel nesse projeto.

10.1.6. Jurídico

O jurídico, assim como outros setores citados, terá um aumento de demanda de trabalho, pois todos os processos deverão ser padronizados de acordo com a legislação. Grande parte das organizações possuem dúvida quanto à legislação e sua interpretação.

Logo nos eventos iniciais, há o evento S-1007 no qual devem ser informados os processos judicias que envolvam tributações pertinentes à folha de pagamento.

10.1.7. Fiscal

O departamento fiscal das empresas terá envolvimento direto com a entrega de novas obrigações acessórias integradas ao eSocial, em especial no envio da EFD-Reinf.

Informações sobre FAP, CNAE e RAT devem ser conferidas com o setor, que também será responsável por conceder informações para o fechamento do eSocial como por exemplo a receita bruta de compra e venda de comercialização de produção rural, informação importante para gerar recolhimentos, recomenda-se que seja estipulado um cronograma para as informações que deverão ser encaminhadas ao departamento pessoal ou contábil para envio do eSocial, de modo que cheguem em tempo hábil para o fechamento do eSocial.

O Alinhamento de processos com o departamento pessoal deve ser realizado antes do início da vigência do eSocial e ser aperfeiçoado durante a implantação.

10.1.8. Segurança e medicina do trabalho

Em geral, nas empresas quem realiza a gestão de Saúde e Medicina do Trabalho é o departamento pessoal e a contabilidade, contudo, ressaltamos esse setor, pois é um dos pontos mais importantes do eSocial.

O responsável por essa gestão deve olhar para essa parte que integra a última fase do eSocial de modo que todos os processos e rotinas estejam adequados à rotina da empresa. Não basta apenas ter a documentação em mãos no dia a dia, o gestor deve estar ciente das informações prestadas, de modo que qualquer informação inconsistente no arquivo do eSocial referente à essa área possa ser sanada pelo próprio gestor sem ter que entrar em contato com o responsável pelos laudos que, em geral, integram empresas ligadas à gestão de SST.

10.2. Impacto do eSocial nos processos de recursos humanos

O eSocial funcionará praticamente em tempo real, portanto, alguns vícios culturais executados pelo setor devem ser realinhados para que sejam extinguidos antes do eSocial entrar em vigor, para que não haja riscos de multas ou autuações.

As empresas de médio e grande porte podem estar mais preparadas para a nova realidade introduzida pelo eSocial, pois possuem estrutura de Recursos Humanos e processos bem definidos, estrutura que falta à grande parte das empresas brasileiras, principalmente às de pequeno porte.

10.2.1. Gestão de prazos

Cuidar dos prazos do departamento do qual é responsável requer uma gestão elaborada de prazos, contudo, há informações que serão encaminhadas ao eSocial das quais o departamento pessoal não é responsável.

Orienta-se que o departamento, junto aos superiores, estipule um prazo específico para cada envio de informação que deve ser encaminhada pelos outros setores, para que haja tempo hábil para enviar ao eSocial.

10.2.2. Não realizar processos retroativos

Por uma questão considerada cultural nas empresas, o setor responsável pela folha de pagamento tende a realizar processos retroativos que, com a vigência do eSocial, não poderão mais ser executados para que não corra riscos de ser barrado pela fiscalização. Vejamos alguns processos que são realizados com frequência pelas empresas.

10.2.3. Processo de comunicação de afastamentos

Esse tipo de processo deve ser encaminhado de imediato ao setor responsável pela entrega do eSocial, pois, em sua maioria, são eventos que precisam de comunicação imediata, dependendo do tipo de afastamento.

O fator de ter que realizar o exame médico toda vez que o funcionário é afastado e no seu retorno é uma dessas implicâncias que podem gerar multas; os dados emitidos no ASO (Atestado de Saúde Ocupacional), serão enviados ao ambiente do eSocial e devem ser emitidos dentro dos prazos exigidos.

Em alguns casos, o funcionário é afastado por algum motivo e o departamento pessoal é a última área a saber, quando deveria ser a primeira.

10.2.4. Processo de exames

Os exames periódicos, admissionais e demissionais, devem seguir os prazos estipulados assim como a sua periodicidade. Há de se ter uma certa atenção com exames que ocorrem na mesma data, mas tem prazos diferentes, utilize um controle específico por exame para realizar a gestão dos prazos.

10.2.5. Apuração do ponto

A maior parte das empresas não respeita a legislação que determina a apuração de 1 a 31 do mês por diversas razões. Contudo, cuidado na hora de enviar as informações como horas extras, banco de horas, que implicam diretamente no cálculo de jornada de trabalho que deve ter uma quantidade máxima de horas trabalhadas de acordo com a função do colaborador. De acordo com a legislação só pode ser realizado por dia até duas horas a mais da sua jornada habitual.

10.2.6. Processo de admissão dos empregados

No processo de admissão dos empregados, recomenda-se que seja estipulado um prazo de envio das informações pertinentes à contratação do empregado ao departamento responsável pela admissão. Caso a admissão não seja encaminhada um dia antes do início efetivo de trabalho do funcionário, o eSocial pode entender que o empregado atuou sem registro durante algum tempo, deixando a empresa vulnerável à fiscalização e multas. Além deste cenário, ainda podemos destacar o conflito de contratar empregados em seu primeiro emprego, no qual é necessário o cadastramento do PIS. Neste processo, o cadastramento do PIS é feito após a data de admissão, geralmente na semana de folha de pagamento, assim como o cadastramento do funcionário é realizado após o início das atividades laborais, todos esses procedimentos devem ser realizados no mínimo 24 horas antes do empregado iniciar na empresa. Os escritórios contábeis sempre recebem as admissões sem toda a documentação necessária e acabam informando dados divergentes somente para realizar o fechamento, mesmo que precisem retificar posteriormente.

10.2.7. Pagamento de férias

Outro processo é o pagamento de férias, no qual nem sempre a verba é paga com dois dias de antecedência conforme a legislação determina, antes a data de pagamento das férias não era inserida nas obrigações acessórias, mas, com o eSocial, esse dado deverá ser informado.

10.2.8. Movimentação de empregados

As alterações cadastrais geralmente são comunicadas após o fato ter ocorrido, muitas vezes nem chegam a ser retificadas. Estipule um prazo também para processos de movimentação de empregados (mudança de cargo, setor), muitas vezes o profissional que realiza o fechamento da folha só é comunicado do fato nos últimos dias para alteração salarial.

10.2.9. Conferência e validações de envio dos dados ao eSocial

Quando falamos de obrigações acessórias, no caso em específico do eSocial, os processos são ainda mais complicados, pois lidados com prazos, sem as informações entregues no tempo devido pelos setores, não há a possibilidade de conferência antes do envio das informações. A maior parte das informações acabam sendo encaminhadas próximos ao fechamento, não permitindo tempo hábil para conferências e validações que, em geral, somente ocorrem na entrega da obrigação e, consequentemente, para não perder o prazo geram dados inconsistentes. Posteriormente, há o retrabalho para retificar as informações.

11. Reforma trabalhista e os impactos no eSocial

Recentemente foi aprovada a reforma trabalhista, instrumentalizada pela Lei n. 13.467, de 2017, que impactou em diversos aspectos a área trabalhista e, muitas empresas ainda não se enquadraram às novas regras. Mas, o que isso impacta no eSocial? Ao projeto do eSocial essas mudanças apenas afetam nos leiautes dos eventos que foram alterados de acordo com a reforma, pois, como já vimos, o eSocial não muda as leis, apenas a forma de fiscalização é que passa a ser informatizada. Se o empregador não adequar a nova legislação à/ao sua empresa/órgão público, com certeza terá complicações futuras.

Por esse motivo, vamos apontar alguns pontos que merecem destaque na nova legislação trabalhista.

11.1. Trabalho intermitente

O trabalho intermitente é regulamentado pelo art. 443, § 3º, da CLT, que define:

> Art. 443. O contrato individual de trabalho poderá ser acordado tácita ou expressamente, verbalmente ou por escrito, por prazo determinado ou indeterminado, ou para prestação de trabalho intermitente. (Redação dada pela Lei n. 13.467, de 2017)
>
> § 3º Considera-se como intermitente o contrato de trabalho no qual a prestação de serviços, com subordinação, não é contínua, ocorrendo com alternância de períodos de prestação de serviços e de inatividade, determinados em horas, dias ou meses, independentemente do tipo de atividade do empregado e do empregador, exceto para os aeronautas, regidos por legislação própria. (Incluído pela Lei n. 13.467, de 2017)

Essa nova forma de contrato de trabalho impacta nos processos de informação do evento S-2260 (Convocação de trabalho intermitente); por se tratar de uma nova modalidade, muitos questionamentos têm sido realizados a cerca desse evento. Como não há uma regularidade na prestação de serviço, o evento deve ser encaminhado ao eSocial antes de ocorrer essa prestação de serviço, quando o empregado realizar o aceite.

Os setores devem encaminhar ao departamento pessoal as informações pertinentes à prestação de serviço, como dia, horário, duração do trabalho, assim que ocorrer o aceite do contratado. Se esse evento for registrado apenas no fechamento da folha de pagamento, como em geral é realizado, se mostrará inconsistente, impedindo o fechamento dos eventos periódicos.

Reveja esse processo e adeque sua equipe de acordo com a nova realidade, evidenciando os riscos.

11.2. Teletrabalho

Considera-se teletrabalho a prestação de serviços preponderantemente fora das dependências do empregador, com a utilização de tecnologias de informação e de comunicação que, por sua natureza, não se constituam como trabalho externo (Art. 75-B).

O Tipo de Regime de Jornada de Trabalho foi alterado nos leiautes para a inclusão do teletrabalho, visando atender à Lei n. 13.467/17 da Reforma Trabalhista.

Com o eSocial, um fator relevante à esta lei deve ser observado, não é abordado obrigatoriedade de mapeamento dos ambientes de trabalho, mas que o empregador instrua os empregados quanto à precauções que devem ser tomadas para evitar doenças e acidentes de trabalho, conforme o art. 75-E da CLT:

> Art. 75-E. O empregador deverá instruir os empregados, de maneira expressa e ostensiva, quanto às precauções a tomar a fim de evitar doenças e acidentes de trabalho.
>
> Parágrafo único. O empregado deverá assinar termo de responsabilidade comprometendo-se a seguir as instruções fornecidas pelo empregador.

O empregador não deve esquecer de formalizar o termo, de modo a certificar caso ocorra um acidente do qual o mesmo foi instruído conforme determina a legislação.

11.3. Formalização do acordo rescisório

O art. 484-A, da CLT, regulamenta a rescisão por acordo:

> Art. 484-A. O contrato de trabalho poderá ser extinto por acordo entre empregado e empregador, caso em que serão devidas as seguintes verbas trabalhistas:
>
> I – por metade
>
> a) o aviso-prévio, se indenizado; e
>
> b) a indenização sobre o saldo do Fundo de Garantia do Tempo de Serviço, prevista no § 1º do art. 18 da Lei n. 8.036, de 11 de maio de 1990;
>
> II – na integralidade, as demais verbas trabalhistas.
>
> § 1º A extinção do contrato prevista no *caput* deste artigo permite a movimentação da conta vinculada do trabalhador no Fundo de Garantia do Tempo de Serviço na forma do inciso I- A do art. 20 da Lei n. 8.036, de 11 de maio de 1990, limitada até 80% (oitenta por cento) do valor dos depósitos.
>
> § 2º A extinção do contrato por acordo prevista no *caput* deste artigo não autoriza o ingresso no Programa de Seguro-Desemprego.

Essa alteração implica na alteração de leiautes do eSocial, nos quais já constam essa modalidade, e na alteração dos eventos de remuneração.

Averigue se o seu sistema de folha de pagamento está adaptado a este novo procedimento, identificando as verbas rescisórias que deverão ser pagas e suas devidas incidências tributarias.

11.4. Empregado sem registro — Multas

O empregador deve estar atento às mudanças que ocorreram a respeito dos valores das multas que envolvem a falta de registro do empregado. O valor passa para R$ 3 mil por trabalhador, mas microempresas e empresas de pequeno porte (EPPs) pagam R$ 800,00 (oitocentos reais). Nos casos em que os dados do empregado deixem de ser repassados, a multa é de R$ 600,00 (seiscentos reais), conforme regulamento o art. 47 da CLT.

> Art. 47. O empregador que mantiver empregado não registrado nos termos do art. 41 desta Consolidação ficará sujeito a multa no valor de R$ 3.000,00 (três mil reais) por empregado não registrado, acrescido de igual valor em cada reincidência. (Redação dada pela Lei n. 13.467, de 2017) (Vigência)
>
> § 1º Especificamente quanto à infração a que se refere o *caput* deste artigo, o valor final da multa aplicada será de R$ 800,00 (oitocentos reais) por empregado não registrado, quando se tratar de microempresa ou empresa de pequeno porte. (Incluído pela Lei n. 13.467, de 2017) (Vigência)
>
> § 2º A infração de que trata o *caput* deste artigo constitui exceção ao critério da dupla visita. (Incluído pela Lei n. 13.467, de 2017) (Vigência)
>
> Art. 47-A. Na hipótese de não serem informados os dados a que se refere o parágrafo único do art. 41 desta Consolidação, o empregador ficará sujeito à multa de R$ 600,00 (seiscentos reais) por empregado prejudicado.

Todos as vezes que o empregador realiza um cadastro de admissão de forma retroativa, uma dessas multas pode ser aplicada, pois a fiscalização entenderá que durante um determinado período o empregado prestou serviços sem o devido registro. Veja a importância de acerto desse processo, e o quanto isso pode acarretar em prejuízos para o empregador.

11.5. Banco de horas

O eSocial tem um campo específico para que o saldo de banco de horas possa ser informado.

O banco de horas, com a reforma, pode ser estabelecido por meio de acordo individual escrito, desde que a compensação ocorra no período máximo de 6 meses. Conforme consta no art. 59, § 5º, da CLT:

> Art. 59. A duração diária do trabalho poderá ser acrescida de horas extras, em número não excedente de duas, por acordo individual, convenção coletiva ou acordo coletivo de trabalho.
>
> § 5º O banco de horas de que trata o § 2º deste artigo poderá ser pactuado por acordo individual escrito, desde que a compensação ocorra no período máximo de seis meses.

Com o eSocial, essa mudança implica numa gestão mais efetiva de banco de horas, que na maior parte das vezes ocorria de forma informal. Muitos empregados costumam acumular muitas horas de banco de horas sem realizar a compensação das mesmas. Preste atenção na hora de informar o saldo do banco de horas mensalmente, a fiscalização pode apurar que a compensação não está sendo realizada e caracterizar como irregularidade. Realize uma gestão efetiva no processo de banco de horas e evite problemas com os órgãos fiscalizadores.

11.6. Fracionamento de férias

Com a reforma trabalhista, o período de férias poderá ser fracionado em até três períodos, sendo que um deles não deve ser inferior a 14 dias. O art. 134, § 1º, da CLT regulamenta as férias e seu fracionamento:

> Art. 134 – As férias serão concedidas por ato do empregador, em um só período, nos 12 (doze) meses subsequentes à data em que o empregado tiver adquirido o direito.
>
> § 1º Desde que haja concordância do empregado, as férias poderão ser usufruídas em até três períodos, sendo que um deles não poderá ser inferior a quatorze dias corridos e os demais não poderão ser inferiores a cinco dias corridos, cada um.

No caso de férias fracionadas, a gestão de vencimento de férias e de pagamento dos períodos deve ser reavaliada. Por enquanto, o eSocial não exige que o empregador envie o aviso de férias, mas determina que seja encaminhada a data de pagamento das férias. Realize um cronograma para elaborar uma espécie de controle e lembrete para o envio dessas informações. Informe a todos os setores as novas regras e como deverão proceder para efetivar o planejamento das férias e dos respectivos pagamentos.

12. O eSocial como oportunidade de negócio

O eSocial, além do desafio que traz sua implantação para os profissionais devido a sua complexidade e o grande volume de dados, ocasiona diversas oportunidades de carreira. Com certeza, os profissionais relacionados às áreas trabalhista, departamento pessoal, recursos humanos, saúde e segurança do trabalho, previdenciária e contabilidade, não somente ouviram sobre o assunto como têm percebido a importância do alinhamento dessas áreas para o envio de informações.

12.1. Porque buscar conhecimento em eSocial?

Conhecimento, seja em qualquer âmbito, sempre agrega valor, e, com o eSocial não é diferente. Com a entrada das empresas do Grupo 2, a procura por profissionais que conheçam o eSocial aumentou consideravelmente. Se após ler este exemplar ainda ficaram dúvidas de como isso pode agregar no crescimento profissional, pesquise alguns motivos pelos quais vale a pena a especialização na área.

O eSocial é um sistema complexo e, mesmo assim, poucos são os profissionais que estão buscando capacitação para se adequar a ele. Quem começou a estudar o sistema lá atrás, quando foi instituído em 2014, está colhendo frutos agora.

O reconhecimento de um bom trabalho é sempre o melhor fruto a se colher de um esforço realizado, por isso, vale a pena ampliar seu conhecimento. Muitos profissionais conseguiram aumentos salariais significativos dentro das próprias organizações das quais prestam serviço, por conhecerem e realizarem a implantação de forma assertiva.

O mercado busca sempre contratar profissionais atualizados. Aqueles que não se atualizarem nesse novo cenário, acabarão ficando para traz, pois, com a implantação do eSocial, as empresas darão preferência para a contratação de profissionais que dominem o assunto, que estejam integrados com as alterações que ainda surgirão e que busquem conhecimento de forma constante, pois, somente deste modo as empresas poderão se sentir seguras em frente à essa mudança.

Lembrando que os processos existentes hoje no departamento pessoal, como as obrigações acessórias, serão extintos e quem realmente não se enquadrar a essa nova realidade, correrá sérios riscos de ficar fora do mercado.

Amplie seus horizontes, busque conhecimento. Essa é a única forma de se obter crescimento e buscar novas oportunidades.

Um fator deve ser ressaltado, hoje todos esses profissionais embarcaram nesse novo projeto do Governo Federal sem ter experiência, apenas com o conhecimento, afinal, trata-se de uma novidade para todos, inclusive para os órgãos envolvidos, logo, os profissionais que possuem esse conhecimento com certeza estão um passo à frente dos demais. Os que ainda não possuem e querem permanecer na área terão que se adequar à nova realidade.

12.2. Oportunidades de carreira

As empresas buscam profissionais que tenham conhecimento em eSocial, e não experiência, condição que no mercado atual sempre é motivo de discussão, pois, apesar da legislação deixar claro que a exigência quanto à experiência não deve ser superior a seis meses, nem sempre é o que acontece na realidade do mercado acirrado em que as exigências são cada vez maiores.

As oportunidades são bem variadas, tanto para os cargos quanto para as áreas, uma vez que o eSocial abre um leque de envolvimento com diversas áreas.

A seguir, veremos algumas das oportunidades que surgirão com o eSocial e seus setores correlatos.

12.2.1. Oportunidades para profissionais da área de recursos humanos e departamento pessoal

Para os profissionais que atuam nessas áreas se aperfeiçoar no eSocial é praticamente uma obrigação, não conhecer essa obrigação acessória pode deixá-lo fora do mercado de trabalho. Hoje há uma demanda alta de gestores, analistas e consultores internos para atuar diretamente com o eSocial realizando planos de ação para a implantação, levantando as necessidades de mudanças estruturais e de pessoal e ajustando cada procedimento exigido de acordo com a legislação vigente. Para esses cargos, as empresas preferem escalar pessoas que já fazem parte do departamento e que conhecem bem a rotina do setor, de modo que essa pode ser uma chance de crescer dentro das organizações nas quais esses profissionais prestam serviço.

12.2.2. Oportunidades para profissionais da área de saúde e segurança do trabalho

Profissionais dessa área devem aproveitar a oportunidade para prestação de serviço e consultoria, principalmente para as pequenas empresas que dificilmente se preocupavam com a documentação necessária desse setor, cujos dados relevantes contidos em documentos como o LTCAT (Laudo Técnico das Condições Ambientais de Trabalho), PPP (Perfil Profissiográfico Previdenciário), PCMSO (Programa de Controle Médico Organizacional), entre outros, serão exigidos na última fase de implantação do eSocial, a mesma será destinada somente para a implantação desses dados de SST. Dados que anteriormente não eram exigidos em outras obrigações acessórias e que agora estarão nas mãos dos órgãos fiscalizadores, como o Ministério do Trabalho e a Receita Federal, por meio do eSocial.

12.2.3. Oportunidades para profissionais da área de TI

Os profissionais de TI possuem grande importância no projeto de implantação do eSocial, visto que, diferente da SEFIP que possui um programa especifico para gerar as informações, no eSocial o governo não oferece um programa, o que gera diversas vagas para programadores, desenvolvedores de softwares e suporte técnico.

O portal do eSocial possui uma área destinada especialmente para aos desenvolvedores de softwares, onde podem analisar leiautes, esquemas e notas técnicas para adaptar os softwares relacionados ao projeto, como por exemplo os módulos de folha de pagamento dos sistemas existentes no mercado que precisam atender essa nova exigência dos clientes além de aumentar a área de suporte devido ao aumento da demanda.

12.2.4. Oportunidades para profissionais da área jurídica

Na primeira fase de implantação do eSocial, uma das informações que devem ser prestadas é os processos que possuem recolhimentos e retenções tributarias que estejam relacionados a área trabalhista. O cruzamento de informações entre os órgãos e as empresas será tão rápido que esse tipo de consultoria se torna indispensável para todas as empresas para evitar possíveis autuações, além de que as maiores dúvidas de parametrização dos processos se dão a interpretação das normas trabalhistas.

12.2.5. Oportunidades para profissionais da área de treinamento e desenvolvimento

As empresas buscam profissionais com conhecimento em eSocial para ministrar treinamentos e capacitar as equipes dos mais diversos setores para o sistema. Os treinamentos variam de acordo com o público, mas todos envolvem a necessidade do conhecimento desse novo banco de dados, além de ser necessário conhecimento nas áreas trabalhista e previdenciária.

12.2.6. Oportunidades para profissionais das áreas de auditoria e consultoria

Os profissionais das áreas de auditoria e consultoria sempre foram procurados para prestar serviço na área de Recursos Humanos e Departamento Pessoal e, agora, com o eSocial, essa necessidade praticamente triplicou. Muitas empresas têm contratado esse tipo de serviço para capacitar suas equipes, acompanhar a fase de implantação, realizar as mudanças necessárias, inclusive de cultura nos setores, ajustar cronogramas, auditoria de dados evitando que dados sejam encaminhados de forma errônea e, assim, garantir que todos os processos sejam adaptados a tempo do envio de todas as informações exigidas pelo eSocial.

13. Resultados esperados com o eSocial

A nova sistematização do eSocial vai proporcionar várias modificações no cenário atual e estima-se que o investimento trará resultados grandiosos e relevantes para o empregador, os trabalhadores e os órgãos envolvidos:

- Segurança na transmissão de dados;
- Autenticação realizada por meio de processos seguros;
- Armazenamento de dados de forma mais segura via *webservice*;
- Redução de fraudes tributárias;
- Substituição das atuais obrigações acessórias (DIRF, RAIS, CAGED, GFIP);
- Uniformização das informações;
- Melhoria na qualidade das informações enviadas;
- Fiscalização mais rápida e efetiva;
- Padronização dos cadastros de empregados e empregadores nos órgãos envolvidos no projeto do eSocial (Receita Federal do Brasil, Ministério do Trabalho e Emprego, Previdência Social, Instituto Nacional do Seguro Social e Caixa Econômica Federal;
- Integração entre o setor fiscal das empresas e a declaração de tributos incidentes sobre a folha de pagamento;
- Novas obrigações acessórias, que tornaram mais fáceis os recolhimentos tributários;
- Extinção da GPS;
- Agilidade no processo de concessão de benefícios previdenciários;
- Combate às fraudes no processo de concessão de benefícios previdenciários;
- Processo automatizado no cumprimento das obrigações pelos contribuintes;
- Melhoria na qualidade da informação em poder do Estado;
- Acesso do empregado ao ambiente do eSocial para averiguar os registros dos eventos trabalhistas; e
- Extinção da guia de seguro-desemprego.

Referências

BARROS, Alice Monteiro de. *Contratos e regulamentações especiais de trabalho:* peculiaridades, aspectos controvertidos e tendências. São Paulo: LTr, 2010.

_____. *Curso de direito do trabalho.* São Paulo: LTr, 2012.

_____. *Proteção à intimidade do emprego.* São Paulo: LTr, 2009.

BEZERRA LEITE, Carlos Henrique. *Direito processual do trabalho.* São Paulo: LTr, 2012.

BOMFIM, Vólia. *Resumo de direito do trabalho.* Niterói: Impetus, 2010.

BRASIL. *Constituição da República Federativa do Brasil.* Brasília: Senado Federal, 1988.

_____. *Código Civil.* Lei n. 10.046, de 10 de janeiro de 2002. 3. ed. São Paulo: Saraiva, 2010.

CARRION, Valentin. *Comentários à Consolidação das Leis do Trabalho.* São Paulo: Saraiva, 2010.

CERQUEIRA, Jorge Pedreira de. *Sistemas de gestão integrados:* ISSO 9001, ISSO 14001, OHSAS 18001, SA 8000, NBR 16001: conceitos e aplicações. Rio de Janeiro: Qualitymark, 2010.

CESÁRIO, João Humberto. *Técnica processual e tutela coletiva de interesses ambientais trabalhistas:* os provimentos mandamentais como instrumentos de proteção de saúde do cidadão-trabalhador. São Paulo: LTr, 2012.

DELGADO, Mauricio Godinho. *Curso de direito do trabalho.* 15. ed. São Paulo: LTr, 2016.

_____. *Curso de direito do trabalho.* São Paulo: LTr, 2012.

DESTE, Janete Aparecida. *Sentença trabalhista:* estratégia de elaboração. São Paulo: Atlas, 2012.

FERNANDES, Antônio de Lemos Monteiro. *Direito do trabalho.* Coimbra: Almedina, 2009.

FONSECA, Maria Hemília. *Direito ao trabalho:* um direito fundamental no ordenamento jurídico brasileiro. São Paulo: LTr, 2009.

FUHRER, Maximilianus Cláudio Américo. *Resumo de direito do trabalho.* Malheiros, 2009.

GARCIA, Gustavo Filipe Barbosa. *Curso de direito do trabalho.* São Paulo: Saraiva, 2013.

_____. *Meio ambiente do trabalho:* direito, segurança e medicina do trabalho. São Paulo: Método, 2009.

_____. *Prescrição no direito do trabalho.* São Paulo: Método, 2008.

GOULART, Rodrigo Fortunato. *Trabalhador autônomo e contrato de emprego.* Curitiba: Juruá, 2012.

GOUVEA, Walter Sales. *A perícia médica judicial:* uma abordagem prática. Belo Horizonte: Del Rey, 2010.

JORGE NETO, Francisco Ferreira. *Curso de direito do trabalho.* São Paulo: Atlas, 2011.

_____. *Direito processual do trabalho.* São Paulo: Atlas, 2012.

KALOUSTIAN, Sílvio Manoug. *Família brasileira:* a base de tudo. São Paulo: Cortez, 2010.

MANUS, Pedro Paulo Teixeira. *Direito do trabalho:* aplicação da norma trabalhista, dinâmica do contrato de trabalho, trabalho da mulher e do menor, negociação em conflitos coletivos, salário, direito de greve, direito sindical, direito constitucional do trabalho. São Paulo: Atlas, 2011.

MARQUES, Fabíola; ABUD, Cláudia José. *Direito do trabalho.* São Paulo: Atlas, 2011.

MARTINS, Sérgio Pinto. *Comentários à CLT.* São Paulo: Atlas, 2011.

MARTINEZ, Luciano. *Curso de direito do trabalho:* relações individuais, sindicais e coletivas do trabalho. São Paulo: Saraiva, 2012.

MARTINS, Sérgio Pinto. *A terceirização e o direito do trabalho.* São Paulo: Atlas, 2011.

_____. *Direito da seguridade social:* custeio da seguridade social, benefícios, acidente do trabalho, assistência social, saúde. São Paulo: Atlas, 2011.

_____. *Direito do trabalho.* São Paulo: Atlas, 2012.

_____. *Fundamentos de direito processual do trabalho.* São Paulo: Atlas, 2012.

MELO, Raimundo Simão de. *A greve no direito brasileiro.* São Paulo: LTr, 2011.

MIRAGLIA, Lívia Mendes Moreira. *A terceirização trabalhista no Brasil.* São Paulo: Quartier Latin, 2008.

NASCIMENTO, Amauri Mascaro. *Curso de direito do trabalho:* história e teoria geral do direito do trabalho: relações individuais e coletivas do trabalho. São Paulo: Saraiva, 2010.

_____. *Curso de direito processual do trabalho.* São Paulo: Saraiva, 2010.

_____. *Iniciação ao direito do trabalho.* São Paulo: LTr, 2009.

_____. *Iniciação ao processo do trabalho.* São Paulo: Saraiva, 2010.

OLIVEIRA, Aristeu de. *Cálculos trabalhistas.* São Paulo: Atlas, 2012.

PORTO, Lorena Vasconcelos. *A subordinação no contrato de trabalho:* uma releitura necessária. São Paulo: LTr, 2009.

OLIVEIRA, Sebastião Geraldo de. *Proteção jurídica à saúde do trabalhador.* São Paulo: LTr, 2010.

RAMOS FILHO, Wilson. *Direito capitalista do trabalho:* história, mitos e perspectivas no Brasil. São Paulo: LTr, 2012.

SCHIAVI, Mauro. *Manual de direito processual do trabalho.* 5. ed. São Paulo: LTr, 2012.

SILVA, Cláudio Santos da. *A liberdade sindical no direito internacional do trabalho:* reflexões orientadas pela Convenção n. 87 da OIT. São Paulo: LTr, 2011.

SOARES, Paulo Brasil Dill. *Código do consumidor comentado.* 6. ed. Rio de Janeiro: Editora Destaque, 2000.

SOUTO MAIOR, Jorge Luiz. *Curso de direito do trabalho.* São Paulo: LTr, 2008.

SÜSSEKIND, Arnaldo. *Curso de direito do trabalho.* Rio de Janeiro: Renovar, 2010.

TEIXEIRA FILHO, Manoel Antonio. *Curso de direito processual do trabalho*. São Paulo: LTr, 2009.

WALD, Arnoldo. *Curso de Direito Civil Brasileiro* — Obrigações e Contratos. 12 ed. São Paulo, RT, 1995. vol. II.

VENOSA, Silvio Salvo. *Direito civil:* teoria geral das obrigações e teoria geral dos contratos. 5 ed. São Paulo: Atlas, 2005. (Coleção Direito Civil, vol. II)

Modelos de contratos:

Disponível em: <http://camargodemoraes.com.br/pareceres/MINUTA_19.htm>. Acesso em: 26 ago. 2018.

Disponível em: <https://idg.receita.fazenda.gov.br/orientacao/tributaria/restituicao-ressarcimento--reembolso-e-compensacao/perdcomp/perdcomp-web/perdcomp-web>. Acesso em: 24 ago. 2018.

Disponível em: <http://www.planalto.gov.br/ccivil_03/_ato2011-2014/2014/decreto/d8373.htm>. Acesso em: 24 ago. 2018.

Disponível em: <http://normas.receita.fazenda.gov.br/sijut2consulta/link.action?idAto=48917&visao=anotado>. Acesso em: 27 ago. 2018.

Disponível em: <http://portal.esocial.gov.br/microempreendedor-individual-mei/perguntas--frequentes-mei>. Acesso em: 27 ago. 2018.

Disponível em: <http://trabalho.gov.br/seguranca-e-saude-no-trabalho/normatizacao/normas--regulamentadoras/norma-regulamentadora-n-15-atividades-e-operacoes-insalubres>. Acesso em: 27 ago. 2018.

Disponível em: <http://www.planalto.gov.br/ccivil_03/leis/l6514.htm>. Acesso em: 27 ago. 2018.

Disponível em: <http://trabalho.gov.br/images/Documentos/SST/NR/NR9.pdf>. Acesso em: 27 ago. 2018.

Disponível em: <http://portal.esocial.gov.br/institucional/legislacao>. Acesso em: 27 ago. 2018.

CHIAVENATO, Idalberto. *Gestão de pessoas:* o novo papel dos recursos humanos nas organizações. Rio de Janeiro: Elsevier, 2010.

BRASIL. Comitê Diretivo do eSocial. *Manual de Orientação do eSocial* – versão 2.4.2 – julho de 2018. Disponível em: <http://portal.esocial.gov.br/manuais/mos-2.4.02.pdf-previa>. Acesso em: 25 ago. 2018.